臨床児童心理学

実証に基づく子ども支援のあり方

石川信一／佐藤正二［編著］

ミネルヴァ書房

　　　　　　は　し　が　き

　「現在の子どもたちの心の問題は○○している」。さて，「○○に入る言葉を考えてみましょう」などと尋ねられたら，どのような言葉を思い浮かべるだろうか。本書を手に取った方なら，おそらく「改善，減少，軽減」という楽観的な言葉よりも，どちらかといえばネガティブな印象の言葉を思い浮かべたのではないだろうかと思う。なぜなら，筆者が一緒に仕事をさせてもらってきた方々，つまり現場で日々子どもと接する人たちの口から，現在の子どもの心の問題の大きさや重さ，深刻さ，問題の複雑化，重篤化，あるいは対応の難しさが数多く語られてきたからである。

　このような現状を受け，特に教育や福祉の領域では，近年，数多くの対策が取られるようになってきた。学校現場では1995年からスクールカウンセラーが導入され，現在ではスクールカウンセラーの制度は学校現場に一定の定着を見せているといえそうだ。児童福祉領域では児童虐待防止等に関する法律（以下，児童虐待防止法）が2004年，2007年と改正され，子どもの安全確保の強化を目的とした法的な改善が図られている。大きな事件を受けて成立することになった2013年のいじめ防止対策推進法では，いじめの防止，早期発見，いじめに対する措置についての指針が示されている。これ以外にも，ここ10年ほどの間に，子どもの心の問題を支援するために，多くのシステム面の改変がなされているのである。

　上記の対策によって，我が国の子どもたちの心の問題はよりよい方向に進んでいるのかというと，それほど物事は簡単ではないようだ。児童生徒の教育相談，生徒指導上の問題に目を向けてみると，以前は減少傾向にあったにもかかわらず，不登校児童生徒数については2013年度に久しぶりに増加がみられている（文部科学省，2014）。中学生においては，一時期の増加傾向に停滞が見られているものの，小学生の暴力行為はここ数年継続して増加傾向にある。さらに，

いじめの認知件数は小学校，中学校，高等学校を合わせると10年前の8倍を記録している。いじめについては，その定義の変遷とともに大幅な増減を繰り返しているため，数年前のデータとの直接比較に意味はないと考えられる。しかしながら，その定義の揺れ動き自体が，この問題への対策の難しさを表しているとも捉えられる。

また学校から報告があった児童生徒の自殺者数は2013年で小中高合わせて240名と前年を上回っている。さらに，ここ5年間では上昇傾向にあり，10年前の2倍近くにまで増加している（文部科学省，2014）。

センセーショナルな報道に反して，少年犯罪は長年減少傾向にあり，直近のピーク時である昭和50年代後半と比べると実数で3分の1，人口比でも半分以下となっている（法務省，2014）。その一方で，いじめに起因する事件数は，20年近くほぼ横ばいで推移していたが，2012年からは増加に転じている。また，児童虐待相談対応件数は，児童虐待防止法施行前の1999年度に比べ，2013年度は約6倍に増加している（厚生労働省，2014）。

もちろん，子どもの心の問題を一気に解決してしまうような特効薬は存在しない。また，好意的に解釈すれば，さまざまな対策によって大幅な増悪が防止されている可能性も見過ごすことはできない。しかしながら，もし冒頭で紹介したように，現在の対策では何らかの限界を感じるような印象を多くの人がもっているならば，今こそ何か新しいアイディアが求められているかもしれない。

本書は，我が国において臨床児童心理学について初めて本格的に取り扱った書である。臨床児童心理学の目的は，心理学が積み重ねてきた基礎的な知見と，応用的な知見を活かして，子どもの心身の健やかな成長を目指すところにある。この名称は，我が国では必ずしも馴染みはないかもしれないが，序章で述べるように長年にわたって研究が積み重ねられている領域である。これまでとはまったく異なる誰も思いつかなかったような方法論を提供することを夢見ているわけではない。むしろ，臨床児童心理学の引き出しの中には，至極当然の成果が陳列されている。言い換えれば，古くから先人たちが実感として積み上げてきた手法を科学的な研究結果に基づき補完しているともいえる。そこからは，

はしがき

大きなシステムを提示することも可能ではあるが，むしろ目の前の子どもにどのように接していくのか，自分の現場でどのように活用していくべきかといった具体的な支援方法の立案が期待できる。いうなれば，ハード面ではなくソフト面のアイディアである。もし，今日の日本において，子どもの心の健康増進についてソフト面のアイディアが求められているのであれば，臨床児童心理学に基づく理論や方法は，ちょっとした発想の転換をもたらすことができるかもしれない。本書では，臨床児童心理学が，我が国おける児童青年のメンタルヘルスの問題に対する一助となり得る可能性を探っていきたい。

2015年7月

編著者を代表して　石川信一

引用文献

法務省（2014）．平成26年版犯罪白書　2014年11月16日　http://www.moj.go.jp/housouken/housouken03_00077.html（閲覧日：2015年6月15日）

厚生労働省（2014）．平成25年度の児童相談所での児童虐待相談対応件数等　2014年8月6日　http://www.mhlw.go.jp/stf/houdou/0000052785.html（閲覧日：2015年6月15日）

文部科学省（2014）．児童生徒の問題行動等生徒指導上の諸問題に関する調査平成25年度　2014年12月19日　http://www.e-stat.go.jp/SG1/estat/NewList.do?tid=000000001016708（閲覧日：2015年6月15日）

臨床児童心理学
―― 実証に基づく子ども支援のあり方 ――

目　次

はしがき

序　章　臨床児童心理学とは……………………………………………1
　　1　臨床児童心理学の成り立ち………………………………………2
　　2　科学的発想をもつ実践的学問……………………………………3
　　3　臨床児童心理学の領域……………………………………………5
　　4　周辺学問と臨床児童心理学の専門性……………………………7

第Ⅰ部　臨床児童心理学の基礎

第1章　臨床児童心理学における子どもの理解……………………19
　　1　子どもの誕生と家族………………………………………………20
　　2　子どもの成長と社会性……………………………………………24
　　3　子どもの問題の多面的理解………………………………………26
　　4　子どもに対する支援………………………………………………29

第2章　臨床児童心理学のアセスメント法…………………………41
　　1　実証に基づくアセスメント………………………………………43
　　2　診断分類（DSM-5）………………………………………………53
　　3　ケースフォーミュレーション……………………………………58

第3章　臨床児童心理学の研究法……………………………………67
　　1　介入（実践）研究…………………………………………………68
　　2　観察（基礎）研究…………………………………………………78

第4章　臨床児童心理学の介入法……………………………………95
　　1　治　療………………………………………………………………96
　　2　予　防………………………………………………………………104

    3 コンサルテーション……………………………………………………112

第Ⅱ部　臨床児童心理学の展開

第5章　子どもの自閉スペクトラム症……………………………135
    1 ASDとは………………………………………………………………136
    2 認知特性………………………………………………………………140
    3 アセスメント…………………………………………………………144
    4 子どもへのアプローチ………………………………………………146
    5 支援と今後の展望……………………………………………………154

第6章　子どものADHD……………………………………………167
    1 ADHDとは……………………………………………………………167
    2 診断と評価……………………………………………………………171
    3 治療・介入のエビデンス……………………………………………175
    4 ADHDを対象とした介入の概要……………………………………177
    5 今後の展望……………………………………………………………182

第7章　子どものODD/CD…………………………………………189
    1 ODD/CDとは…………………………………………………………189
    2 特徴とDSM-5における診断基準……………………………………191
    3 アセスメント…………………………………………………………198
    4 支援の背景となる代表的なモデルと支援法………………………202
    5 ODD/CDに対して推奨される支援方針……………………………208
    6 日本国内での代表的な取り組み……………………………………209
    7 今後の展開……………………………………………………………211

第8章　子どもの不安症 ……………………………………… 217
1　不安症の臨床的特徴 ………………………………………… 217
2　アセスメント ………………………………………………… 222
3　不安症に対する介入 ………………………………………… 228
4　我が国における実践例 ……………………………………… 233
5　今後の展望 …………………………………………………… 234

第9章　子どものうつ病 ……………………………………… 243
1　子どものうつ病と抑うつ障害群とは ……………………… 243
2　有病率 ………………………………………………………… 251
3　アセスメント ………………………………………………… 252
4　エビデンスに基づく心理療法 ……………………………… 253
5　今後の展望 …………………………………………………… 260

第10章　子どもの身体疾患 …………………………………… 269
1　身体疾患を抱えた子どもの臨床的特徴 …………………… 269
2　アセスメント ………………………………………………… 281
3　実証に基づく心理学的介入 ………………………………… 283
4　実践例と今後の展開 ………………………………………… 286

終　章　臨床児童心理学のこれから ……………………… 297
1　我が国での臨床児童心理学の普及に向けて ……………… 300
2　教室場面での介入の必要性 ………………………………… 303

あとがき……307
索　　引……311

序　章
臨床児童心理学とは

　世の中には心理学と名のつく学問は数多くある。その中で「臨床児童心理学」とは，どのような学問なのか。本論に入る前に少し整理しておきたい。臨床児童心理学の概要について，アメリカ心理学会（American Psychological Association）は以下のような定義を採用している。

　臨床児童心理学とは，「児童，青年，家族の発達，および発達精神病理に背景をもつ臨床心理学の原則をまとめた心理学の一専門分野である。臨床児童青年心理学の専門家は，科学的研究を行い，乳児，幼児，児童，青年に対する心理学的サービスを提供する。臨床児童心理学の研究と実践は，子どもにおける心理，認知，情動，発達，行動，および家族の問題についての理解，予防，診断，治療に焦点が当てられる。臨床児童青年心理学の専門家において，特に重要な点は児童青年の基本的な心理的要求を科学的に理解するとともに，家族やその他の社会的な文脈が児童青年の社会・情緒的適応，認知的発達，行動的適応，および健康状態にどのように影響を与えているかについて理解することである。臨床児童青年心理学においては，証拠となる論文を公刊していく必要性を認識しながら実証的研究の基盤を確立し，実証に基づくアセスメント法と治療法の開発を進めていくことが必要不可欠である」（Council of Specialties in Professional Psychology, 2005 より著者が翻訳，一部表現を修正）。

　さて，上記の定義は，臨床児童心理学の特徴を表す重要な記述がいくつか含まれている。そこで，臨床児童心理学という学問の概要について上記の定義を踏まえながら説明していきたい。

1　臨床児童心理学の成り立ち

　臨床児童心理学は「心理学の一専門分野」である。
　これは自明のことであると感じるかもしれないが，臨床児童心理学の立ち位置を示すために重要な意味をもつ。あくまでも臨床児童心理学は心理学の傘下にある一専門分野であり，それを超えて独自性を主張することはない。そのため臨床児童心理学では，広く心理学的研究法として認められている手法を用いて科学的研究を行い，その成果を発表していくことが求められる。この点において，臨床児童心理学は，単に「子どもを対象にした心理臨床活動」を指すわけでない。臨床児童心理学には，心や行動に関するメカニズムを探る基礎的な研究と，そのような研究の成果を活かして子どもの心身の健康の向上を目指す実践的な研究が含まれる。これは，まさに心理学における基礎研究と応用研究の位置づけと等しく，両者は車の両輪のように学問の発展に必要不可欠なものとして考えられる。本書では，基礎的な研究を観察（基礎）研究，実践的な研究を介入（実践）研究として紹介している。したがって，基礎的な研究による裏づけが得られていない場合には（もちろん反証が得られている場合も），単なる「子どもを対象にした心理臨床活動」のみをもって，臨床児童心理学の研究と言うことはできない。科学的な実証性をもって子どもの心の健康増進に取り組むことが臨床児童心理学の使命である。無論，臨床現場での実践における研究手法と実験室実験との相違点を明らかにしていくことは必要不可欠なことである。むしろ，このような研究テーマは，主たるリサーチクエスチョンとして積極的に検証されていくことになる（たとえば，Weisz et al., 1995）。
　次に，断っておかなければならないのは，臨床児童心理学は本書で新しく提唱する学問分野ではない。アメリカでは，*Clinical Psychology: Handbook of Children's Behavior Problems*（Louttit, 1936）が出版されたことを皮切りに，臨床児童心理学の発展が始まったとされている（Routh, 1994）。その後，1971年には，*Journal of Clinical Child Psychology*（後に *Journal of Clinical Child and*

序章　臨床児童心理学とは

Adolescent Psychology となる）が，1976年には，Journal of Pediatric Psychology が発刊され，科学的研究の公刊の一翼を担うこととなった。さらに，1977年からは，臨床児童心理学の主たる成果については，Advance in Clinical Child Psychology（初代の編者は Ben Lahey と Alan Kazdin）に編纂されている。その後，このシリーズは約20年にわたって本分野の進歩についてまとめ続けており（第14巻から最終版の編者は Thomas Ollendick と Ronald Prinz），1998年の第20巻をもってその役割を終えている。その後，当該シリーズの役割は Clinical Child and Family Psychology Review という査読付雑誌へ受け継がれ現在に至っている。すなわち，臨床児童心理学は，すでに半世紀以上にわたって研究が積み重ねられた分野であるといえる。しかしながら，臨床心理学の導入と臨床心理士資格設置における混乱の中で，心理学全体と臨床心理学の接点が希薄となったまま独自の展開を遂げたという我が国の臨床心理学の歴史的背景を考慮すると（下山，2001），我が国においては子どもの臨床活動そのものに焦点が当てられたとしても，臨床児童心理学の知見が本格的に導入される機会が失われていたことを想像するのは難くない。そのため，子どもを対象とした臨床活動である"児童・臨床心理学"は存在していても，児童心理学の知見を臨床に活かす"臨床・児童心理学"は大きな発展を遂げてこなかったのである。

　以上の歴史的背景をふまえ，本書では，児童，青年，家族の発達，および発達精神病理に背景をもつ臨床心理学の原則をまとめた心理学の一専門分野としての臨床児童心理学について紹介していくことになる。

2　科学的発想をもつ実践的学問

　上述の点から，臨床児童心理学は科学としての心理学に基盤を置く，実践的学問であると捉えることができる。

　臨床心理学の専門性を表す際に用いられることばとして，科学者・実践家モデル（Scientist-Practitioner Model）がある。1949年，アメリカのボールダー会議で提唱されたこのモデルは，科学と実践に等しく重きを置く考え方であり，

現在の臨床心理学の育成方針の主要なものの1つと考えられている。このモデルでは，実証に基づく研究を科学的に応用する力が求められるとともに，アセスメント法や支援・治療・予防法といった新たな知見の開発も求められる。すなわち，臨床心理学の専門家の活動には，これまでの研究を適切に活用することと，これから証拠となりうる研究を生み出すことの両者が含まれることとなる。臨床児童心理学においても，この科学者・実践家モデルに基づき，研究と実践という2つの主たる活動が求められる。

　この点においては，実証に基づく心理社会的介入の考え方が重要視されることとなる。あるクライエントに対して，ある心理学的介入を行ったときに，効果があったか否か判断するにはどのようにしたら良いのか。かつては，これは臨床心理学とその近接領域すべてに共通する論点であった。その疑問を解決すべく発展してきたのが実証に基づく心理社会的介入という考え方である。

　一部のクライエントの個人的感想や，専門家のもっともらしい解釈に頼って心理社会的介入を評価する時代は終わりを告げ，90年代の終わりには心理療法が有効であるかどうか評価するための一定のガイドラインが確立されることとなった（Task Force on Promotion and Dissemination of Psychological Procedures, 1995）。子どもに対する心理社会的介入技法についても例外ではなく，児童青年に対する実証に基づく心理社会的介入が報告されるに至っている（Chambless & Ollendick, 2001）。そして，2008年にこのガイドラインは更新されており（Silverman & Hinshaw, 2008），さらに2014年になって最新の指針が示されている（Southam-Gerow & Prinstein, 2014）。詳細は第4章に譲るが，*Journal of Clinical Child and Adolescent Psychology*（JCCAP）における誌上による実証に基づく心理社会的介入技法の展望から，ウェブ上（http://effectivechildtherapy.com/）でのより頻繁な情報の更新へと転換を果たすこととなった。

　児童青年を対象とする場合，サービスを求める人物と，実際にサービスを受ける人物とが必ずしも一致しない点について留意する必要がある。成人の場合は，その両者が一致してクライエントとなりうるが，若年層の場合は親や教師，あるいは周囲の大人に連れてこられることが多い。そのため，子どもは支援の

必要性について納得していなかったり，理解できていなかったり，あるいは支援そのものに反発することもあるだろう。もしその態度を受けて，すぐに支援者が支援は必要ない，あるいは根拠もなく時期尚早であると判断してしまったらどうなるか。あるいは，適切な支援方法がわからないので，とりあえず「見守っていきましょう」と言って，その場をやり過ごしてしまったらどうなるか。子どもが望むことだけをさせていたら，それは心理社会的な専門的支援と言えるのだろうか。臨床児童心理学の専門家には，適応的な発達に必要な要因に関する知識，科学的手法で証明された効果的な心理社会的介入技法についての知識と技術，そして当該のクライエントに対してその支援方法を構造化しようとする努力が求められるのである。

　臨床児童心理学は，直接的または間接的に子どもへの心理学的サービスへの貢献が求められる学問である。世界的にはこの50年余りの間に心理社会的介入に関する研究は劇的な発展を遂げ（Kazdin, 2000），議論の焦点は，「心理療法が有効であるか」という点から「どの心理療法がどの問題に有効であるか」に変わってきている（Ollendick & Jarrett, 2009）。本書では，臨床児童心理学のキーワードの1つである「実証」を軸に，子どもへの心理学的サービスのあり方について述べていきたい。

3　臨床児童心理学の領域

　ここでは，臨床児童心理学が活かされる領域としてどのようなものがあるのか述べていきたい。まずは，児童思春期を対象とする精神科やそれに関連する医療領域がある。第Ⅱ部でとりあげられているように，子どもの心理・発達的問題の多くを対象として実証に基づく心理社会的介入が開発されている。これらの技法を駆使することのできる医療場面は，臨床児童心理学の活躍が最も見込まれる領域であるといえよう。現在，我が国では，このような問題に苦しむ子どもたちに適切な支援が提供されているとは言いがたい現状がある。一刻も早く，臨床児童心理学を修めた専門家の活躍が望まれるところである。

心理・発達的問題で苦しむ子どもたちは，医療場面よりも，教育領域で見かけられることの方が多いかもしれない。特に，費用や馴染みやすさなどを考えると，義務教育を受けている間は，公の機関が運営する教育相談へのアクセシビリティは高いであろう。したがって，教育領域において臨床児童心理学の専門家を配備することは，多くの子どもたちに効果的な支援を提供することにつながる可能性がある。学校現場における臨床心理士の有効活用においての議論の中では，より学校生活の中で子どもたちが直面している問題についての解決が求められてきている（東京都議会，2012）。そのため，スクールカウンセラーに代表されるように，子どもが生活する場において，限られた時間の中で支援を行う場合には，臨床児童心理学の専門性が活かされることになる。その際に有望な支援形態の1つにコンサルテーションがあげられる。この点は，第4章にて解説する。

　同じくアウトリーチ型の支援を身につけた専門家の活躍が望まれる分野としては，児童福祉分野があげられる。児童相談所では，児童虐待の対応機関として家庭訪問等も頻繁に行われるようになってきている。情緒障害児短期治療施設などの児童福祉施設では，子どもが生活する場において効果的な支援を発揮することが求められる。それに加えて，この領域においても，心理・発達的問題に対する個別相談，親子並行面接が数多く行われるが，現時点において体系的な支援方法の導入は大きな課題といえる。いずれの場合においても，他職種間のチームアプローチが原則となる。体系的な支援方法の提供と，チームアプローチという点において，臨床児童心理学の専門性は効果的に機能することとなるだろう。

　児童思春期の精神科関連領域だけでなく，小児を対象とする一般身体科医療の領域においても，臨床児童心理学はチーム医療の構成員の1人として働くことが期待される。歴史的にみても，小児科領域は臨床児童心理学の発展に古くから大きくかかわっており，実証に基づく心理社会的技法の活用，チームアプローチの役割などを考慮すると，臨床児童心理学の専門家が専門性を発揮できる領域と考えられる。近年，我が国においても子ども療養支援士等の専門家の

養成がはじまっているが，臨床児童心理学の知見が活かされることが期待される分野の1つである。この点については，第10章にて詳細を示すことにしたい。

その他のカウンセリング領域，独立した臨床実践（Private Practice）においても臨床児童心理学の専門性が発揮されるかもしれない。特に，医療や教育・福祉といった公的または保健医療サービスではカバーできない問題，あるいはさらなる集中的な支援を要する場合，これらの機関が大きな役割を果たすことになる。

最後に，大学における研究職や大学附属相談機関における活躍もあげておきたい。上記の定義をみていただければわかるが，臨床児童心理学の発展のためには，大学における研究活動もまた重要な役割を果たすと考えられる。その中で注目したいのは，心理臨床センターなどに代表される大学附属の相談機関である。これらの機関を，臨床児童心理学を専門とする研究者のスーパーバイズの下，より専門的な介入を提供できる機関として活用することができれば，大きな研究・実践成果が期待できる。大学附属相談機関では，子どもとその親が相談に訪れることが少なくない。しかしながら，現状では，どの程度の割合で実証に基づく心理社会的支援が提供されているのか，疑問をもたざるを得ない。効果の証明されている手法を開発し，1人でも多くのクライエントに提供できるように，臨床児童心理学の専門家を輩出することも重要な使命である。

4　周辺学問と臨床児童心理学の専門性

これまで臨床児童心理学の概要について述べてきた。これらを踏まえて，臨床児童心理学と周辺学問の関連を模式的に示したものが図序-1である。あくまでも，臨床児童心理学を中心として考えた場合の目安である点，また，発達心理学は後述する発達精神病理学と区別して考えた場合である点には留意していただきたい。この図をもとに，周辺学問との関連を述べながら，臨床児童心理学の専門家として求められる教育的背景（Finch et al., 2012）について説明したい。

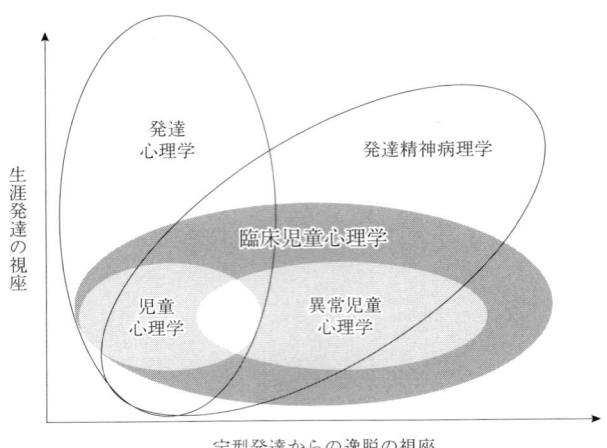

図序 - 1　臨床児童心理学とその近接領域の関連

（1）定型発達プロセスとそこからの逸脱に関する知識

　第1に，定型的な発達プロセスに関する知識があることが求められる。臨床児童心理学の基礎をなす学問の1つとして発達心理学があげられる。臨床児童心理学の専門家は，問題を示す子どもたちの特徴だけでなく，定型的な発達プロセスについて留意する必要がある。親から離れるのが恐いといった分離不安に代表されるように，子どもの問題行動の多くは通常の発達の中でもみられることが多い。そのため，ある行動が問題行動かどうか，ある症状が過剰なものであるか否かを査定するためには，同年齢，同年代におけるある一定の基準（norm）を把握する必要がある（石川, 2006）。さらに，同じ問題行動においても，年齢によって子どもの表出の仕方は刻々と変化していく。たとえば，年齢に応じて不安の対象が変化する（Muris, 2007），または，攻撃行動の表出に違いがみられることが明らかになっている（Conner, 2002）。

　特に，臨床場面で支援の対象となっている子どもの多くは，たとえば抑うつならば抑うつ症状が高い子どもになる。そのため，どの程度の得点が得られた場合，その問題をとりあげるべきかといった基準値（カットオフポイント）の設

定が重要となる。これは，後述するアセスメントにも関連してくるが，精神症状測定学に代表されるような知見をもとに，ハイリスクの児童青年を特定することも重要な課題となる（たとえば，佐藤ら，2009）。したがって，発達心理学においては老年期までも含む生涯発達の縦の軸をもとにしていると考えられ，臨床児童心理学においては，その中でも児童期，もしくは青年期に対象を焦点化しているため縦への広がりはどちらかといえば限定的である。反対に，発達心理学においては，不適応的な行動について，定型的な発達的視点を機軸として，そこからの逸脱について探ることとなるが，臨床児童心理学においては，より臨床的サンプルの特徴の記述に焦点が当てられる。実際には，どちらも発達的な視点を重視し，縦断的・横断的デザインの両者が用いられる点には留意する必要があるが，臨床児童心理学ではさまざまな心理・社会・発達・身体的問題についてのディメンジョン(1)である横の軸がより強調されることが特徴的である。

（2）問題理解に関する専門知識とその活用

　第2に，児童青年の問題理解に関する専門的知識が習得されていることが求められる。まず，臨床児童心理学の専門家は，DSM（アメリカ精神医学会から発刊されている精神疾患の診断・統計マニュアル）に代表される国際診断基準に基づく，精神病理についての最新の情報を有する必要がある。以降の章で述べるように，臨床児童心理学の専門家においては，他職種との協同は重要な役割の1つとなる。その意味で，臨床児童心理学の専門家においては，他の職種とのチームプレイを妨げるような共有不可能な精神病理の見立てを行うことは許されない。国際診断基準に基づく分類は，精神医学，看護，社会福祉分野等との協同を可能とする最低限の共通言語としての役割を果たすことになる。

　しかしながら，これは臨床児童心理学においては，その独自の専門性を発揮した問題理解が許されていないということを意味しているわけではない。たとえば，スクールカウンセラーとして学校現場で心理学的援助を行う際，学校教育現場で共有される知識や用語の理解が必要不可欠である。その上で，児童青

年の精神病理に関する知識と技術を有機的に行使する専門性が求められているのである。これは,その他の領域においても同じことが当てはまる。つまり,臨床児童心理学における子ども理解では,共通性・共有性を有する問題理解と,専門性・独自性を発揮する問題理解の両者について習得する必要があると考えられる（詳細については第1章を参照）。

科学的な発想に基づき,クライエントの心理的な問題や病理のメカニズムを考える学問のことを異常心理学（または精神病理学）と呼ぶが（丹野, 2002),臨床児童心理学の専門性には,児童青年における異常心理学,および発達精神病理学が含まれることとなる（たとえば,このような知見が編纂されている代表的な雑誌として Journal of Abnormal Child Psychology や Development and Psychopathology があげられる)。図序-1に示されるように,臨床児童心理学における特に精神病理の理解の基礎的な研究知見においては,異常児童心理学の知見が活用されることとなる。一方,発達精神病理学では,①ある時点の問題行動自体だけでなく時間の経過に伴う精神病理的発達・社会化と,通常の発達・社会化に注目する,②ある発達段階における通常の適応パターンからの逸脱に注目する,③現時点では精神病理的ではない行動であるが,後の障害の予測因となる行動に注目する,④多くの場合後の障害を予測するが,そうでないこともある場合,その差異に注目する,といった4つの焦点が存在する（Stroufe & Rutter, 1984)。そのため,発達精神病理学は,生涯発達の視座と定型発達からの逸脱の視座の両者を兼ね備えた特徴を有するといえる。反面,その理念を体現するためには,長期的,かつ大規模な研究デザインが取られる必然性が生じてくる。この点については,再度後述することとしたい。

（3）実証に基づくアセスメントの知識と技術

第3に,実証に基づくアセスメントの知識と技術が必要となる。信頼性と妥当性を有するアセスメントは,実証に基づく心理社会的介入の実践における出発点である（Silverman & Saavedra, 2004)。アセスメントに関する方法論の発展によって,児童青年に対するアセスメントとは,もはや知能検査と学力検査を

行い，1つか2つの投影法に取り組むといったものではなくなった（Mash & Hunsley, 2005）。すなわち，いわゆる恒常的に用いられるテストバッテリーという発想から，信頼性と妥当性に優れ，かつ短時間で済み，必要とされる症状もしくは問題に焦点化された尺度を用いて，余分な時間や費用をかけずにサービスに活かすことができるようなアセスメントの組み合わせを検討するという発想に移行してきている。当然のことながら，臨床児童心理学においてもアセスメントは重要視されるが，あくまでも効果的な実践的支援に寄与することが条件となる。

臨床児童心理学のアセスメント法は，日々進歩しており，このようなアセスメントの実践には，心理学的研究法の知識が必要不可欠となる。また，新たなアセスメント法を開発することも，臨床児童心理学の専門分野として重要な役割を担う。上述した雑誌には，毎年のようにさまざまなアセスメントツールの開発に関する研究が報告されている。それらはすべて，臨床児童心理学の発展に寄与しているといえるだろう。

（4）効果的な実践に寄与する研究の活用と創造

第4に，効果的な実践に寄与する研究の活用と創造がある。臨床児童心理学の研究法には，介入（実践）研究と観察（基礎）研究がある。前者の研究は，いわば支援や介入，予防に直結する実践的な学問である。科学的発想をもつ実践的学問である臨床児童心理学においては，実践活動が重要視されることは先ほど述べたとおりである。そのため，最新の実証に基づく心理社会的な介入技法について知ることは，臨床児童心理学の専門家として必須のことである（現時点での児童青年を対象とした実証に基づく心理社会的介入の一覧は第4章に示す通りである）。この表（表4-4）は非常に有益な情報を提供しているが，まだ十分であるとは言いがたい。実証に基づく心理社会的支援技法の普及を，治療技法，臨床的問題，人種・文化集団の3次元から捉えると（Kazdin, 2008），ある文化圏において，ある治療技法がある臨床的問題に有効であると確認されていれば（たとえば，アメリカにおいて抑うつ障害に対して認知行動療法の効果が示されたとし

て),我が国でその効果を検証しなくてよいということにはならないからである。

一方,観察研究(Observational Research)とは,研究者によって直接操作されない,観察される変数同士の関連を検討する研究を指している(Kazdin, 2003)。このタイプの研究は,実践研究そのものではないが,効果的な実践を支える基礎的な研究と位置づけることができる。ある心理社会的な治療技法について,それが「何に」効くかは明らかになっていたとしても,「なぜ」効くのかが明らかにされていないことがある。特に,多様な要素を盛り込む治療パッケージにおいては,その傾向が顕著である。たとえば,北米においては性犯罪者に対して認知行動療法を適用することが望ましいという知見は,広く普及してはいるものの(Center for Sex Offender Management, 2000),その個々の治療構成要素を支える基礎的な研究については,十分に統合されているとは言いがたい(Kirsch & Becker, 2006)。さまざまな精神病理に至るリスク要因と保護要因について明らかにすること,問題の維持要因に注目し,変化をもたらすメカニズムを解明することは,効果的な心理社会的介入技法の精選や統合に寄与するという重要な役割を果たすであろう。

(5) 効果的な実践についての専門性

最後に,児童青年の障害や家族に関する問題に対する効果的な実践についての専門性があげられる。ある研究で証明されている介入法を,日々の実践場面で応用することは,個々の臨床児童心理学の専門家に課せられた大きな課題である。その技法が標的となる症候群を変化させるということが実証研究によってどれだけ明らかにされているかといった点に注目する場合,我々は介入研究の有効性(efficacy)について議論していることになる。一方で,その技法が現実の臨床場面においてどれだけ実践的に有益に機能することが期待できるかといった点に注目する場合は,介入研究の有用性(effectiveness)について論じていることになる。臨床児童心理学の専門家には,根拠となる実証研究を参考にしながら,目の前のクライエントに対して有効な心理社会的支援方法は何であ

るのかを判断する科学者としての目が求められる。その一方で，当該の心理社会的技法を目の前のクライエントに適用する実践家としての腕も必要となる。したがって，効果的な実践においては，その両立が必要不可欠であるといえる。

　児童青年の基本的な心理的要求を科学的に理解することは，困難を抱える子どもたちの支援に有益であるだけでなく，現在困難を抱えていない子どもたちの支援，すなわち予防的介入においても有益な知見をもたらすことになる。発達精神病理学の知見を応用することで，症状が発症する前に，もしくは問題の早期の段階で対応するという予防的介入の開発・実施を行う分野として予防科学（Prevention Science）がある（Coie et al., 1993）。第4章に示された治療（Treatment）からユニバーサル予防（Universal Prevention）に至る一連の治療・予防的介入の枠組みを参照すると（105ページ），治療の文脈で明らかにされた知見は，最終的になるべく多くの子どもたちに恩恵が得られるよう予防的支援へと展開されていくべきである。そのため，発達精神病理学に基づく予防的取り組みは，臨床児童心理学に内包される使命を超え，周辺諸科学の最終的な目標となりうる。予防的取り組みを成し遂げるためには，応用・基礎を問わず周辺学問との協同，および研究者・実践家の有機的なつながりに基づく，多施設共同縦断的デザインによる大規模研究が求められることになる（たとえば，FAST Trackプログラム：Conduct Problems Prevention Research Group, 1992; 2011）。このような使命の実現のためには，その一翼を担う臨床児童心理学の発展が必要不可欠である。

注
(1) 健常群から臨床群への連続性をより重視し精神病理を測定する試み，診断カテゴリーに合致するか否かだけではなく，クライエントが経験した症状の数とそのような症状の頻度や重症度を検討する（Ollendick & Seligman, 2005）。

文　献
Center for Sex Offender Management (2000). *Myths and facts about sex offenders.* Washington DC: U. S. Department of Justice, Office of Justice

Programs. (http://www.csom.org/pubs/pubs.html)

Chambless, D. L., & Ollendick, T. H. (2001). Empirically supported psychological interventions: Controversies and evidence. *Annual Review of Psychology*, 52, 685-716.

Coie, J. D., Watt, N. F., West, S. G., Hawkins, J. D., Asarnow, J. R., Markman, J. H. et al. (1993). The science of prevention: A conceptual framework and some directions for a national research program. *American Psychologist*, 48, 1013-1022.

Conduct Problems Prevention Research Group (1992). A developmental and clinical model for the prevention of conduct disorders: The Fast Track Program. *Developmental and Psychopathology*, 4, 505-527.

Conduct Problems Prevention Research Group (2011). The effects of the Fast Track preventive intervention on the development of conduct disorder across childhood. *Child Development*, 82, 331-345.

Conner, D. F. (2002). *Aggression and Antisocial Behavior in Children and Adolescents*. New York: Guilford Press.

Council of Specialties in Professional Psychology (2005). Clinical Child Psychology formal specialty definition. (http://cospp.org/specialties/clinical-child-psychology)

Finch, A. J., Lochman, J. E., Nelson, W. M., & Roberts, M. C. (2012). *Specialty competencies in clinical child and adolescent psychology*. New York: Oxford University Press.

石川信一（2006）．臨床心理学における発達的論点　心理学評論，49，613-626．

Kazdin, A. E. (2000). *Psychotherapy for children and adolescents*. New York: Oxford University Press.

Kazdin, A. E. (2003). *Research Design in Clinical Psychology* (4th ed.). Boston: Allyn and Bacon.

Kazdin, A. E. (2008). Evidence-based treatments and delivery of psychological services: Shifting our emphases to increase impact. *Psychological Services*, 5, 201-205.

Kirsch, L. G., & Becker, J. V. (2006). Sexual offending: Theory of problem, theory of change, and implication for treatment effectiveness. *Aggression and Violent Beahavior*, 11, 208-224.

Louttit, C. M. (1936). *Clinical psychology: A handbook of children's behavior*

problems. New York: Harper.
Mash, E. J., & Hunsley, J. (2005). Evidence-based assessment of child and adolescent disorders: Issues and challenges. *Journal of Clinical Child and Adolescent Psychology,* 34, 362-379.
Muris, P. (2007). *Normal and abnormal fear and anxiety in children and adolescents.* Burlington, MA: Elsevier.
Ollendick, T. H., & Jarrett, M. A. (2009). Empirically supported treatments for adolescent depression. In C. A. Essau (Ed.), *Treatment for adolescent depression: Theory and practice.* Oxford: Oxford University Press, pp. 57-80.
Ollendick, T. H., & Seligman, L. D. (2005). Anxiety: Children. In S. Felgoise, A. M. Nezu, C. M. Nezu, M. A. Reinecke, & A. Freeman (Eds.), *Encyclopedia of cognitive behavior therapy.* New York: Springer, pp. 39-41.
Routh, D. K. (1994). *Clinical psychology since 1917: Science, practice, and organization.* New York: Plenum Press.
佐藤寛・石川信一・下津咲絵・佐藤容子（2009）．子どもの抑うつを測定する自己評価尺度の比較——CDI, DSRS, CES-Dのカットオフ値に基づく判別精度　児童青年精神医学とその近接領域，50, 307-317.
Silverman, W. K., & Saavedra, L. M. (2004). Assessment and diagnosis in evidence-based practice. In P. H. Barrett & T. H. Ollendick (Eds.), *Handbook of interventions that work with children and adolescents: Prevention and treatment.* New York: Wiley, pp. 49-69.
Silverman, W. K., & Hinshaw, S. P. (2008). The second special issue on evidence-based psychosocial treatments for children and adolescents: A 10-year update. *Journal of Clinical Child and Adolescent Psychology,* 37, 1-7.
下山晴彦（2001）．日本の臨床心理学の歴史と展開　下山晴彦・丹野義彦（編）講座臨床心理学1　臨床心理学とは何か　東京大学出版会，pp. 51-72.
Southam-Gerow, M. A., & Prinstein, M. J. (2014). Evidence base updates: The evolution of the evaluation psychological treatments for children and adolescents. *Journal of Clinical Child and Adolescent Psychology,* 43, 1-6.
Sroufe, L. A., & Rutter, M. (1984). The domain of developmental psychopathology. *Child Development,* 55, 17-29.
丹野義彦（2002）．異常心理学の成立に向けて　下山晴彦・丹野義彦（編）講座臨床心理学3　異常心理学Ⅰ　東京大学出版会，pp. 3-20.
Task Force on Promotion and Dissemination of Psychological Procedures. (1995).

Training in and dissemination of empirically-validated psychological treatments. *The Clinical Psychologist,* **48**, 3-23.

東京都議会(2012).文教委員会速記録第八号(http://www.gikai.metro.tokyo.jp/record/bunkyo/d3030263.html)

Weisz, J. R., Donenberg, G. R., Han, S. S., & Weiss, B. (1995). Bridging the gap between laboratory and clinic in child and adolescent psychotherapy. *Journal of Consulting and Clinical Psychology,* **63**, 688-701.

第 I 部

臨床児童心理学の基礎

第1章
臨床児童心理学における子どもの理解

　第1章は，臨床児童心理学に基づく子どもの理解に焦点を当てて概説していく。子どもの誕生，子どもを取り巻く家族との関係，学校で仲間と社会性を築く過程，やがて自身の経験から導き出されるその子ども独自の世界の見方などについて，ある事例を紹介しながら触れていきたい。さらに臨床児童心理学における問題の多面的理解，そして支援方法のあらましについても紹介していく。
　とはいえ，あくまで本章の役割はクイックガイドであり，分厚い説明書ではない。本章で紹介する臨床児童心理学の骨組みをもとにして，どのような肉づけがなされていくのかは，後の章を参考にしていただきたい。それでは，まずは下記の事例をみていこう。

　　ハルカさんは中学校2年生の女の子です。お母さんと2人で大学の相談室にやってきました。お母さんはハルカさんが不登校なので，何とか学校に行ってほしいと訴えています。学校には中学1年生の夏休み過ぎから登校できなくなっているようです。カウンセラーが幼少期の話を聞くと，出生時には特に問題なく，発達検査などで気になることはなかったそうです。ただ，小さい頃から臆病なところがあって，新しいおもちゃで遊んだり，家に来た人とかかわったりすることは少なかったので，幼稚園でも新しいお友だちになじむのに時間がかかったとのことです。小学校低学年のときは，授業参観でまったく手を挙げないことを気にはしていましたが，学校には行けていたのでそこまで深刻には考えていなかったそうです。
　　ハルカさんは，幼い印象を受けましたが，年齢相応の身なりをしており，名前と年齢を尋ねるとしっかり答えることができました。カウンセラーが小

学校の頃のことを質問すると、小学校高学年くらいから、同級生とかかわることが苦手になってきたと言いました。それを聞いたお母さんは、「私も小さい頃からいろんなことを心配する子だったのでよくわかります。一人っ子なのでこの子には苦労をかけないように、いろいろ手をかけてきたつもりです」と加えました。

続いて、中学校はどうですかと質問すると、ハルカさんは、下を向きながら、「友だち関係で疲れてしまった、部活動がしんどかった」と語りました。そして、母親は、「この子は人が怖いって言うんですが、そんなことあるんですか？」とカウンセラーに尋ねました。カウンセラーは、ハルカさんに「人が怖いの？」と聞くと、ハルカさんは「人の目が気になって教室に入れない」「みんなが私のことを変だと思っている」「私は友だちがひとりもいない」と小さな声で答えました。カウンセラーとは目を合わさず、緊張している様子が伝わってきました。

1　子どもの誕生と家族

（1）発達する存在としての子ども

　子どもは"日々新た"な存在である。たった1つの受精卵から生まれた子どもは、約60兆個もの細胞に分裂し、その体を構成していくことになる。成長の過程にある子どもにとっては、さまざまなできごとの一つひとつが大きな意味をもつことになる。言うまでもなく、子どもは発達していく存在である。一方で、私たち大人も、やはり発達していく存在であるとはいえないだろうか。身長がまったく伸びなくなったとしても、毎日私たちの体を構成する数千個の細胞は死滅し、新たな細胞に生まれ変わっていく。子どもだけでなく、私たちにもまったく同じ一日はない。私たち人間は"日々新た"な存在となっているといえるかもしれない。

　臨床児童心理学では、生涯にわたっての子どもの発達に焦点を当てる。最も発達早期の情報として、出生時や妊娠期の情報も必要になることがある。子ど

もは生まれる前から母胎を通じてさまざまな影響を受ける。そのため，胎児期や乳児期における適切な栄養状態や有害な物質に関する情報を家族に伝えることは非常に重要である。たとえば，胎児性アルコール症候群のように，主に妊娠中の母親のアルコール摂取によって，子どもの身体の成長や知的な発達の遅れといった悪影響があることが明らかになっている（Chudley et al., 2005）。

乳児期においては，より先天的なパーソナリティの基礎的・先天的なものとされる気質について考慮する必要がある。先にあげた子どもを例にとれば，「小さい頃から臆病なところがあって，新しいおもちゃで遊んだり，家に来た人とかかわったりすることは少なかった」という箇所に気質が反映されている。この「小さい頃から臆病なところ」という気質は行動抑制と呼ばれる。行動抑制とは，一般的には見知らぬ人や状況に曝されたときに，泣いたり，苦痛な声をあげたりして，引っ込み思案な行動を示すなどの行動様式を指す（たとえば，Kagan et al., 1994）。そして，この行動抑制は後の不安症と関連があることがわかっている（Rapee, 2002; Turner et al., 1994）。

一方で，生活リズムが不安定で，ネガティブな気分であることが多く，注意が持続しづらく過活動であるといった特徴がみられる「扱いにくい（difficult）」気質は，後の攻撃性，行為の問題，非行，その他の反社会性の問題と関連があることは広く知られている（Conner, 2002）。いずれの場合も，注意しなければならないことは，このような気質が後の精神病理を単純に予測することは決してないという点である。これらは，ネガティブな結果をもたらす可能性を高める「リスク要因」と理解すべきである。反対に，心理的問題に至る確率を減らす個人的変数，環境的変数を「保護要因」と呼ぶ（Mash & Wolfe, 2007）。これらの要因は，それぞれの発達段階に応じて，相互作用をもたらすため，ある時点でのリスク要因，あるいは保護要因が後の予後をどの程度予測しうるかといった情報は，早期の予防的な取り組みに有益な知見をもたらすことになる。

（2）子どもと家族

乳児期から幼児期にかけて，子どもの生活の中心は家族の中にある。そのた

め，子どもと家族というテーマは，臨床児童心理学の主たる関心の1つとなっている。たとえば，家族療法においては，子どもを IP（identified patient: 家族の中で問題とみなされる人）として扱い，家族を中心とした相互作用によって子どもの問題が維持されているという捉え方をするのが一般的である（日本家族研究・家族療法学会，2013参照）。そのような枠組みに従わなくとも，子どもと家族とのやりとりが，この年代において重大な役割を担っていることには疑いの余地はない。

発達早期の母子の健康的で情緒的に豊かなつながりは非常に重要になる。親子の間に形成された情緒的結びつきのことを愛着と呼ぶ。幼少期の愛着は，後の子どもの心理的な適応にさまざまな影響をもたらすとされている。愛着はある程度固定化された安定的なものであると捉えられている一方で，時間の経過に伴い変化がみられることも指摘されている（Cummings et al., 2000）。不安定な愛着は，不安や恐怖だけでなく，抑うつ，摂食障害，あるいは素行症（行為障害），攻撃的な行動などと関連があることが明らかにされており，広くさまざまな精神病理学的なリスク要因となると考えられている（Kobak et al., 2006）。

また，相互に強制的・批判的な親子関係は，幼児期，児童期，あるいは青年期の反社会的行動や行為の問題と強く関連することが指摘されている（Bloomquist & Schnell, 2002）。たとえば，親が場当たり的で一貫性のないルールを提示している上に，管理や監視が不足しているため，子どもの様子を正確に把握していないとする。すると，子どもは親のしつけに対して，ルールの隙間をついて文句を言ったり，不従順になったりしてしまうだろう。すると，今度は子どもに対して親の方が叱責などのネガティブな言動を多く示してしまう。それに対して，子どもはものを壊したり，時には親に対して攻撃的に振る舞ってしまったりするといった悪循環が考えられる。

さて，温かみに欠ける批判的な親子の関係は，子どもの不安にも悪影響を与えることが明らかにされている。しかし，先ほどのハルカさんの事例では，そういった報告はみられていない。代わりに，母親からは「私も小さい頃からいろんなことを心配する子だった……この子には苦労をかけないように，いろい

ろ手をかけてきたつもり」であると語られている。ある家族のメンバーが不安の問題を抱えている場合，その他の家族も不安の問題を示す確率が高いことが明らかにされている（Vasey & Dadds, 2001）。言い換えれば，母親が不安の問題を抱えている場合，子どもも不安症状を示しやすいということになる。ハルカさんのお母さんの訴えには2つの重要な点が含まれている。

　まず，親から子どもへ心理的な特徴は一定の確率で遺伝する。しかし，遺伝はリスク要因の1つにすぎず，多くの場合，遺伝のみで心理的な問題が決定することはない。たとえば，不安症については，遺伝の影響はおおよそ30％であるとされている（Eley & Gregory, 2004）。また，その関係性は一対一ではないことも多く，親がある種の不安を抱えているからといって，子どもがまったく同じタイプの不安を抱えるとも限らない（Rapee, 2002参照）。

　遺伝がすべてを説明しないのであれば，親から子どもへの伝達は生まれてからの学習によっても成立するということである。これが2つ目に重要な点になる。親から子どもへの不安の伝達はいくつかの経路が想定されているが（Essau et al., 2011），この事例で関連が深いと思われるのが過保護的な行動である。つまり，事前に失敗しないように母親が肩代わりをしてあげることによって，子ども自身が挑戦しその結果を学ぶという機会を奪ってしまっている可能性がある。ただし，先ほど家族療法の例で述べたように，あくまで親子のやりとりは相互作用的なものである点については留意するべきである。

　子どもの遺伝的な影響については，心理社会的介入の中で取り扱うことは難しいが，養育行動については，学習によって身につけることができる。そのため，ペアレントトレーニング（親訓練）に代表されるように，幼い子どもに対しては親の養育行動に対する介入を行うことが有益であるとされている。親の養育行動は，幼い子どもに大きな影響を及ぼしているため，ペアレントトレーニングはさまざまな心理的問題に適用可能である。特に幼少期において，反社会的な行動や行為の問題に対して，親子関係へのアプローチが有用であることは広く知られており，ペアレントトレーニングの有効性は数多くの研究で証明されている（Webster-Stratton & Taylor, 2001）。

2　子どもの成長と社会性

（1）学校と子ども

　児童期になると生活の中心は，徐々に家庭から学校へと移行していく。幼稚園から小中学生にかけて，子どもは学校という社会の中で生活することが多くなる。児童期の後期はギャングエイジと呼ばれ，同性の仲間たちで集団を作るようになる時期である。冒頭に紹介した事例では，「小学校高学年くらいから，同級生とかかわることが苦手になってきた」と語られている。このような子どもの社会性の問題は，子どもの社会的スキルの観点から理解することができる。社会的スキルとは，良好な人間関係を形成し，維持するために必要な対人技能を指しており，子どもは社会的スキル訓練（social skill training: SST）を通じて社会的スキルを学ぶことができる。社交不安を抱える場合，何らかの形で社会的スキルを学び損ねているか，学んでいるけれどもそれを実行することができないか，あるいは間違った形で学んでいると捉え，SSTが導入されていることが多い（Beidel et al., 2007; Spence et al., 2000）。ちなみに，成人の社交不安症においてもSSTが導入されることは珍しくない（Rodebaugh et al., 2004）。言い換えれば，子どもの社会性の問題は，早期対応をしないと後々の適応の問題にも関連してくることになる。そのため，SSTもまた，さまざまな心理的問題への支援，予防に適用されている。

　ハルカさんの事例で，母親から最も困っていることとして訴えられているのは，「何とか学校に行ってほしい」ということである。不登校，いじめ，暴力行為をはじめとした生徒指導上の諸問題は，臨床児童心理学において重要なテーマとなる。この事例では，「友だち関係で疲れてしまった」「部活動がしんどかった」と語られている。このような，学校におけるストレッサーが関連していると思われる事例においては，心理学的ストレスモデルに基づく学校ストレスモデルの理解が有益になる。この理論を臨床的に応用したストレスマネジメントは，学校不適応を示す子どもたちへの個別支援や学級単位での予防的取り

組みにおいて成果をあげている（三浦，2002; 嶋田，1998）。

　以上のように，発達の早期であれば家族，そこから徐々に友人，教師といった形で子どもの人間関係は広がっていく。さらに，その外には学校や地域社会といったより広いシステムが存在し，もっと広い視野に立てば，我々は固有の文化の影響を受けているともいうことができる。いずれにせよ，幼い子どもはより身近な環境の影響を大きく受ける。そのため，臨床児童心理学における子どもの理解では，機能分析に基づく捉え方が採用されることが多い。詳細は第2章を参照していただきたいが，このモデルは「行動モデル」として本書では紹介している。

（2）世界の見方の構築
　先ほど子どもの理解における環境との相互作用の重要性については述べたが，それと同時に臨床児童心理学では，子どもの中に起こる悪循環にも焦点を当てることになる。カウンセラーは「年齢相応の身なりをしており，名前と年齢を尋ねるとしっかり答えることができ」たという印象を持っているのに対して，ハルカさんは「みんなが私のことを変だと思っている」という考えを報告している。少なくともカウンセラーは「変な」印象を持っていないわけである。もしハルカさんの考え方が客観的に根拠のないものであり，そのことによって不安がひどくなり，腹痛・頭痛を覚え，ますます教室への足が遠のいているならば，ハルカさんの中で，認知→感情→身体→行動といった形で，悪循環が生じていることになる。このような関係性も双方向的なものであるが，特に不適応な認知の役割について焦点化した捉え方は，本書の中で「認知モデル」として紹介する。

　たとえば，ハルカさんが学級活動において三人組を組むときに，うまく仲間が見つからなかったとしよう。このときに，子どもはさまざまな考えに至るかもしれない。「たまたま友だちがみつからなかったのかな」「運が悪かった」「仲間外れにされているかも」等，ある結果の原因について推測する過程を原因帰属と呼ぶ。それでは，次のグループ作業のときに，ハルカさんはどのよう

に考えるだろうか。未知の出来事に対する事前の予測のことを予期と呼ぶ。「もし仲間が見つからなかったらどうしよう」といった予期をもつ場合，実際にグループ活動が始まる前から，不安になることだろう。そうすることで，お腹が痛くなってしまい，保健室に行くことになるかもしれない。このような予期と帰属を繰り返すことによって，子どもはある種の認知的な構えをもつようになる。すなわち，「みんなが私のことを変だと思っている」といったものである。このようなある程度一貫した認知のことをスキーマ，または信念と呼ぶ。このようなプロセスを繰り返すことで，子どもたちの世界の見方はある程度一貫性をもつようになる（Kendall, 2012）。年齢を経るにしたがって子どもたちの認知の一貫性は強固になっていき，それぞれの認知の相互関係は強くなっていくことが明らかにされている（Abela & Hankin, 2008）。したがって，子どもたちは，世界の見方を構築していく道のりを歩き続けている存在であるといえるだろう。

3　子どもの問題の多面的理解

(1) 子どもの問題理解の枠組み

　さて，冒頭のハルカさんの事例では，もう1つ重要な訴えがある。それは，「人の目が気になって教室に入れない」というものである。臨床児童心理学においては，このような子どもの心理的問題についても取り扱っていくことになる。ハルカさんの訴えの中には，社交不安症の症状を呈しているサインが見受けられる。

　図1-1は，臨床児童心理学における子どもの問題理解の枠組みを模式的に示したものである。学校現場においては，生徒指導上の問題理解の枠組みは共有されている。不登校やいじめといった用語は，その正確な定義はさておいて，一般的にもある程度普及しているものと言って差し支えないだろう。当然のことながら，生徒指導上の問題を抱える児童生徒は，さまざまな状態を示している。文部科学省の分類にしたがった場合でも，いじめ，学業の不振といった学

第 1 章　臨床児童心理学における子どもの理解

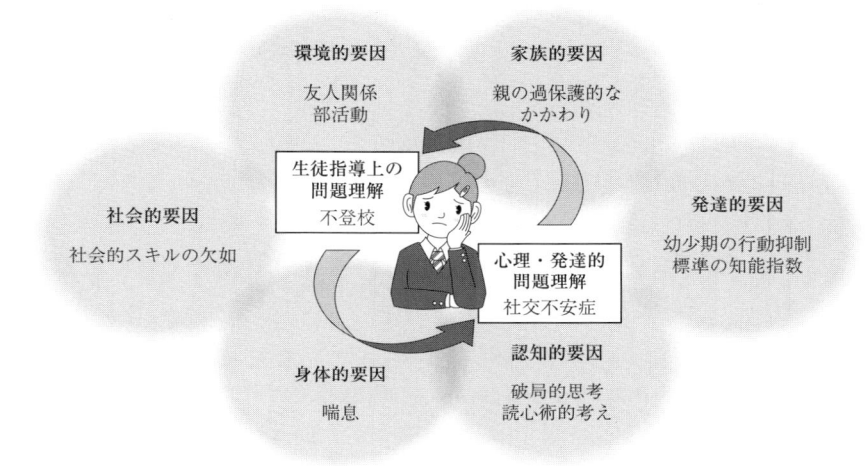

図1-1　臨床児童心理学における事例理解の例

（環境的要因：友人関係・部活動／家族的要因：親の過保護的なかかわり／発達的要因：幼少期の行動抑制・標準の知能指数／認知的要因：破局的思考・読心術的考え／身体的要因：喘息／社会的要因：社会的スキルの欠如／生徒指導上の問題理解：不登校／心理・発達的問題理解：社交不安症）

校にかかわる要因，家庭内の不和など家庭にかかわる要因，あそび・非行，不安などの情緒的混乱など本人にかかわる要因に分けられているが，それぞれに分類された不登校の児童生徒では，その問題を維持している要因は明らかに異なることが予想される。いじめの問題においてはその定義の性格上[1]，多種多様な状態が含まれることになり，分類することは非常に困難であると言わざるをえない。すなわち，この枠組みの理解は許容される範囲を超えて多様であるため，その理解の範疇内のみで有効な支援策を案出することは難しいかもしれない。

　それに対して，心理・発達的問題理解はどうだろうか。第 4 章で紹介するように，ハルカさんのような社交不安症を示している子どもには，有効性が証明されている支援方法，すなわち実証に基づく心理療法が存在している。つまり，効果的な支援方法につながる問題の理解が可能になるといえる（詳細は第 4 章第 1 節を参照いただきたい）。そこで，本書では DSM に代表される国際的診断基準に定義されている心理的問題，発達的問題を中心とした実践報告の詳細を第 II 部以降にまとめることとした。ちなみに，このような子どもの心理・発達的

問題理解を進めるためには，スティグマの解消や，ディメンジョン（序章注(1)参照）議論など，いくつか越えなければならないハードルがある。この点については，第2章第2節でくわしく述べることとする。

（2）一人ひとり異なる存在としての子ども

図1-1の外側にはハルカさんの事例理解に寄与すると思われるさまざまな情報が並べられている。ある心理的問題，あるいは発達的問題があることが特定されたからといって，何も考えずに治療パッケージに頼り切ってしまうことは決してあってはならないことである（石川，2013）。言い換えれば，その子ども一人ひとりに合わせてオーダーメイドな支援を導き出すことが何よりも重要ということになる。したがって，目の前の子どもに向き合う際には，心理的・発達的な問題だけでなく，これまで述べてきたその他の要因も考慮しながら，個別に事例理解に努めることになる。

以上のことから，臨床児童心理学の個別の事例理解においては，ケースフォーミュレーションが活用される。詳細は第2章第3節に譲るが，ケースフォーミュレーションの共通要素には以下の3点がある。①臨床的情報を得た後でそれぞれの要素をナラティブ，もしくはビジュアル形式でまとめ上げる，②伝統的な心理検査の結果を鵜呑みにするのではなく臨床的判断を重要視する，③最低限の臨床的推測によって「倹約の理念」が強調される（Finch et al., 2012）。

まず，臨床児童心理学では，伝統的な心理検査だけでなく，信頼性と妥当性が確認された最新のアセスメントを用いることになる（第2章第1節参照）。その上で，視覚的な提示や理解しやすい用語を用いて，支援に参加するすべてのメンバーが納得できるように問題の理解を進めていく。この考え方は，第4章で紹介するコンサルテーションにも通じるものである。さらに，推測は最低限にして，余計な情報は除外し，なるべくシンプルに根拠のある情報に基づきケースフォーミュレーションを実施する。これが「倹約の理念」である。ちなみに，この考え方は臨床心理学的研究法の姿勢でも強調されている（Kazdin, 2003b）。すなわち，このような姿勢は科学的発想をもつ実践的学問としての臨

床児童心理学を象徴するものであるといえる。

4 子どもに対する支援

(1) 子どもの発達に応じた介入技法

　臨床児童心理学ではさまざまな実証に基づく子どもの支援・治療・予防プログラムの有効性が検証されてきた。その詳細については，第Ⅱ部を参照していただきたいが，ここではプログラムの構成要素に焦点を当てながら，その概要を述べることにしたい。

　臨床児童心理学の特徴として，子どもの発達段階に応じたリスク要因，保護要因に焦点を当てた介入技法が開発，検証されている点があげられる。図1-2は，その概要をまとめたものである。この図は代表的な支援・治療・予防プログラムを参考に作成された目安であり，その他の年齢層，あるいはその他の問題にもさまざまな技法が適用されることもある点は留意していただきたい。そのような限界を踏まえた上でも，図1-2を概観すると，現在有効性が確認されている心理社会的介入技法と先ほどまで述べてきた子どもの発達の段階との関連がみてとれる。

　乳幼児期の子どもの生活の中心は家族であり，親子関係が大きな役割を果たす。そのため，この時期の介入技法は親子関係に焦点を当てたペアレントトレーニングが中心となっている。より幼い場合，ペアレントトレーニングは，予防的なアプローチとして実施され，問題が顕在化していくにつれて支援・治療としての役割も果たすことになる。幼い子どもを対象としたペアレントトレーニングの効果研究は外在化問題に関するものが中心であるが（Webster-Stratton & Taylor, 2001），内在化問題を焦点としたものも公刊されている（Cartwright-Hatton et al., 2011）。

　随伴性マネジメントは，行動モデルに基づき，適切な行動を増強させたり，不適切な行動を減少させたりする目的で用いられる。たとえば，発達の比較的早期における予防的な取り組みとして，行動的問題のリスクがあると判断され

第Ⅰ部　臨床児童心理学の基礎

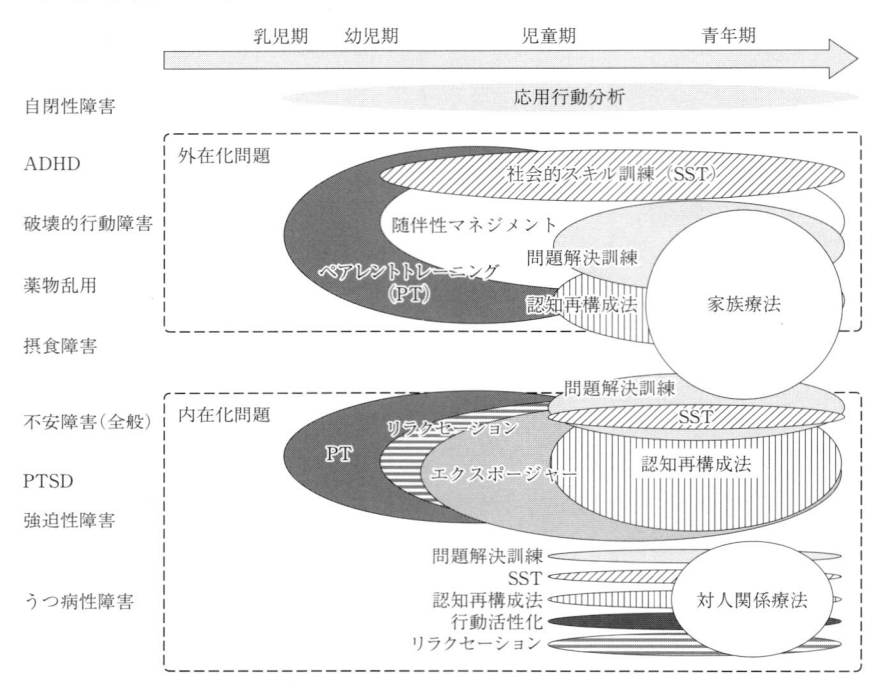

図1-2　子どもの発達と適用される実証に基づく心理社会的介入技法の目安

出所：American Psychological Association, Division 53 のホームページ（http://effectivechildtherapy.com/）を参考に著者が作成。

た幼児に対するペアレントトレーニングと学級における随伴性マネジメントを組み合わせた介入（プログラムの概要は，Webster-Stratton, 1999 を参照）の有効性が示されている（Reid et al., 2007）。注意欠如・多動症（ADHD）においては，クラス場面における課題への不従事や破壊的な行動の低減を目指した随伴性マネジメントに基づく介入効果の有効性も示されている（Pelham & Fabiano, 2008）。ここでは，代表的なものだけをとりあげたが，随伴性マネジメントは，これらのプログラムに限らず，図1-2に掲載されているさまざまな技法に応用されている。

　一方，さまざまな不安や恐怖の問題に対しては，不安や恐怖を引き起こして

第1章　臨床児童心理学における子どもの理解

いる状況や脅威刺激にクライエントをさらすことによって，不適応な反応を消去する治療技法であるエクスポージャーが用いられる。エクスポージャーは，不安症の治療プログラムの根幹をなすものであり，幼い子どもに適用する場合は比較的脅威度の低いものから徐々にさらしていく段階的エクスポージャーを用いることが一般的である。強迫症に対しては曝露反応妨害法が適用される（March & Mulle, 2006）。多くの治療効果研究は児童期以降を対象としているが，より幼い子どもたちについては，強化によるエクスポージャー（Weisz, 2000）を適用できる可能性がある（石川，2013参照）。たとえば，3歳から8歳までの水恐怖の幼い子どもに対する現実エクスポージャーの効果が示されている（Menzies & Clarke, 1993）。

　また，不安症に対する心理療法においては，知的，あるいは発達的な理由で認知再構成法を用いることができない場合に，リラクセーション（漸進的筋弛緩法や呼吸法）を用いることが推奨されている（Rapee et al., 2000）。また，子どものストレスマネジメントにおいても，言語的な発達が未成熟な発達初期の子どもに対しては，言語的要因の少ないものを選択するのが原則とされており，身体活動を中心としたプログラムが推奨されている（児玉，1997）。そのため，身体活動を中心としたリラクセーションも比較的幼い子どもに適用可能と考えられる。とはいえ，リラクセーションの習得には個人差があるため，必ずしも年齢だけでは判断できないことには留意する必要がある。また，学齢期以降でも，子どもの抑うつ，怒りや攻撃行動に対するプログラムにおいてリラクセーションが導入される（Clarke et al., 1990; Lochman et al., 2008）。

　子どもの生活の場が家庭から保育園，幼稚園，学校に移行していくことによって，反抗挑発症，素行症に対する治療や予防として，仲間関係の改善を目指したSSTが導入されていく（たとえば，Sukhodolsky & Scahill, 2012）。実際には先にあげた予防プログラムでは幼児期からSSTが適用されているが（Reid et al., 2007），社交不安症や抑うつ障害を対象とした場合，主に児童青年期を対象にSSTが適用されることが多い。特に，抑うつ障害は10代の半ば以降になってよくみられるようになる問題である（Avenevoli et al., 2008）。そのため，う

つ病の行動モデル（Lewinsohn, 1975）に基づき，児童青年期の抑うつに対する治療・予防プログラムにも社会的スキル訓練（SST）が含まれることが多い。仲間関係の問題が焦点となる ADHD においても仲間関係の改善を目指した心理社会的介入技法の有効性が示されている（Pelham & Fabiano, 2008）。

　児童期の後期に入ると，子どもたちの認知的側面に焦点を当てた介入技法が適用される。認知モデルに基づく介入の代表的なものが認知再構成法である。認知再構成法は，児童期青年期の抑うつ障害の治療，および予防的プログラムの中心的な役割を果たしている（Clarke et al., 1990; Gillham et al., 1990）。また，不安症に対する治療，および予防プログラムでも，認知再構成法は主要な構成要素として含まれることが多い（たとえば，Barrett, 2004; Kendall & Hedtke, 2006）。また，認知的側面に焦点を当てた治療は強迫症（Franklin et al., 2010），PTSD においても適用されている（Cohen et al., 2010）。

　もう1つ，この時期に広く導入される技法に問題解決訓練がある。問題解決訓練を応用した技法の適用範囲は非常に広く，児童青年の抑うつ障害に対するプログラム（Clarke et al., 1990; Gillham et al., 1990），攻撃的な子どもや行為の問題を抱える児童青年に対するプログラム（Kazdin, 2003a）などが代表的である。さらに，不安症に対する介入においても問題解決訓練に基づく技法が用いられることが多い（Kendall & Hedtke, 2006）。

　このように，子どもの認知的な発達に応じて，さまざまな技法を組み合わせて使うことができるようになることから，支援・予防・治療プログラムはより包括的で長期的なものになっていく傾向がある。その一方で，低年齢の子どもたちに認知的な介入を導入する際には発達レベルに応じた工夫がより必要であるとされているため（石川，2006），「どの」技法がどの年齢層に適用可能かという議論とともに，「どのように」技法を子どもの発達レベルに合わせて工夫していくかといった議論も必要不可欠である。

　最後に，青年期に特化して効果を上げている技法について触れておきたい。家族療法は，青年期の神経性やせ症に唯一有効性が確認されている技法であり，神経性過食症においてもある程度の効果がみられる可能性が示されている

(Keel & Haedt, 2008)。さらに，物質関連障害においては，集団認知行動療法と並んで，多次元的家族療法（multidimensional family therapy），機能的家族療法（functional family therapy）の有効性が証明されている（Waldron & Turner, 2008）。同じく対人関係療法も青年期の抑うつ障害に効果的であることが示されている（David-Ferdon & Kaslow, 2008）。これらのことから，特に青年期については，この年齢層に特化して効果が証明されている技法が示されている点は興味深い。

（2）個別支援から予防へ

　ここでは，個別の事例理解と集団に対するプログラムの関係について考えてみたい。たとえば，カレーを調理することを考えていただきたい。自分の好みにぴったり合ったカレーを作るためには，自分でスパイスから調合していくことが望ましい。ただし，それには時間や費用といったコストがかかる上に，かなりの技量を要するかもしれない。そこで，多くの場合は市販のルーを使って工夫しながら満足のいくものを料理することになる。心理社会的介入技法も同じように，ある程度の多くの人の合意が得られる基準を参考にすることによって，一定の水準を満たす支援方法を提供できるとはいえないだろうか。もちろんその中で，一人ひとりのクライエントに合わせた工夫をしていくことは必要不可欠である。その上で，必要に応じて，さらに集中的でオーダーメイドな支援方法を適用することが望ましい。

　このような考え方は，集団療法に代表される集団を対象とした支援方法にも反映されている。たとえば，子どもの社会性の問題への支援は，学校不適応を抱えている子どもの支援だけでなく，学級にいる子どもたち全体への指導が必要とされる時代になってきたといわれている（河村，2002）。その場合，費用対効果を考えて，多くの子どもに必要とされる社会的スキルをとりあげ，学級集団にSSTを実施することが有益である。実際に学級ベースのSSTは，我が国の小中学校で数多くの実践がなされており，その有効性が実証されている（高橋・小関，2011）。さらに，このような集団レベルでの指導は，その中で気にな

る子どもに対して個別的・集中的支援をする際にも，効率よく働く可能性がある。以上のことから，臨床児童心理学では，比較的多くの参加者による研究成果と子どもの個別理解は相反するものではなく，両者を相補的な知見とみなし，有効活用しようと考えるのである。

臨床児童心理学の使命の1つとして子どものメンタルヘルスに関する問題の予防があげられる。そのため，臨床児童心理学では，ごく少数の達人を育てることではなく，有効性が証明されている支援技法を広く子どもたちに提供していくことを目指している。

*

臨床児童心理学は，科学的発想をもつ実践的学問である。子ども理解には，これまで積み上げられた研究成果を尊重しながらも，目の前にいるクライエントから得られた情報に基づくという，いわば両者の根拠をもって臨床的判断を下すことが求められる。"日々新た"な存在であるクライエントに有益な支援を提供するために，科学者かつ実践家としても"日々新た"な姿勢が求められる。

注
(1) 2006年以降，「いじめ」とは，「当該児童生徒が，一定の人間関係のある者から，心理的・物理的な攻撃を受けたことにより，精神的な苦痛を感じているもの」と定義されている。
(2) ここでは心理・発達的問題を有するとみなされる個人に対して付与される否定的な態度。スティグマは他者からの偏見や差別を導くだけでなく，付与された人自身の自己認知へも否定的な価値をもたらすことがある。

文　献

Abela, J. R. Z., & Hankin, B. L. (2008). Cognitive vulnerability to depression in children and adolescents: A developmental psychopathology perspective. In J. R. Z. Abela & B. L. Hankin (Eds.), *Handbook of depression in children and adolescents*. New York: Guilford Press, pp. 35-78.

Avenevoli, S., Knight, E., Kessler, R. C., & Merikangas, K. S. (2008). Epidemiology of depression in children and adolescents. In J. R. Z. Abela & B. L. Hankin (Eds.), *Handbook of depression in children and adolescents.* New York: Guilford Press, pp. 6-32.

Barrett, P. M. (2004). *FRIENDS for life program: Group leader's workbook for children (4th ed.).* Brisbane: Australian Academic Press.

Beidel, D. C., Turner, S. M., Sallee, F. R., Ammerman, R. T., Crosby, L. A., & Pathak, S. (2007). SET-C versus fluoxetine in the treatment of childhood social phobia. *Journal of the American Academy of Child and Adolescent Psychiatry,* **46**, 1622-1632.

Bloomquist, M. L., & Schnell, S. V. (2002). *Helping children with aggression and conduct problems.* New York: Guilford Press.

Cartwright-Hatton, S., McNally, D., Field, A. P., Rust, S., Laskey, B., Dixon, C., Gallagher, B., Harrington, R., Miller, C., Pemberton, K., Symes, W., White, C., & Woodham, A. (2011). A new parenting-based group intervention for young anxious children: Results of a randomized controlled trial. *Journal of the American Academy of Child and Adolescent Psychiatry,* **50**, 242-251.

Chudley, A. E., Conry, J., Cook, J. L., Loock, C., Rosales, T., & LeBlanc, N. (2005). Fetal alcohol spectrum disorder: Canadian guidelines for diagnosis. *Canadian Medical Association Journal,* **172** (5 suppl), s1-s21.

Clarke, G. H., Lewinsohn, P. N., & Hops, H. (1990). *Instructor's manual for the Adolescent Coping with Depression Course.* Portland, OR: Kaiser Permanence Center for Health Research. (Available from www.kpchr.org/acwd/acwd.html)

Cohen, J. A., Mannarino, A. P., & Deblinger, E. (2010). Trauma-focused cognitive-behavioral therapy for traumatized children. In J. R. Weisz & A. E. Kazdin (Eds.), *Evidenced-based psychotherapies for children and adolescents (2nd ed.).* New York: Guilford Press, pp. 295-311.

Connor, D. F. (2002). *Aggression and antisocial behavior in children and adolescent.* New York: Guilford Press.

Cummings, E. M., Davies, P. T., & Campbell, S. B. (2000). *Developmental psychopathology and family process: Theory, Research, and clinical implication.* New York: Guilford Press. (カミングズ, E. M., デイヴィーズ, P. T., & キャンベル, S. B. (著) 菅原ますみ (監訳) (2006). 発達精神病理学――子どもの精神病理の発達と家族関係 ミネルヴァ書房)

David-Ferdon, C., & Kaslow, N. J. (2008). Evidence-based psychosocial treatments for child and adolescent depression. *Journal of Clinical Child and Adolescent Psychology*, **37**, 62-104.

Eley, T. C., & Gregory, A. M. (2004). Behavioral genetics. In T. L. Morris & J. S. March (Eds.), *Anxiety disorders in children and adolescents*. New York: Guilford Press, pp. 71-97.

Essau, C. A., Ishikawa, S., & Sasagawa, S. (2011). Early learning experience and adolescent anxiety: A cross-cultural comparison between Japan and England. *Journal of Child and Family Studies*, **20**, 196-204.

Finch, A. J., Lochman, J. E., Nelson, W. M., & Roberts, M. C. (2012). *Specialty competencies in clinical child and adolescent psychology*. New York: Oxford University Press.

Franklin, M. E., Freeman, J., & March, J. S. (2010). Treating pediatric obsessive-compulsive disorder using exposre-based cognitive-behavioral therapy. In J. R. Weisz & A. E. Kazdin (Eds.), *Evidenced-based psychotherapies for children and adolescents (2nd ed.)*. New York: Guilford Press, pp. 80-92.

Gillham, J. E., Reivich, K. J., Jaycox, L. H., Seligman, M. E. P., & Silver, T. (1990). *The penn resiliency program*. Unpublished manual, Philadelphia: University of Pennsylvania.

石川信一（2006）．臨床心理学における発達的論点　心理学評論，**49**，613-626．

石川信一（2013）．子どもの不安と抑うつに対する認知行動療法──理論と実践　金子書房

Johnson, A. M., Falstein, E. I., Szurek, S. A., & Svendsen, M. (1941). School phobia. *American Journal of Orthopsychiatry*, **11**, 702-711.

Kagan, J., Snidman, N., Arcus, D., & Reznick, J. S. (1994). *Galen's prophecy: Temperament in human nature*. New York: Basic Books.

河村茂雄（2002）．教師のためのソーシャルスキル──子どもとの人間関係を深める技術　誠信書房

Kazdin, A. E. (2003a). Problem-solving skills training and parent management training for oppositional defiant disorder and conduct disorder. In J. R. Weisz & A. E. Kazdin (Eds.), *Evidenced-based psychotherapies for children and adolescents (2nd ed.)*. New York: Guilford Press, pp. 211-226.

Kazdin, A. E. (2003b). *Research design in clinical psychology (4th ed.)*. Boston: Allyn and Bacon.

Keel, P. K., & Haedt, A. (2008). Evidence-based psychosocial treatments for eating problems and eating disorders. *Journal of Clinical Child & Adolescent Psychology, 37,* 39-61.

Kendall, P. C. (2012). *Child and adolescent therapy: Cognitive-behavioral procedures* (4th ed.). New York: Guilford Press.

Kendall, P. C., & Hedtke, K. A. (2006). *The coping cat workbook* (2nd ed.). Philadelphia: Workbook Publishing.

Kobak, R., Cassidy, J., Lyons-Ruth, K., & Ziv, Y. (2006). Attachment, stress, and psychopathology: A developmental pathways model. In D. Cicchetti, & D. J. Cohen (Eds.), *Developmental psychopathology: Theory and method* (2nd ed.). New York: Wiley, pp. 333-369.

児玉昌久（1997）．ストレス・マネジメントの基本的考え方　竹中晃二（編）子どものためのストレスマネジメント教育　北大路書房, pp. 34-40.

Lewinsohn, P. M. (1975). The behavioral study and treatment of depression. In M. Hersen, R. M. Eisler, & P. M. Miller (Eds.), *Progress in behavioral modification* (Vo. 1). New York: Academic Press.

Lochman, J. E., Wells, K. C., & Lenhart, L. A. (2008). *Coping power child group program: Facilitator guide.* New York: Oxford University Press.

March, J. S., & Mulle, K. (2006). *A cognitive-behavioral treatment manual* (2nd ed.). New York: Guilford Press.（マーチ, J. S., & ミュール, K.（著）原井宏昭・岡島美代（訳）（2008）．認知行動療法による子どもの強迫性障害治療プログラム――OCDをやっつけろ　岩崎学術出版社）

Mash, E. J., & Wolfe, D. A. (2007). *Abnormal child psychology* (4th ed.). Belmont: Wadsworth.

Menzies, R. G., & Clarke, J. C. (1993). A comparison of in vivo and vicarious exposure in the treatment of childhood water phobia. *Behaviour Research and Therapy, 31,* 9-15.

三浦正江（2002）．中学生の学校生活における心理的ストレスに関する研究

文部科学省（2003）．不登校への対応について（2003年6月）(http://www.mext.go.jp/a_menu/shotou/futoukou/main.htm)（閲覧日：2015年6月15日）

日本家族研究・家族療法学会（2013）．家族療法テキストブック　金剛出版

Pelham, W. E., & Fabiano, G. A. (2008). Evidence-based psychosocial treatments for attention-deficit/hyperactivity disorder. *Journal of Clinical Child and Adolescent Psychology, 37,* 184-214.

Rapee, R. M. (2002). The developmental and modification of temperamental risk for anxiety disorders: Prevention of a lifetime of anxiety? *Society of Biological Psychiatry*, 52, 947-957.

Rapee, R. M., Wignall, A., Hudson, J. L., & Schniering, C. A. (2000). *Treating anxious children and adolescents*. Oakland: New Harbinger.

Reid, M. J., Webster-Stratton, C., & Hammond, M. (2007). Enhancing a classroom social competence and problem-solving curriculum by offering parent training to families of moderate- to high-risk elementary school children. *Journal of Clinical Child and Adolescent Psychology*, 36, 605-620.

Rodebaugh, T. L., Holaway, R. M., & Heimberg, R. G. (2004). The treatment of social anxiety disorder. *Clinical Psychology Review*, 24, 883-908.

嶋田洋徳（1998）．小中学生の心理的ストレスと学校不適応に関する研究　風間書房

Spence, S. H., Donovan, C., & Brechman-Toussaint, M. (2000). The treatment of childhood social phobia: The effectiveness of a social skills training-based, cognitive-behavioural intervention, with and without parental involvement. *Journal of Child Psychology and Psychiatry*, 41, 713-726.

Sukhodolsky, D. S., & Scahill, L. (2012). *Cognitive-behavioral therapy for anger and aggression in children*. New York: Guilford Press.

高橋史・小関俊祐（2011）．日本の子どもを対象とした学級単位の社会的スキル訓練の効果——メタ分析による展望　行動療法研究, 37, 183-194.

Turner, S. M., Beidel, D. C., & Wolff, P. L. (1994). Is behavioral inhibition related to the anxiety disorders? *Clinical Psychology Review*, 16, 157-172.

Vasey, M. W., & Dadds, M. R. (2001). *The developmental psychopathology of anxiety*. New York: Oxford University Press.

Waldron, H. B., & Turner, C. W. (2008). Evidence-based psychosocial treatments for adolescent substance abuse. *Journal of Clinical Child and Adolescents Psychology*, 37, 238-261.

Webster-Stratton, C. (1999). *How to promote children's social and emotional competence*. London: Sage Publication.（ウエブスター・ストラットン（著）佐藤正二・佐藤容子（監訳）（2013）．認知行動療法を活用した子どもの教室マネジメント——社会性と自尊感情を高めるためのガイドブック　金剛出版）

Webster-Stratton, C., & Taylor, T. (2001). Nipping early factors in the bud: Preventing substance abuse, delinquency, and violence in adolescence through intervention targeted at young children (0-8 years). *Prevention*

Science, 2, 165-192.

Weisz, J. R. (2000). *Psychotherapy for children and adolescents: Evidence-based treatments and case examples.* New York: Cambridge University Press.

第2章
臨床児童心理学のアセスメント法

　本章では，クライエントを支援する上でのアセスメントの重要性と具体的方法について紹介する。最初に，ある新人カウンセラー（A）が小学3年生女子との面接を担当したときの，スーパーバイザー（B）とのやりとりをみてみよう。

A：「私（カウンセラー）がこの子に何かを教えるとかじゃなくて，この子が普段言葉にできていない気持ちを素直に表現できる……カウンセリングがそんな場所になればと思っています」
B：「そうですか。では，2つほど，質問してもいいですか？　まず，目の前の子どもが困っていることや家庭環境を無視して，どの子も同じ対応でよいというわけではないですよね？」
A：「はい，もちろんです」
B：「そうですね。それでは，もう1つ聞かせてください。他でもないこの子が，どんな状態だから，あるいはどんな状況に置かれているから，その支援方針にしようと思ったのでしょうか？」

　このあと，新人カウンセラーは言葉を返すことができなかった。何よりも子どもを第一に思って支援方針を立てていたつもりが，子どもの状態・状況を顧みることを怠ってしまい「気持ちを素直に表現できる場を作る」という最近読んだ本に書いてあった支援の枠組みに目の前の子どもを押し込めてしまっていた。察しの良い新人カウンセラーはそのことに気づき，言葉を失ってしまった。
　相談活動で出会う子どもたちは，一人ひとりが特別な存在である。育った環境も違えば，今の生活状況も，学習環境も，本人の価値観も違う。「最近の子

ども」が起こしている問題を知るには，本に書いてある情報や各種メディアから学ぶのもいいかもしれない。一方，「今，目の前にいる子ども」が問題とされる行動をしてしまう原因は，どれだけ多くの本をひも解いても書かれていない。その子の言葉，しぐさ，あらゆる行動，そして周囲の人物の様子や記録，検査結果など，生の情報から判断しなければいけない。

　しかし，いざ子どもを目の前にすると，情報が少ない，あるいは漠然とした情報しか得られていないために，具体的な支援の判断ができないという事態に陥ることがある。そんなとき，どのような情報をどうやって集めればよいのだろうか。あるいは，情報が多すぎて判断が難しくなることもある。相談に来た理由，これまでの経緯，家庭での様子，学校での様子，得意なこと，苦手なこと，友人関係，担任との関係，学習達成度，本人のニーズ，保護者のニーズ，担任のニーズ，等々……。これらの大量の情報をうまく活用して総合的に判断するためには，関連のある情報同士をつなげ，足りない情報に気づき，情報を具体的な支援に結びつけるための方法が必要である。

　本章で紹介する「アセスメント法」とは，クライエントの状態や周囲の状況を知り，それを整理して具体的な支援に結びつける方法である。支援方針を立てるとき，子どもについての理解を家庭や学校スタッフ等と共有するとき，あるいは支援が本当に役立っているかどうかを確認するとき，様々な局面でアセスメント法が必要となる。また「そもそも，子どもにはこういう対応が必要だから」とカウンセラー自身の価値観の枠組みに子どもを押し込めてしまうという事態に歯止めをかけるのもアセスメント法の重要な役割であり，アセスメント法はクライエントを中心とした相談活動の骨子であり，土台であるといえる。

　アセスメントは臨床児童心理学に基づく実践において欠くことができない第一歩である。最初の歩みが不確かなものであれば，その後の足取りもおぼつかない。本章では，まず，臨床児童心理学におけるアセスメントの概要と意義についてまとめるとともに，複数の視点から具体的なアセスメント法について紹介していく。続いて，アメリカ精神医学会が発行している診断分類であるDSM-5（American Psychiatric Association, 2013）について触れる。情報が限ら

れた中で具体的な対応を求められる臨床活動で判断に迷ったとき，DSM の診断分類に基づく基礎情報や研究知見が1つの助けになる。もちろん，医学的な診断分類に当てはまるかどうかという点だけでなく，問題の程度や行動の様子などを丁寧に把握することも重要である。そこで，本章の結びとして，情報をまとめて支援につなげる「ケースフォーミュレーション」について解説する。

1　実証に基づくアセスメント

（1）臨床心理におけるアセスメントとは

　クライエントが抱える心理・社会的問題に介入するためには，まずクライエントが何に困っているか，何が問題となっているかを明らかにしなくてはならない。クライエントの抱える問題について，あらゆる角度から客観的な情報を収集し，分析・整理しながら総合的な理解をはかろうとする作業過程が，心理臨床における「アセスメント」であるといえる。下山（2009）は，心理学的アセスメントを「臨床心理学的援助を必要とする事例（個人または事態）について，その人格や状況および規程因に関する情報を系統的に収集，分析し，その結果を総合して事例への介入方針を決定するための作業仮説を生成する過程」と定義している。

　下山（2009）の定義から，「アセスメント」は心理検査を使ってクライエントの人格や知的能力の程度を理解するだけではないことがわかる。臨床心理アセスメントでは，クライエントのパーソナリティや取り巻く環境をふまえつつ，クライエントが体験している問題がどのような状況で生じ，「問題」と化しているのか，なぜ問題が解決されずに今に至っているのか（どのように維持されているか）を理解しようと試み，その検証に必要な情報を集めなくてはならない。もちろん，クライエントが抱える問題（症状）の程度（重症度）や頻度（どのくらい頻繁に生じているか），問題が及ぼす生活機能への影響度などもアセスメントすべき重要な項目となる。

　このようなアセスメントなしで，有効な心理学的介入を行うことは可能だろ

うか。答えは「否」である。セラピスト側がクライエントの問題を十分に理解していないままに介入することは，明かりを持たずに暗闇の中を歩いていくことに等しいだろう。この状態ではどこに向かって，どのように進めば望ましい結果（ゴール）にたどり着くのか，見通しをもつことは難しい。介入の見通しをもてないことは，クライエントにもセラピストにも大きな不安と不満をもたらす。しかし，クライエントの問題を適切にアセスメントできていれば，どのように介入すれば解決にたどり着く可能性があるのか，その方法によってどのくらいの期間で改善が見込めるかなど，セラピストもクライエント（とその家族）も介入の見通しが立てやすくなる。アセスメントは，クライエントの問題を解決に導くためにどのように介入するか，介入方針を決定する（ケースをフォーミュレート（事例を定式化）する）上で不可欠な作業なのである。

　特に子どもの問題に介入する場合，養育者や教師など，周囲の理解と協力を欠くことはできない。発達の途上にある子どもは，自らの気持ちや考えを十分に説明できるほどの言語能力を有しているわけではなく，自身の感情や行動を自らの力で完璧にコントロールできる力があるわけでもない。だからこそ，周囲，特にその子どもが所属するコミュニティ（家庭，学校，地域など）の中での理解あるサポートが重要となってくる。介入場面と一貫した対応が日常生活の中でなされることは，介入効果をより大きなものにしてくれるし，社会適応を促進しやすくなるなどのメリットもある。しかし，適切なサポートを実行するためには，サポーターとなりうる人々が子どもの問題とその対応を正しく理解していなくてはならない。アセスメントは，クライエントの身近にいる人々の理解を促し，彼らの協力を得る上でも重要な手段となりうるのである。

（2）どのようにアセスメントするか

　クライエントの問題を理解するために，どのようにアセスメントを行うべきであろうか。まずは，問題を理解するために有用な（役立つ）情報を集める必要がある。ただし，あれもこれもと闇雲に情報を聞き出しても，クライエントを疲弊させてしまうばかりか，セラピスト側も情報の海に飲み込まれ，うまく

問題の理解にたどり着くことができない。有用な情報を必要最小限に集めるためには，クライエントの訴えをもとにどのような情報を集めるべきかを検討し，アセスメントの計画を立てて実施することが求められる。同時に，適切にアセスメントするためのトレーニングも必要となる。

　クライエントの問題を正確に理解するためには，そのもととなる情報の「客観性」が重要となる。不確かな情報やセラピスト側の主観（思い込み）に基づいて問題を解釈してしまうと，介入が誤った方向へと進んでしまう危険性が高まる。たとえば，小学生になってもおねしょが治らない子どもがいて，おねしょの問題が維持されている原因を「幼少期の養育環境」に帰属するならば，誰もが「なるほど」と納得できるように，その妥当性を客観的な根拠（エビデンス）をもって立証しなくてはならない。根拠もないままに，その論理を正しいと「思い込んで」介入することは，コストがかかるばかりで何の利益ももたらさない危険性がある。

　時にはその「思い込み」が当たって，介入が功を奏する場合もあるかもしれない。しかし，苦しい思いを抱え，わらをもつかむ気持ちでやって来たクライエントの問題に対するサービスが偶然性を期待する心理臨床であってよいだろうか。それは，心理職としての職業倫理に反する行為ともいえるだろう。問題を客観的な「事実」に基づいて理解し，その上でクライエントにとって有益な介入を提供できるように努める責任があることを，実践家は常に意識しておかなくてはならない。

（3）アセスメントの方法とその種類

　クライエントの問題を適切に理解するために用いられるアセスメントの方法には，「検査法」「面接法」「観察法」がある。これらの方法を用いたアセスメントツールは数多く存在しており，その中からクライエントの訴えに基づいて妥当と考えられるものを選択し，実施することになる。どのアセスメントツールにも長所と短所があり，クライエントの問題すべてを一度で把握できる「万能な」手法・検査は存在しない。

第Ⅰ部　臨床児童心理学の基礎

　したがって，クライエントの問題を多角的に理解するために，アセスメントの各手法の長所と短所をふまえ，複数の検査を組み合わせて（テストバッテリーを組んで）情報を集める必要がある。すでに特定の問題のアセスメントにゴールドスタンダードがある場合は，それをもとにアセスメントの方法を決定していくことになる。

　なお，本節では本書の主旨に従い，児童・青年の心理社会的問題のアセスメントに焦点をあてて述べる。

検査法を用いた問題のアセスメント

　検査法はその名のとおり，心理検査と呼ばれるツールを用いてアセスメントを行う方法である。この手法でアセスメントを行う場合，測ろうとしている構成概念の物差し（尺度）としての「信頼性（尺度としての正確さ）」と「妥当性（測ろうとしている構成概念について正しく測れる程度）」が確認されているツールを用いるべきである。また，信頼性・妥当性だけでなく，心理検査としての精度をさらに詳しく検証し，厳格な基準をクリアしたもの，つまり「標準化」された検査ツールもあり，本邦において市販されている心理検査のほとんどはこれに該当する。

　伝統的な心理検査には，個人の知的な操作能力や認知的な情報処理能力を測定する知能検査（田中ビネー知能検査，ウェクスラー知能検査など），子どもの発達状況を測定する発達検査（新版 K 式発達検査など），人格の特徴を把握する際に用いられる性格検査などがある。性格検査はさらに質問紙法を用いるもの（ミネソタ多面人格目録，Y-G 性格検査など），投影法を用いるもの（ロールシャッハテストやバウムテストなど），作業検査法によるもの（内田クレペリン精神作業検査など）に大きく分類される。また，神経科学の知見に基づいて開発された神経心理学検査もあり，リハビリテーションなどの場でも活用されている。

　これらの心理検査は主に成人を対象として開発されてきたが，知能検査と発達検査は子どもを対象に開発されたものである。発達上の問題が疑われる場合は必ずといってよいほどこれらのツールが用いられるが，それだけに限らない。

子どもの発達状況や知的な能力のレベルを把握しておくことは，その子どもに適した介入法やかかわり方を検討・提供したり，工夫できたりするなどのメリットがある。また，性格検査には言語能力が未発達な子どもにも実施できるものがある（たとえば，投影法を用いた検査やChildren's Apperception Test［CAT］など）。性格検査を実施することによって，その子どもが自身や周囲（世界）をどのように認識しているかを推測することができ，この場合もまた，その子どもに合ったかかわり方を検討する上で有用となる。しかし，これらの心理検査のみでは，子どもが抱える心理的症状について厳密にアセスメントすることは難しい。

　治療効果が科学的に実証された（エビデンス・ベイスドな）心理療法の重要性が世界的に叫ばれるようになって久しい。それにもかかわらず，子どもの問題に特化した心理検査は成人を対象としたものに比べると，はるかに開発が遅れている。ようやく近年になって，児童・青年期の心理社会的問題（発達上の問題やひきこもり・不登校，虐待，うつ・不安など）に有効な介入方法の開発と効果の検証が試みられるようになり，それに伴って，子どもが示す症状や問題を適切にアセスメントできる検査の開発が試みられるようになった。

　子どもの問題に特化したアセスメントツールの1つに，Spence Children's Anxiety Scale（SCAS）（Spence, 1998）がある。児童・青年の不安症状をアセスメントする質問紙尺度であるが，単に子どもの不安の程度を測定するものではない。DSMなどの国際的な診断基準に基づいた子どもの精神疾患に対する介入の効果検証が必要とされている中で，SCASは6つの不安症状（分離不安症，社交恐怖［社交不安症］，強迫症，パニック症および広場恐怖症を伴うパニック症，全般不安症，外傷恐怖［限局性恐怖症］）の鑑別査定が可能となっている。SCASの日本語版は信頼性・妥当性が確認されており，我が国の児童・青年（小学校3年生から中学校3年生まで）にも適用することができる（石川, 2011）。また，最近では児童・青年期のうつの問題も注目されるようになり，子どもの抑うつ症状を測定できるツールも開発され（たとえば，Children's Depression Inventory: CDI）（Kovacs, 1985），日本語版の作成も試みられている。その他に，子どもを

対象としたトラウマによる症状を測定するツールとして Children PTSD Symptom Scale（CPSS）（Foa, Johnson, Feeny, & Treadwell, 2001）などがあるが，日本語版が十分に整備されていない。我が国では，虐待による症状をチェックする Trauma Symptom Checklist for Children（TSCC）（Briere, 1996）や，全般的なトラウマによる反応の程度を測定する出来事インパクト尺度（Impact of Event Scale-Revised: IES-R）（Weiss & Marmar, 1997; 7歳から適用可能）を用いることができるが，国際的にゴールドスタンダードとなっている尺度の整備が望まれる。

　ここまでに紹介した子どもの症状や問題に特化した尺度は，すべて自己報告式のものである。問題行動のように，外在化問題については周囲の目に止まりやすいが，不安やうつといった内在化問題については，目に見えるものではない上に子どもから自発的に報告されることがほとんどない。子どもが自身の内側で生じている変化を「問題」として捉えにくいのかもしれないし，変化に気づいていてもうまく表現することができないのかもしれない。あるいは，「周囲に心配をかけたくない」という思いから伝えられずにいるのかもしれない。いずれの理由にしても，問題が顕在化されにくいために周囲が見逃してしまったり，子ども本人の「大丈夫」という言葉を信じて周囲は過小評価してしまうことがある。このような可能性があることを，自己報告式の難しいところとして意識しておく必要があるだろう。しかし，示された質問について理解し，回答できるだけの言語能力があれば，自己報告式の検査は子どもの中で起こっている変化を周囲に伝える補助的な役割を担う可能性がある。他にも，簡便に実施できる点や，大量データが得られやすく，年齢や性別などに応じた基準の設定が可能となる点など，子どもの問題を理解する上でもたらされるメリットは多い。当然ながら，回答が意図的に歪められる可能性や，年齢や言語能力によっては適用できないなど，質問紙検査であるがゆえの限界もあるが，適用可能な条件をクリアしている子どもであれば，自己報告式のアセスメントによって得られる恩恵は多いと考えられる。

　それでも自己報告式のアセスメントの実施が難しかったり（年齢が低い子ども

である場合など），あるいは自己報告式のみでは正確な情報が得られにくい可能性がある場合，他者評定による検査ツールが有用となる。他者報告式のアセスメントの例として，Child Behavior Checklist（CBCL）（Achenbach, 1991）が挙げられる。CBCL は，幼児期から思春期における子どもの情緒や行動を包括的に評価できる質問紙検査であり，日本語版も整備されている。CBCL には 2〜3 歳の幼児版（CBCL/2-3）と 4〜18 歳用の年長児版（CBCL/4-18）があり，年齢に応じた評定が可能である。CBCL/4-18 は社会的能力尺度と問題行動尺度で構成されており，さらに問題行動尺度は「内向尺度」(「ひきこもり」「身体的訴え」「不安／抑うつ」)と「外向尺度」(「非行的行動」「攻撃的行動」)で構成されている。つまり，子どもの内在化問題と外在化問題の両方を捉えることができるという特徴があり，研究や臨床の場で多く用いられている。

　CBCL では，各質問項目について対象となる子どもにどの程度認められるか，普段子どもに接している親（または，それに準じた養育者）に評定を求める方式をとっている。教師が評定する場合は，Teacher's Report Form（TRF）を用いる。さらに，CBCL では親評定・教師評定と同じ項目について，子ども自身が評定する自己報告式の調査票（Youth Self Report: YSR）もある。そのため，自己評定と他者評定の比較も可能となっている（たとえば，親子間での評価の比較）。

　他者評定の長所として，自己報告式では限界がある部分を他者に委ねることによって補える点，子ども本人だけでなく親からも情報を得られ，多角的なアセスメントが可能となる点などがあげられる。短所としては，あくまで他者の視点に基づいたものであるため，評定にバイアスがかかる点が考えられる。特に，内在化問題については，先にも述べたように周囲が見逃していたり，過小評価している可能性もあり，親や教師の評定と本人の評定がどのくらい一致しているか（どのくらい隔たりがあるか），厳密に捉えにくい可能性がある。だからこそ，自己評定と他者評定の両者を行える場合はいずれも行い，比較してみることが子どもの問題を理解する上で重要となってくるだろう。ただし，CBCLのように自己評定と他者評定の両方を実施できる検査は数が少なく，これから

の開発が期待される。

面接法を用いた問題のアセスメント

　面接法には「構造化面接法」「半構造化面接法」「非構造化面接法」があるが，臨床心理アセスメントとして主に用いられる面接の形式は構造化面接法，あるいは半構造化面接法である。構造化面接法では，質問する順番や言葉がけなどがすべて定められており，検査者が自由に質問することができない。そのため，検査者の主観が入りにくく，客観的な結果が得られやすくなるため，正確な診断が求められる場合に適した方法とされている。半構造化面接法も大部分が構造化されているが，自由に質問できる余地がある点が特徴である。DSMなどの国際的な診断基準に基づく，構造化／半構造化面接ツールが作成されており，介入効果研究では効果指標として使用されることが主流となっているが，最近では児童・青年の精神疾患の診断や重症度を評定する場合にも用いられている。

　その例として，児童・青年を対象とした心的外傷後ストレス障害（Posttraumatic Stress Disorder: PTSD）の症状評価ツールであるPTSD臨床診断面接尺度の児童青年版（Clinician Administered PTSD Scale-Child and Adolescent Version: CAPS-CA）（Nader et al., 1996）がある。CAPS-CAは成人用のCAPSを児童・青年向けに改変したものであり，適用年齢は8歳から18歳となっている。PTSD症状の頻度と強度を評定することができ，DSM-Ⅳに基づくPTSDの診断ツールとして国際的に用いられている（なお，改訂されて出版されたDSM-5の基準に基づいた診断ツールについては，その整備が急がれている）。また，児童・青年の不安症の診断ツールとしてよく用いられているものに，Anxiety Disorders Interview Schedule for DSM-IV: Child and Parent version（ADIS-C/P）（Silverman & Albano, 1996）がある。ADIS-C/Pは児童・青年期にみられる不安症を網羅しており，子ども本人だけでなく，親による他者評定も可能である。また，不登校や対人関係に関する質問も含まれている。なお，いずれの面接ツールも本邦で使用可能ではあるが，標準化についてはこれから期待されるところである。

面接法によるアセスメントの場合，正確な評定が実現できるように，マニュアルに沿って厳密に実施しなくてはならない。そのため，検査者は面接の手順や内容について十分に熟知し，訓練を受けている必要がある。また，半構造化面接のようにマニュアルにない質問を行う場合などには，ある程度の臨床経験も必要となってくる。さらに，面接法によるアセスメントは実施に時間を要するものが多く，毎回のセッションで評定することが難しい。よって，臨床現場では治療・介入に入る前のケースフォーミュレーションや介入後の効果測定に構造化／半構造化面接を行い，介入の経過アセスメントには簡便な自己報告式のツールを用いる場合がほとんどである。

観察法を用いた問題のアセスメント
　観察法は，子どもの問題のアセスメントに古くから用いられてきた。発達心理学の領域では主流のアセスメント方法であるが（たとえば，ストレンジ・シチュエーション法），行動療法，応用行動分析の領域でも，子どもの問題行動について「どのような状況で」（刺激），「どのように反応（行動）し」（反応），「どのような結果を得ているのか」（結果）を基本に機能分析する際，標的となる問題行動の評定に観察法が用いられる。介入前に問題行動（たとえば，指しゃぶりや後追いなどの行動や恐怖・不安喚起刺激に対する接近・回避行動など）の生起頻度を観察法によって評定し，介入後の評定結果と比較することで介入効果を検証することが可能である。
　観察法には，行動を時間間隔で区切り，その中で生起する標的行動を記録する「時間見本法（タイムサンプリング法）」，あらかじめ標的行動が生じやすい場面・条件が明確である，あるいは想定される場合はその条件下で生起する行動を記録する「事象見本法（場面見本法）」，観察者自らが対象者の集団に入って標的行動を記録する「参加観察法」，標的行動が生じるような実験環境を観察者側が設定し，その中で行動を観察する「実験的観察法」などがある。どの方法を用いるにしても，観察すべき対象は何かを明確にしなくてはならない。また，寛大効果などの認知バイアスによって情報が歪まないように注意して観察

する必要がある。そのために，観察者側のトレーニングが重要となる。また，同じ観察事態であれば何度見ても（個人内），誰が見ても（個人間），一貫性のあるデータとなること（信頼性）が重要となる。したがって，近年では観察場面をビデオに撮影することで再現可能なものとし，映像を見ながら評定する方法が多くとられている。複数の観察者で記録し，その一致率（カッパ係数など）を算出すれば，データの信頼性を担保することが可能となる。

（4）子どもたちに良質なメンタルヘルスサービスを届けるために

ここまで述べてきたように，効果が実証された心理療法を提供するためには，クライエントに起こっている現象を確かに捉えられるアセスメントを欠くことはできない。だからこそ，今後は児童・青年に対するエビデンスに基づいた心理療法のさらなる普及と発展のために，有用なアセスメントツールの開発がますます求められてくるだろう。

最近では約20年ぶりにDSM-5が出版され，精神疾患・パーソナリティ障害・神経発達症の重症度判定に「ディメンジョン診断」が導入された。DSM-5の詳細については，次節で述べることとするが，個々の疾患をそれぞれ独立したカテゴリーとして捉える従来の診断アプローチは特異性が高く，介入効果研究や精神症状の評価に適している一方で，ディメンジョン的アプローチでは各疾患単位や各パーソナリティ障害のスペクトラム（連続体）が想定されており，感受性が高く，児童・青年期の精神疾患の転帰を検証する長期コホート研究や予防医学の分野で有用とされている（黒木，2013）。児童・青年の問題についてより理解し，問題が発現してからの介入だけでなく，早期発見・介入によって問題の発現・慢性化を予防する取り組みも提供できるように，症状・問題のディメンジョン的な評価が可能な尺度の開発も急がれる。

残念なことに，我が国では世界の潮流に反するかのように，児童・青年に対して実証された心理療法の提供や研究ができる体制が十分に整っていない。適切なアセスメントに基づいてケースフォーミュレーションし，介入するという基本も不十分となっている。そのため，臨床現場では「対象が子どもであるか

ら」という理由だけで，十分な見立てもないまま，言語を介さない心理療法（箱庭療法やプレイセラピーなど）が採用されてしまうようなケースも少なくない。職業倫理に則り，子どもの問題により適切で有効な介入を提供できるように努めることは，私たち実践家の責任ではないだろうか。大変残念ではあるが，我が国においては，メンタルヘルスサービスの体制整備が最も急務といえるかもしれない。

そして，当然のことではあるが，クライエントに検査の目的などについて十分に説明した上で実施する，アセスメント結果を適切に報告する（所見，クライエントへのフィードバック）など，臨床心理アセスメントを行う際の基礎を身につけ，実践できるようにトレーニングを積むことは，エビデンスに基づいたアセスメントと心理療法の実践に不可欠であることも忘れてはならないだろう。

2　診断分類（DSM-5）

児童・青年に対するエビデンスに基づいた心理療法やアセスメント法には，DSMの診断分類に準拠したものが多い。そのため，専門的知見の裏付けがある有効な支援を子どもに提供するためには，DSM診断を理解することが必要不可欠となる。

DSM（Diagnostic and Statistical Manual of mental disorders）とは，アメリカ精神医学会による精神疾患の診断基準や統計情報などが掲載された本のことで，現在では日本を含めて世界的に広く使用されている。ここからは，DSMの特徴，特に2013年6月に出版されたDSM-5（DSMの第5版：American Psychiatric Association, 2013）の特徴について触れる。

（1）診断方法

DSMの主な特徴は，カテゴリー診断と呼ばれる診断方法にあった。これは，各精神疾患の典型的な症状と診断をするために必要な症状の数を明記することで，曖昧になりやすい精神疾患の診断の根拠と基準を明確にするという方法で

ある。この方法でリストアップされる典型的な症状は，あくまで今ある症状である。つまり，症状の原因を問わず，今ある症状やつらさに焦点を当てて診断をすることで今できる支援につなげていくというのが，DSMの基本的な考え方である。クライエントが今体験している症状をもとに診断を行い，その診断をもとにさまざまな支援方法の効果を検証することで，同じような症状に苦しむクライエントの支援に役立つ方法が見つかるかもしれない。こうした発想から研究が進められ，自閉スペクトラム症（ASD）や注意欠如・多動症（ADHD）などさまざまな診断をうけた子どもの支援に役立つ数多くの方法が開発され，クライエントに届けられるようになってきた。DSM-Ⅲ（DSMの第3版）で採用されたこの方法は広く受け入れられ，DSM-Ⅳ-TR（DSMの第4版の改訂版）まで採用されてきた。

　一方，カテゴリー診断では，過剰診断を避ける等の目的で診断基準を厳しく設定していたため，診断基準は満たさないが確かに生活困難が生じているという"グレーゾーン"の事例に対応しきれていなかった。たとえば，人に嫌な思いをさせてしまうかもしれないという不安があるとしよう。その不安があるために，相手が傷つく言い方を避けて自分自身の意見を言うことで，お互いを思いやった対人関係が続く。これは，不安が生活の役に立っている例である。一方，人に嫌な思いをさせてしまうかもしれないという不安があるために，人と接することを避け，学校に行くのをやめ，外出を避け，ひきこもるようになってしまうこともある。これは，不安が生活のじゃまになっている例である。不安は誰でも経験する感情であるが，不安が生活のじゃまになるほどの"程度"になった場合に，不安症をはじめとする何らかの診断が行われ，支援が届けられるようになる。しかし，どの程度の不安や生活困難をもって不安症の診断をするかという明確な線引きは困難であり，結果的に，支援を必要としてはいるものの診断基準を明確には満たさないグレーゾーンが多くなる。特に対人行動や感情が変動しやすい児童・青年期のクライエントにおいては，摂食障害や自閉スペクトラム症といった診断の大部分をグレーゾーンの事例が占めていた（American Psychiatric Association, 2013）。このように，DSMをアセスメントに

活用するにあたっては,「診断あり／なし」だけでなく,主訴となる症状や問題行動によってどの程度の生活困難が生じているかという観点からの評価が必要不可欠となる。

そこで,DSM-5では,疾患や困難の"程度"という側面を診断基準に反映させたディメンジョン診断（dimensional approach to diagnosis）という方法が採用され,今までグレーゾーンとされてきたクライエントも「〇〇症：軽症」といった形で明確に診断できるようになった。各精神疾患の診断基準には重症度を特定するようにとの指示があり,「診断あり／なし」に加えて日常生活の支障の程度が診断に表現されるようになった。また,疾患のサブタイプや予後を予測する要因などがリストアップされるようになり,完全ではないものの,診断の有無が具体的支援方略につながりやすくなったといえる。こうしたDSM-5の診断方法については,本来は支援を届けるべき人が誤って診断なしになってしまう（偽陰性）問題を避けられるというメリットがある一方で,支援が必要ないはずの人に精神疾患の診断をつけてしまう（偽陽性）かもしれないというデメリットにも留意されたい。

（2）臨床活動での疾患単位の活用

疾患単位が情報源の1つとして活用される最も重要な局面とは,治療法や支援法の選択時である。目の前のクライエントにどのような治療・支援が役立つのか。それを判断する際,「このような症状を示している（診断がつけられている）クライエントには,このような治療・支援が有効である」と様々な研究によって有効性が認められた治療法・支援法がわかると,当面の支援計画を立てるときの参考になる。

たとえば,学校や家で怒りを爆発させて周りに当たり散らしてしまう小学4年生の男子がいるとしよう。両親が,「この子は感情のコントロールができない。親から何を言っても聞かない。何とかして,この子が自分で気持ちを落ちつけられるようにしたい」と相談に来ている。さて,どうするか。気持ちを絵や遊びで表現できる場を作るか,それとも,社会的スキル訓練（Social Skills

Training: SST）などで感情コントロールスキルを学ぶか。もし，この子が大人への反抗やかんしゃくを主な行動特徴とする反抗挑発症に該当するのであれば，推奨される支援法は比較的明白である。それは，子どもの中に問題の原因を求めて子どもを変えようとするよりも，まずは周囲の大人の毎日の対応を見直すことで子どもが過ごしやすい環境を整えることである。具体的には，ペアレントトレーニング（親訓練）と呼ばれる，子どもへのかかわり方を親が学んでいく方法がある。ペアレントトレーニングにはさまざまな種類があり，褒め方，子どもとの遊び方，遊びのやめ方，やらなければいけないことの伝え方，子どもがやってはいけないことをしたときの対応方法などをテーマとして，具体的に学ぶことができる。その他にも，親子相互交流療法やマルチシステミックセラピーなど，科学的手法によって有効性が実証された治療法・支援法がいくつか提案されている。

こうした治療法・支援法は，エビデンスに基づく心理療法（Empirically-Supported Treatments: EST または Evidence-Based Treatments: EBT）と呼ばれており，アメリカ心理学会第53部会のインターネットサイトにて公開・随時更新されている（http://www.effectivechildtherapy.com/）。児童・青年期のクライエントを対象とした代表的なエビデンスに基づく心理療法は，本書の第4章および，第Ⅱ部でも紹介されている。

また，症状の経過や予後，環境要因など，関連する周辺情報を収集する際にも，疾患に関する基礎知識が助けになる。攻撃行動や非行を主な行動特徴とする素行症であれば，診断基準にある行動群がはっきりとみられるようになったのが10歳になる前か後かという情報が，その後の経過を予測するということが知られている。抑うつ気分や興味の減退を主とするうつ病であれば，治療・支援を通して気分が改善してクライエントが「もう支援は必要ない」と語ったとしても，その後に躁病エピソードに移っていく（躁転する）可能性に配慮して支援を継続するという判断もできる。また，自閉スペクトラム症の行動特徴のように見える行動を示す小学6年生男子が目の前にいたとしても，幼少期に同じ行動特徴が見られず，明確なストレス因子とそれに伴う問題行動の発現とい

う経過があれば，不安症などの可能性も視野に入れたストレス対処支援が必要になるかもしれない。

もちろん，医師免許を持たない立場の支援員（例：心理士）では保健医療における"診断"をすることはできないが，診断基準の助けを借りた状態把握の技術とそれに基づく治療・支援の選択肢の立案は，即座の判断が求められる臨床現場では大きな力になる。このように，臨床心理学の専門家として児童青年期のクライエントの支援を行うにあたっては，精神医学を含む関連諸領域の基礎知識と，それに基づく専門的判断が求められることとなる。

（3）DSMを用いたアセスメントの注意点

何よりもまず，診断名のみで治療法・支援法を断定しないよう注意する必要がある。診断名はクライエントが感じている症状や困難を簡易に把握するためのラベルとしては有用であるものの，治療法や支援法を選択するときには診断名以外の情報（例：家庭環境，両親の精神疾患，クラス環境，問題が生じやすい状況，問題が生じにくい状況）の考慮が必要不可欠である。各疾患に関する治療ガイドラインを参考にしたり，診断名から想定されるエビデンスに基づく心理療法を治療法の候補としながらも，具体的な治療・支援計画はクライエントの生活状況に合わせて立てていく必要がある。

同様に，複数の診断がある場合（例：うつ病と社交不安症の合併）でも，それぞれの診断名に対して治療法を機械的にあてはめるという方法は推奨されない。DSM診断はあくまでも現在の症状を列挙しているにすぎないので，様々な症状を経験していれば，複数の疾患の診断基準を満たすことがある。しかし，もし仮に1つの病因によって多くの症状が経験されているのであれば，1つの治療法で複数の疾患が改善するかもしれない（Frances, 2013）。近年では，このような発想に基づいて，様々な精神疾患に共通してみられる認知的・行動的特徴をターゲットとするアセスメント法や支援法が開発されており，総称して診断横断的アプローチ（transdiagnostic approach）と呼ばれている。たとえば，「統一プロトコル（Unified Protocol; Barlow et al., 2011）」と呼ばれる治療プログラ

ムでは，感情につられて衝動的に行動してしまう感情駆動行動や，不快な身体感覚を取り除こうとする逃避パターンなどのアセスメントを行い，より適応的な行動を練習する。このように，クライエントが日々経験している困難や症状，それが発生するパターンなどを具体的に把握して支援を進めていくことが重要であり，DSM 診断はその補助として有効活用されるものであるといえる。

最後に，DSM 診断（ひいてはケースフォーミュレーション（詳細は次節））は，定期的に見直すことが推奨される（Frances, 2013）。これは，当初の診断やアセスメント結果に基づいて行った治療・支援が想定よりもうまくいっていないときに，特に重要である。治療・支援がうまくいっていないのであれば，診断やケースフォーミュレーションが誤っている，つまりクライエントのつらさやそのメカニズムをセラピストが誤って理解している可能性が高い。セラピストは，自分自身の理解が誤っている可能性を常に考慮し，自分の考えに沿わない症状経過を無視してしまわないように十分に留意する必要がある。

3　ケースフォーミュレーション

（1）ケースフォーミュレーションとは何か？

ケースフォーミュレーションとは，病気の診断ではなく，クライエントの問題について，その問題が①いつ生じたのか，②問題はどのように変化しているのか，③なぜ現在も続いているのかを明らかにする手段である。ケースフォーミュレーションに基づいて，治療プランが決定される（Persons, 2008）。ケースフォーミュレーションはクライエントやその関係者から得られた情報に基づく「仮説生成」であり，セッション中も新たな情報が得られた場合や治療効果が十分でない場合は，その都度修正される。

ケースフォーミュレーションは，臨床に携わる実践家や研究者のコア・スキルであると考えられており（Division of Clinical Psychology, 2001），ケースフォーミュレーションのトレーニングを受けた実践家は受けなかった者に比べて，質の高い，多角的な問題理解が可能になる（Kendjelic & Eells, 2007）。また，ケ

ースフォーミュレーションに基づく治療は,併存症などの複雑なケースに対する治療効果を高める可能性が指摘されている(Persons, 1992; Kendjelic & Eells, 2007)。

　エビデンスに基づく心理療法(EST)とケースフォーミュレーションは一見すると相容れないものに見えるかもしれない。エビデンスに基づく心理療法はマニュアルに基づく法則定立的アプローチであり,たとえば,軽~中等症の大うつ病性障害と診断されたクライエントに対しては認知療法を提供するといった具合である。一方,ケースフォーミュレーションは個性記述的アプローチであり,個々のクライエントが呈している問題に即して治療法を提供する。「診断」はアセスメントや治療計画の決定に役立つが,診断名は同じでも問題の形成・維持要因は百人百様であるため,治療を進める上では不十分である(Bruck & Bond, 1998; Persons, 2008)。それゆえ,ESTの効果を高めるためには,ケースフォーミュレーションは極めて重要な作業だといえる。

　現在,明らかにされているESTは,特定の理論に基づいて提唱された治療技法である。そのため,各ESTを提供するにはその理論に沿ったケースフォーミュレーションを行う。したがって,認知行動療法(Cognitive Behaviral Therapy: CBT)を提供するためには,CBTケースフォーミュレーションを行うことになる。

(2) CBTケースフォーミュレーション

　CBTは,様々な疾患に対して有効性が明らかにされており(Hoffman, 2012),CBTケースフォーミュレーションも多岐にわたるが,基本的には行動モデル,認知モデルに基づいている。ここでは,各モデルに基づくケースフォーミュレーションとCBTケースフォーミュレーションを紹介する。

　　行動モデルに基づくケースフォーミュレーション
　行動モデルは,オペラント条件づけとレスポンデント条件づけが基本となる。オペラント条件づけは,先行事象/先行刺激(Antecedent)―行動(Behavior)

第Ⅰ部　臨床児童心理学の基礎

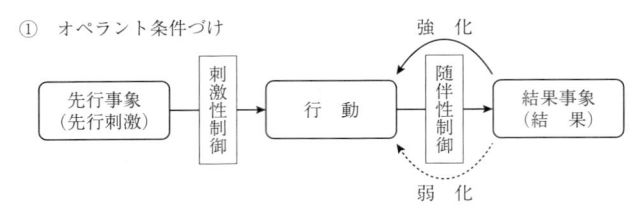

① オペラント条件づけ

```
                              強化
                            ┌─────┐
┌──────┐ ┌──┐      ┌──┐ ┌随┐ ┌──────┐
│先行事象│ │刺激│     │   │ │伴 │ │結果事象│
│(先行刺激)│→│性制│→  │行動│→│性制│→│ (結果)  │
└──────┘ │御 │      │   │ │御 │ └──────┘
          └──┘      └──┘ └──┘
                            └─────┘
                              弱化
```

② レスポンデント条件づけ

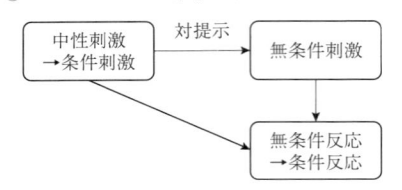

```
┌──────┐  対提示   ┌──────┐
│中性刺激│─────→│無条件刺激│
│→条件刺激│ \         └──────┘
└──────┘  \             │
            \            ↓
             \    ┌──────┐
              ──→│無条件反応│
                  │→条件反応│
                  └──────┘
```

図2-1　行動モデルに基づくケースフォーミュレーション

―結果事象／結果（Consequence）の三項随伴性を基本にしており，行動の生起頻度は，その直後に生じる結果によって増加（または減少）する。行動の生起頻度が増える場合を強化といい，具体的な結果事象（例：注目を受ける）は強化子という。反対に，行動の生起頻度が減る場合は弱化，結果事象（例：無視される）は罰子という。先行事象には，外的状況（環境，他者の行動）だけでなく，内的状況（思考，身体感覚）も含まれる。この三項関係は随伴性と呼ばれ，どんな行動をしているかだけではなく，その行動が生じやすい刺激は何か（刺激性制御），その行動は何によって維持されているか（随伴性制御）という機能的側面を明らかにする（図2-1①）。たとえば，犬を怖がる子どもは，犬（先行事象）を見つけるとその道を避けて通ったり，電柱の陰に隠れたりする（回避行動）。すると，結果として恐怖が軽減する（強化）ために，回避行動が維持されてしまっている可能性がある。このようなオペラント条件づけに基づくケースフォーミュレーションを機能分析と呼ぶ。機能分析では，問題とされる行動の生起頻度を減少させつつ，別の行動の生起頻度を高めることを目的とするため，問題行動だけではなく，それに代わる適応的行動も明らかにする必要がある。また，結果事象には環境からの働きかけ（例：相手がお礼を言う，笑顔に

第 2 章　臨床児童心理学のアセスメント法

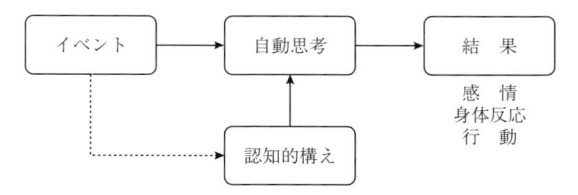

図 2 - 2　認知モデルに基づくケースフォーミュレーション

なるなど）も含まれるため，対象者と環境との相互作用に注目しなければならないのはいうまでもない。

　レスポンデント条件づけは，無条件で生じる要因（無条件刺激―無条件反応）ともともと無関係なもの（中性刺激）が，同時に提示されることで，関連づけられてしまう現象である。先にあげた例のように，子どもが犬に噛まれたことがきっかけで怖がるようになった場合，噛まれたことによる痛み（無条件刺激）が恐怖（泣く；無条件反応）を引き起こすため，痛みを感じたときに同時に提示された犬（中性刺激→条件刺激）を見ただけで怖くなってしまう（条件反応）というレスポンデント条件づけが成立する（図 2 - 1 ②）。

　このように，レスポンデント条件づけは問題の獲得要因，オペラント条件づけは問題の維持要因を明らかにする。レスポンデント条件づけによって獲得された条件刺激は，オペラント条件づけの先行刺激として機能することもあるため，ケースフォーミュレーションを行う上で，両条件づけを理解する必要がある（行動理論の詳細については，小野（2005）を参照）。

認知モデルに基づくケースフォーミュレーション

　認知モデルでは，あるイベント（Activating event）が生じると自動思考（Belief）が想起され，それによって，感情，身体反応，行動（Consequence）が出現すると考えられている（図 2 - 2）。先述した犬を怖がる子どもの例で考えてみよう。犬が前から近づいてくる（イベント）と，「噛まれないかな。首輪がついているから大丈夫だと思うけど」といった自動思考が浮かんでくる。すると，結果として，怖くなる（感情），ドキドキする（身体反応），別の道を通った

第Ⅰ部　臨床児童心理学の基礎

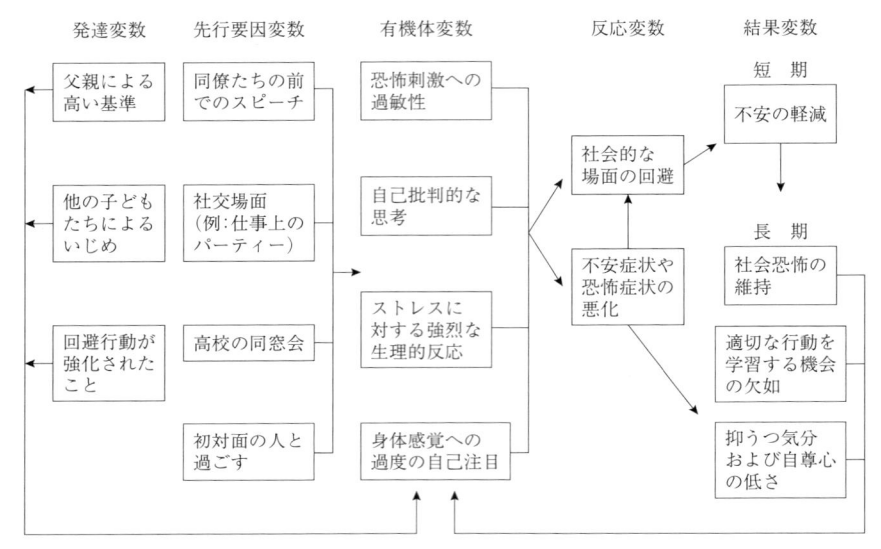

図2-3　臨床病理マップ（CPM）の例（社会不安障害のヘンリーの場合）
出所：Nezu et al., 2004＝2008より作成。

り電柱の陰に隠れたりする（行動）。このような経験を繰り返すことで，一貫した認知的構え（スキーマ，中核信念）をもつようになる（Persons, 2008）。

　認知的構えが形成されると，あるイベント（例：試験前日）によって認知的構え（例：「僕は無能だ」）が活性化し，それに応じた自動思考（例：「どうせ失敗するんだろうな」）が思い浮かぶようになる。すると，同様の認知的構えが活性化するイベントでは，たいてい似たような結果（例：落ち込む（感情），倦怠感（身体反応），始めから取り組まない（行動））が生じるようになる。ただし，認知的構え（特に，スキーマ）は幼少期からの学習経験によって形成されるため，当事者も明確化できないことが多い。そのため，イベント，自動思考，結果の関係性に焦点を当てながら，その共通性を見いだし，背後にある認知的構えを探っていく（認知理論の詳細については，Beck（1995）を参照）。

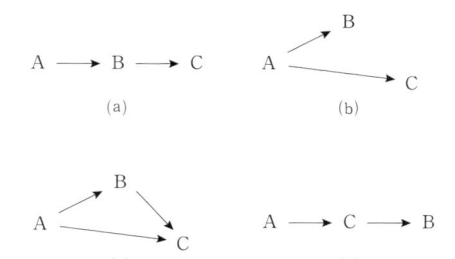

第2章 臨床児童心理学のアセスメント法

```
A ─→ B ─→ C          A ─→ B
                       ↘   ↓
      (a)                  C
                       (b)

      B                A ─→ C ─→ B
A ─→ ↓
  ↘  C
      (c)                  (d)
```

図2-4 A（先行事象），B（信念あるいは思考），C（結果として生じる行動あるいは感情）の関係を示すパラダイム

注：(a)思考が行動に影響する；(b)思考は行動にまったく影響しない；(c)思考は部分的に行動に影響する；(d)行動が思考に影響する。
出所：Kolenberg & Tsai, 1991＝2007 より作成。

CBT ケースフォーミュレーション

図2-1と図2-2を比較しても明らかなように，行動モデルと認知モデルは異なる（たとえば，行動モデルは随伴性制御，認知モデルは認知的構えの影響を仮定している）。しかし，過去の学習経験，外的環境（イベント），行動，思考，感情，身体反応の関連性に注目している点は共通している。この両モデルを包括的に組み込んだケースフォーミュレーションとして，ネズら（Nezu et al., 2004）は臨床病理マップ（Clinical Pathogenesis Map: CPM）の作成を提案している。CPM では，個々のクライエントが抱える問題の形成・維持を発達変数（例：生育歴，発達要因，過去の学習経験），先行要因変数（例：先行刺激，イベント），有機体変数（例：思考，感情，身体反応），反応変数（例：行動），結果変数（例：強化子）によって明らかにし，変数間の関係性を図示する（図2-3）。CPM によって問題の発生と維持のプロセスを1つのモデル図で包括できるため，その後の介入方針が立てやすくなる。

（3）どのケースフォーミュレーションを使えばよいか

現在のところ，どのケースフォーミュレーションがより有用／適切なのかは検証されていない。そういう意味では，エビデンスに基づく心理療法それぞれ

の背景にある理論的枠組みに沿ってケースフォーミュレーションを行う方がよいといえるが，上述してきたケースフォーミュレーションには，共通した要因が含まれている。コーレンバーグとサイは，先行事象，信念・思考，行動・感情の関係性には4つのパターンがあることを指摘している（Kolenberg & Tsai, 1991; 図2-4）。

つまり，ケースフォーミュレーションのポイントは，クライエントが抱える様々な問題を多面的に理解し，要因間の関係性（言い換えると，機能関係）をしっかりと把握することである。そうすることで，エビデンスに基づく心理療法が十分な効果を発揮するだろう。

注
(1) 心的外傷およびストレス因関連障害群（例：反応性アタッチメント障害，心的外傷後ストレス障害）のみは例外で，過去の虐待経験やトラウマ体験が現在の症状につながっていることが診断基準に含まれている。

文　献

Achenbach, T. M. (1991). *Manual for Child Behavior Checklist/4-18 and 1991 profile*. Burlington: University of Vermont Department of Psychiatry.

American Psychiatric Association (2013). *Diagnostic and statistical manual of mental disorders: DSM-5* (5th ed.). Arlington: American Psychiatric Publishing, Inc.

Barlow, D. H., Farchione, T. J., Fairholme, C. P., Ellard, K. K., Boisseau, C. L., Allen, L. B., & Ehrenreich-May, J. (2011). *Unified protocol for transdiagnostic treatment of emotional disorders: Therapist guide*. New York: Oxford University Press.

Beck, J. S. (1995). *Cognitive therapy: Basics and beyond*. New York: Guilford Press. (ベック（著）伊藤絵美・神村栄一・藤澤大介（訳）(2004)．認知療法実践ガイド・基礎から応用まで──ジュディス・ベックの認知療法テキスト　星和書店)

Briere, J. (1996). *Trauma Symptom Checklist for Children: Professional manual*. Florida: Psychological Assessment Resources Inc.

Bruck, M., & Bond, F. W. (1998). *Beyond diagnosis: Case formulation approaches*

in CBT. England: John Wiley & Sons.
Division of Clinical Psychology (2001). *The core purpose and philosophy of the profession*. England: British Psychological Society.
Foa, E. B., Johnson, K. M., Feeny, N. C., & Treadwell, K. R. H. (2001). The Child PTSD Symptom Scale: A preliminary examination of its psychometric properties. *Journal of Clinical Child Psychology*, 30, 376-384.
Frances, A. (2013). *Essentials of psychiatric diagnosis: Responding to the challenge of DSM-5®*. New York: Guilford Press.(フランセス,A.(著)大野裕・中川敦夫・柳沢圭子(訳)(2014).精神疾患診断のエッセンス——DSM-5の上手な使い方 金剛出版)
Hoffman, S. G., Asnaani, A., Imke, J. J., et al. (2012). The efficacy of cognitive behavioral therapy: A review of meta-analyses. *Cognitive Therapy and Research*, 36, 427-440.
石川信一(2011).児童青年の内在化障害における心理査定 心理臨床科学,1,65-81.
Kendjelic, E. M., & Eells, T. D. (2007). Generic psychotherapy case formulation training improves formulation quality. *Psychotherapy: Theory, Research, Practice, Training*, 44, 66-77.
Kolenberg, R. J., & Tsai, M. (1991). *Functional analytic psychotherapy creating intense and curative therapeutic relationships*. New York: Plenum Publishing.(コーレンバーグ,R. J./サイ,M.(著)大河内浩人(監訳)(2007).機能分析心理療法——徹底的行動主義の果て,精神分析と行動療法の架け橋 金剛出版)
Kovacs, M. (1985). The Children's Depression Inventory (CDI). *Psychopharmacology Bulletin*, 21, 995-998.
黒木俊秀(2013).抑うつ症候群の神経生物学はディメンジョン的モデルへ収束するか? 精神神経雑誌,115,277-284.
Nader, K., Kriegler, J. A., Blake, D. D., Pynoos, R. S., Newman, E., & Weathers, F. W. (1996). *Clinician-Administered PTSD Scale, Child and Adolescent Version*. White River Junction: National Center for PTSD.
Nezu, A. M., Nezu, C. M., & Lombardo, E. (2004). *Cognitive-behavioral case formulation and treatment design: A problem-solving approach*. New York: Springer Publishing Company.(ネズほか(著)伊藤絵美(監訳)(2008).認知行動療法における事例定式化と治療デザインの作成——問題解決アプローチ 星和書店)

小野浩一（2005）．行動の基礎──豊かな人間理解のために　培風館
Persons, J. B. (1992). A case formulation approach to cognitive-behavior therapy: Application to panic disorder. *Psychiatric Annals, 22*, 470-473.
Persons, J. B. (2008). *The case formulation approach to cognitive-behavior therapy.* New York: Guilford Press.
下山晴彦（2009）．アセスメントとは何か　下山晴彦（編）よくわかる臨床心理学（改訂新版）ミネルヴァ書房，pp. 40-41.
Silverman, W. K. & Albano, A. M. (1996). *Anxiety Disorders Interview Schedule for DSM-IV: Child and parent version.* New York: Oxford University Press.
Spence, S. H. (1998). A measure of anxiety symptoms among children. *Behavior Research and Therapy, 36*, 545-566.
Weiss, D. S., & Marmar, C. R. (1997). The Impact of Event Scale-Revised. In J. P. Wilson & T. M. Keane (Eds.), *Assessing psychological trauma and PTSD.* New York: Guilford Press.

第3章
臨床児童心理学の研究法

　ここでは臨床児童心理学で扱われる研究法について紹介していきたい。心理学の研究法といえば，データ収集の場に注目して，実験，調査，実践と分類する。または，データ収集の手法の観点から，観察法，検査法，面接法とする場合，あるいは，データの種別から質的研究，量的研究と二分されることもある（市川，2001）。人によって最初に思い浮かべるものは異なるかもしれないが，一般的には心理学研究といえば，上記のいずれかの分類がなじみのあるものかもしれない。しかし，本書では①介入（実践）研究，②観察（基礎）研究の2つから，臨床児童心理学の研究法を捉えていきたい。詳細は後述するが，介入（実践）研究とは，心理社会的介入の有効性を検証する研究の総称と考えていただきたい。一方，観察（基礎）研究とは，先に述べたデータ収集における観察法のことではなく，特定操作を行わず変数間の関連を検討する研究全般のことを指しており，介入研究の基礎となる研究法にあたる。

　奇しくも，2014年，日本認知・行動療法学会の学術誌である『行動療法研究』の誌面において，上記2つの研究法に関連した特集が組まれている。「非薬物療法の介入研究の必須事項」では，心理社会的介入の有効性を検証する際の留意事項について説明されており（奥村，2014），また「観察研究の必須事項」では，特定の要因に対する実験的な操作を行わない研究法において推奨される点をまとめている（竹林，2014）。もちろん，その他にも研究報告の際に留意すべき点は数多く存在するが（詳細は，奥村ら，2014も参照），この研究実施における推奨事項は，本書の介入（実践）研究と観察（基礎）研究の内容に合致するので紹介しておきたい。

　さて，本書においてこの分類を採用する理由は大きく2つある。第一に，臨

床児童心理学においては，他の研究法と比べて介入（実践）研究の比重は重くなる点がある。序章でも述べたように，臨床児童心理学は科学的発想をもつ実践的学問である。言い換えれば，すべての研究は直接的あるいは，間接的に子どもの支援に寄与するものでなければならない。より前者に合致するのが介入（実践）研究であり，後者に近いものが観察（基礎）研究であると考えられる。そのため，より直接的に有益な支援の開発・検証を実施する介入（実践）研究が，臨床児童心理学において重要視されることは必然であるといえる。総じて介入（実践）研究は，多くの人的資源，時間を必要とするが，臨床児童心理学の発展のためには，そのような障壁を乗り越え，数多くのエビデンスを積み重ねていくことが求められる。

　第二に，臨床児童心理学では，主な対象として幼児期，児童期，青年期の子どもに焦点を当てているために，子どもの発達的側面を加味した研究が必要不可欠である。たとえば，あるリスク要因を有する子どもたちが，その後抑うつ症状を示すか否か検証したい場合，その子どもたちの自然な発達を追跡していくことが望まれる。反対に，現在抑うつで苦しんでいる成人について，そのリスク要因の特徴を明らかにする際にも，発達過程に注意を払うことで有益な知見がもたらされる可能性がある。さらに，各年齢層の抑うつの水準を示すことは，それぞれの基準データの構築に寄与することとなる。以上のように，臨床児童心理学においては，縦断的，あるいは横断的手法に基づき基礎的なデータを収集・報告することも重要な研究領域であるといえるだろう。

　以上のように，介入（実践）研究と観察（基礎）研究の2つを両輪として臨床児童心理学は発展を続けている。そこで，本章ではこの2つの研究法について概説を行う。

1　介入（実践）研究

（1）介入（実践）研究の意義

　介入（実践）研究（intervention study）は，どのような対象にどのような介

入・実践を行うと効果があるのかを示す点で，実証に基づく臨床心理学（evidence-based clinical psychology）の基礎を支えるものである。その最も単純な形は，介入前後の変化を記述することによって，介入効果を確認するというものである。しかし，単に前後の変化を記述しただけでは，その変化が本当に当該の介入によってもたらされたのかを判断することはできない。

アイゼンク（Eysenck, 1952）は，論文発表当時に行われていた成人の心理療法には時間経過がもたらす以上の効果はないと示したことで世間に衝撃を与えたが，目の前で見られている変化が，単なる偶然や時間経過，あるいは介入・実践以外の内的・外的要因によってもたらされたものでないと証明することは重要な課題である。心理臨床領域において特定の介入が「100％確実に効果がある」ということを証明することは困難であるが，より確からしい結果を得るために，研究デザイン上さまざまな工夫が行われる。以下では，臨床実践の効果を科学的に示すための方法論を概観するとともに，その限界や留意点についても考察する。

(2) 事例研究（一事例の研究デザイン）

特定の対象に何らかの新しい介入を行う際，いきなり何百人もの対象者に実施するということはめずらしい。はじめは少人数に対して介入の効果を確認し，ある程度効果がありそうだという見通しが立ってから，より多くの対象者に向けて検証実験を行うことが多いだろう。あるいは，対象となるサンプルが非常に特殊であり，多くの人数を集めた体系的な検討が困難な場合もある。このようなときに，事例研究の考え方が役に立つ。

事例研究は，対象者が1人，もしくは少人数の場合に行われる研究デザインである。臨床現場においては，目の前のクライエントがよくなるかどうかが大切であり，一般論として特定の疾患を有するクライエントがどのような治療に反応するかにはそれほど関心がないという場合もあるだろう。こうした「個」の特性を考慮しつつ，今実施されている介入が確かに効果を有しているかを調べることができるのも，事例研究の特徴である。実験計画としては，介入を行

った際と行わなかった際の変化を記述することが基本となるが，その計画の立て方から，事例研究にはいくつかの種類がある。代表的なものとしては，反転法と多層ベースライン法があげられる。

　反転法は，個人内で介入を実施した時期と実施しない時期を設け，その比較によって介入効果の実証を試みるものである。その最も基礎的な形はABデザインと呼ばれる。ABデザインでは，はじめに介入を行わない状態であるベースライン期（A）の状態を何時点かで測定し，その後介入を行った際の状態である処遇期（B）をやはり複数ポイントで測定する。ベースライン期にはみられなかった効果が処遇期にみられた場合，介入の効果があったと考えられる。

　ABデザインの弱点としては，ベースライン期から処遇期にかけて，介入以外の要因が交絡したり，時間の経過による変化の影響を受ける可能性があることである。こうした要因を排除するために工夫されたのがABAデザインやABABデザインである。これらのデザインでは，ベースライン期（A）と処遇期（B）の後，再度介入を行わない時期（A）を設けることによって，介入の効果を確認する。処遇期にみられた反応が，単純な時間の経過による変化や，他の交絡要因の影響によるものであるならば，処遇を撤去しても，効果が維持されるはずである。一方，介入の効果が出ているならば，処遇を撤去した際に効果が失われるはずである。つまり，一度介入をやめてみることによって，変化が介入によってもたらされたものであるのかを，より高い確度によって示すことができる。さらに，ABABデザインでは，再度処遇期（B）を設けることによって，望ましい行動の定着を図る。倫理的にも，介入を再び実施し，効果を十分にあげた時点で援助を終えることが望ましい。ABABデザインにおいて想定される時系列の変化を図3-1に示した。

　反転法は単一事例の介入効果を示す有効な方法であるが，ある種の標的行動においては用いづらいことが知られている。たとえば，南風原（2001）は，「自転車に乗る」という行動を獲得するために何らかの介入を行った際，学習が一度成立してしまうと，処遇を撤去しても，自転車が乗れない状態には戻らず，介入効果は維持されるという例を挙げている。そこで，時期をずらして同

第 3 章　臨床児童心理学の研究法

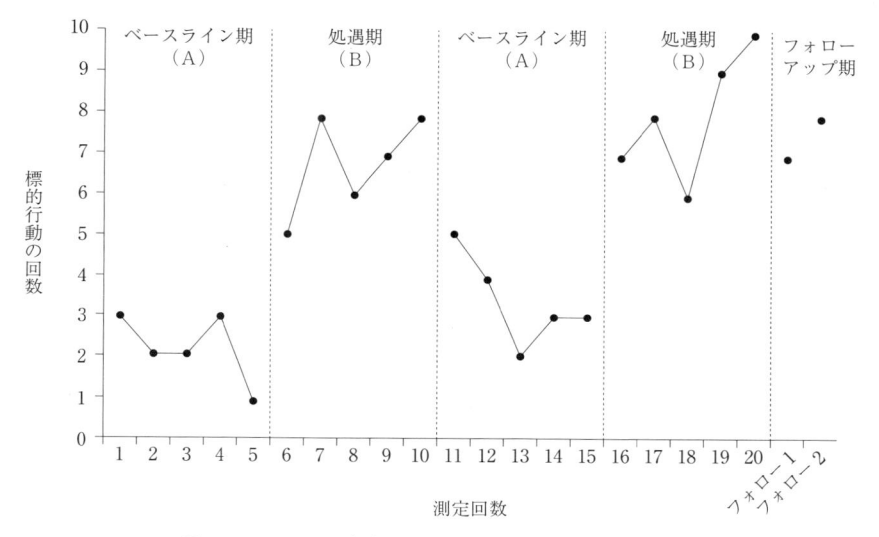

図 3-1　ABAB デザインによる標的行動の理想的な変化

じ介入を実施することで，介入の効果を示すのが多層ベースライン法である。それぞれの介入を導入したタイミングで一律に効果がみられた場合，単一の対象に介入を実施して効果がみられた場合よりも，その効果はより確からしいと判断できる。多層ベースライン法には，被験者間多層ベースライン，事態（状況）間多層ベースライン，行動間多層ベースラインの3つの基本的なタイプがある。

被験者間多層ベースラインでは，同じような問題を抱える複数の対象者に，時期を違えて同じ介入を実施する。その前後の変化を記述した際，いずれの対象者においても介入後に標的行動が増えれば，1人に対して AB デザインで介入を行った際よりも，より明確に効果があったと結論づけられる。被験者間多層ベースラインで想定される変化は，図 3-2 に示した通りである。事態（状況）間多層ベースラインでは，同じ対象者が複数の場面においてそれぞれベースラインの状態を測定され，やはり時間差で異なる状況下において同じ処遇を受ける。場面を超えて介入の効果が見られたら，その介入は効果がある可能性

71

第Ⅰ部　臨床児童心理学の基礎

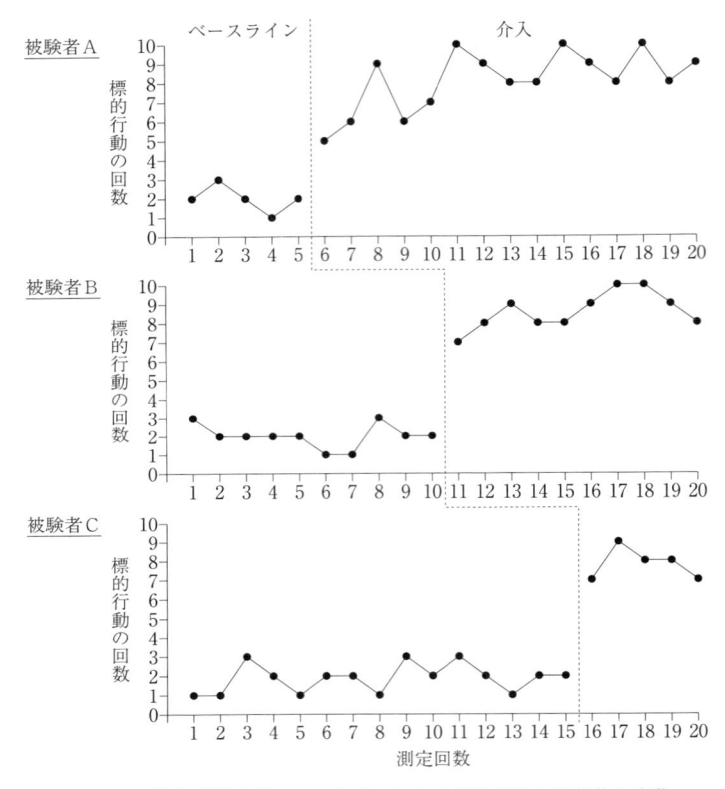

図3-2　被験者間多層ベースラインによる標的行動の理想的な変化

が高い。また，行動間多層ベースラインの場合には，標的行動が変化していくが，介入方法は変えずに，それぞれの導入時期に合わせて行動が獲得されるかを確認する。いずれの場合にも，介入の実施時期と標的行動の変化の時期が一致するかを検証することがポイントとなる。

　一事例の研究デザインには，この他にもっと複雑なモデルも存在する。また，事例研究における介入効果の有無については，伝統的にはグラフの形状から解釈され，図3-1や図3-2のように効果がわかりやすく目視できれば数理的な検定はいらないという立場がとられてきたが，現在では統計的な分析を行う

方法についてもいくつか提唱されている。詳細については第4章で説明するが，バーロー&ハーセン（1993）やカズディン（2011）なども参照されたい。

（3） 平均値の比較

　事例研究において，個人内の変化の記述を通じて介入に効果がありそうだということが示されたら，次のステップはより多くの対象者の変化を記述することである。このことによって，得られた効果が単に目の前の特定の個人に効果があることを示す段階から，広く一般に効果があることを示す段階へと移行できる。

　一事例の研究デザインにおいては，1人，または少人数の対象者の中で繰り返しデータをとることによって，その変化を記述していたが，ここでの研究計画は，測定する被験者の数を増やし，その平均値を算出するという発想に基づくものである。その最も単純な形は，同じ対象者の介入前と介入後の平均値を比較するというものである。介入前後の平均的な変化率が，個人間で自然発生的に生じるばらつきを大きく超えているならば，その変化は偶発的なものではなく，介入によるものであると判断できる。ただし，このデザインでは先の事例研究におけるAB法と同じく，時間の経過の影響や，他の要因の交絡の可能性，さらには回帰効果の影響を免れない。そこで用いられるのが，対照群を設定する方法である。

　対照群は，何らかの処遇の効果を示すために，その処遇を受けなかったグループを比較対象として設定するものである。介入以外の要因によって変化が起こっているとすれば，介入群においても，対照群においても，同じような変化が観測されるはずである。対照群に対しては，何の措置も行わないまま2回の測定を実施する場合もあれば，倫理的な観点からウエイティングリスト法が用いられることもある。ウエイティングリスト法とは，多層ベースライン法と類似した着想のもと行われる計画であり，介入の実施時期をずらして，待機者を対照群とするという方法である（図3-3）。このほか，対照群にも何らかの介入（たとえばこれまでスタンダードに行われてきた心理療法や薬物療法などで，今回の

第Ⅰ部　臨床児童心理学の基礎

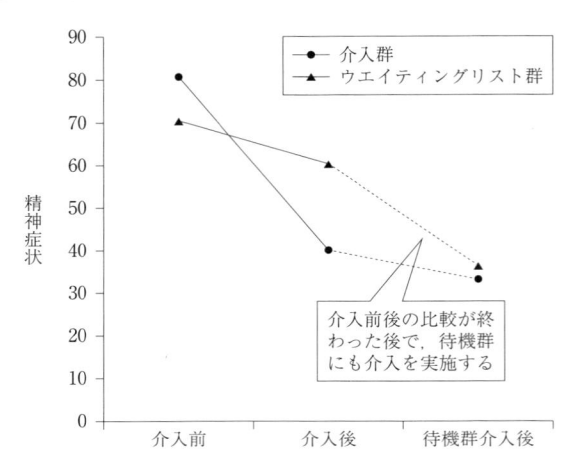

図3-3　ウエイティングリスト法を用いた際に想定される変化

研究で興味の対象とならないが，ある程度効果の確立された介入）を行って，新しい介入と効果を比較することもある。一般に，何の措置も行わない対照群は，自らが何の措置もされていないということに自覚的であるため，介入群との間で効果に対する期待値に落差が生じてしまい，そのことが結果に影響する可能性がある。そこで，比較される側の介入にはあえて効果がないものを選び，個人に与えられる注目の量のみ介入群と対照群で均質になるように操作することもある。こうすることで，何らかの介入を受けていることの期待感の効果を超えて，純粋に介入内容の効果をみることが可能になると考えられる。このような対照群のことを，Attentional Control と呼ぶ。

　介入を実施する際には，実施者の側の介入に対する期待度も結果に影響する恐れがあるため，どの対象者が介入群に割り付けられており，どの対象者が対照群に割り付けられているかを，介入を実施する側もされる側もわからないような措置を行うことがある。このような手続きのことを，二重盲検法（Double Blind Test）と呼ぶ。実際には，薬物療法などと異なり，心理療法を実施する上で介入内容を盲検化して実施することは難しいが，多施設研究等では実施が可能な場合がある。

74

当然のことながら，対照群を用いた研究においては，介入の有無以外のすべての条件で介入群と対照群が均質であることを保証する必要がある。交絡要因が入り込む可能性を最小限にするための方略としては，ランダム化比較試験（Randomized Control Trial: RCT）が行われる。RCTは，実験参加者の介入群と対照群への割り付けを無作為に行うことによって，系統的な誤差の影響を排除するための方法である。割り付け方には，まったくのランダムに行われる完全無作為割り付けのほかにも，2群を限りなく等質にするための様々な方法が用いられる。トーガーソン＆トーガーソン（2010）では，その具体的な方法について詳しく紹介している。

（4）準実験デザイン

　RCTは大規模研究においては理想的な研究デザインだが，細心の注意を払っても2群の対象者が均質にならず，たまたまどちらかのグループに特定の傾向をもった対象者が集まってしまうことがある。特に，サンプルの数が十分に多くない場合，こうしたことは起こりやすくなる。また，無作為割り付けが現実的な制約から困難な事例というのも存在する。たとえば，時間的・経済的理由で実施できなかったり，無作為割りつけをすることが倫理的に問題となるような場合である。このような環境で，あるいは研究者が独立変数を直接的に操作できない条件下でも，効果について可能な限り確からしい結果を導くために用いられる研究デザインを，準実験デザインと総称する。

　もし，あらかじめ系統的な誤差が入り込むことが予想される場合には，その傾向について事前に測定を行い，2群が均質になるような割り付け方をすることが可能である。こうした方法のことをマッチングと呼ぶ。たとえば，うつ病の子どもに対して何らかの臨床心理学的援助を行い，その効果を検証する際，介入群にはたまたま症状の軽い子どもが，対照群には症状の重い子どもが集まってしまうと，厳密な治療効果の比較を行いにくくなる。このような事態を防ぐため，あらかじめ介入前のうつ得点を測定しておき，両群においてうつ得点の重い子ども・軽い子どもが均等に割り付けられるように群分けをするのがマ

ッチングである。他にも年齢や性別，所属するクラスなど，さまざまな要因によってマッチングは行われる。ただし，マッチングを行う際に考慮できる要因の数は最大でも2つ程度であるため，万能な方法とは言えず，可能な限りは大規模サンプルを対象に完全無作為化を行うことで系統誤差をなくすことが望ましいと考えられる。

（5）Intent to Treat（ITT）解析

　研究デザイン上の問題をクリアした場合にも，対象者が途中で実験に参加できなくなったり，何らかの理由でデータの測定が不完全になってしまうことがある。こうしたときに用いられるのが Intent to Treat（ITT）解析である。一般に，欠損値があるデータの分析においては，そのデータを抜くという手続きがとられることが多いが，RCTのような研究デザインでこのような方法をとると，バイアスを生じやすくなる。たとえば，2つの等質に分けられたグループのうち，1つにはAという治療法を実施し，もう1つにはBという治療法を実施したとする。このうち，Aという治療法は重症患者に対して負担の大きな治療法であるため，何人かの重症患者がドロップアウトし，そのデータが最後までとれなかったとする。すると，最終的に治療を終えた患者のグループ間比較を行う際，重症患者のデータが残っていないAの治療法は，見かけ上の効果が高くなってしまうことがある。すなわち，はじめに注意深く2群の割り付けを行った場合にも，治療を完遂した者のみで分析を行ったことにより，それぞれのグループの対象者が不均質になり，ランダム割り付けの意味がなくなってしまうことがある。

　ITT解析では群分けを行った際に割り付けられたすべての患者を最後まで分析に含めて治療効果の検討を行うことによって，このような問題が生じることを防いでいる。実験の途中で別の介入を受けてしまった対象者や，コンプライアンスが悪く介入プロトコルに乗らなかった対象者のデータも含めた分析になるため，欠損データを単純に抜いた際の治療効果よりも，効果値は低く算出されることが多い。しかし，さまざまな背景の患者を含み，より低い値の出や

すい指標を用いた際にも一定の治療効果があることを示すことができれば，必ずしもコンプライアンスが高く，ドロップアウトしない患者ばかりが訪れるわけではない現実の臨床現場でも，同様の効果が得られることが期待される。

ITT 解析を行う際の欠損データに関しては，Last Observation Carried Forward（LOCF）法が適用されることが多い。LOCF とは，時系列データの欠損に対して，再直前のデータを代入する方法である。一般に治療を受け続けた場合には症状の改善が認められ，受けなかった場合には変化しないという前提に立つならば，LOCF 法を用いることによって，欠損データを除いて解析を行うよりも，保守的な結果が得られると考えられている。しかし，こうした前提が必ずしも正しいという保証はなく，実際にはドロップアウト後に悪化していく症例もあるため，LOCF を用いることが妥当であるという科学的な根拠がない限りは，多用されるべきではないという議論も行われている（Little et al., 2012）。

（6）介入（実践）研究を行う上での留意点

介入（実践）研究で用いられる実験計画はそれほど難しいものではなく，興味の対象となる変数を測定し，その得点に変化があるのかを，より確からしい方法で記述するというアイディアは，直感的にも理解しやすいものである。しかし，研究を実施する際には，介入効果の測定にだけ着目するのではなく，研究を構成する個々の要素にも十分な注意を払う必要がある。たとえば，一事例の研究デザインにおいては，標的行動の選び方が適切か，ベースラインの測定値に極端なばらつきがないか，ばらついているとすれば影響を与えている要因は何か，毎回の介入は正しい手続きで行われているか，標的行動の測定は信頼性のあるものかなどについて十分に検討する必要があるだろう。RCT や準実験デザインのようにマスデータを扱う際にも，対象者がターゲットとしている母集団を正しく反映しているか，すべての人に同じプロトコルの介入が適切にいきわたっているか，評価の指標として選ばれている変数は妥当か，結果の評価に影響している第3の要因はないかなど，実験手続きそのものについても十

分に配慮する必要がある。

　上記のプロセスは、自らが行う介入（実践）研究が、誰を対象に何を目標として、どのような手順によって何の効果をもたらすのかという一連の過程が明確にみえていない限り、客観的に検討することが困難であろう。臨床心理学の研究においては「人間の心という、目に見えないものを扱っているのだから、すべてを数量的に表現することはできない。ある程度は勘や経験のようなものも必要だし、効果は介入を実施する本人が実感していればいい」という議論が行われがちである。しかし、目に見えないものを扱っているからこそ、自らの行っている援助の内容に対して自覚的にならない限り、目標を簡単に見失い、独善的な介入を行うことになってしまうだろう。臨床の介入・実践において効果研究が実施しづらいことがあるとすれば、それは多くの場合、研究デザインを組み立てることの難しさに課題があるのではなく、目に見えない効果を測定・評価することの困難さ、測定しようとしているもののあいまいさに起因していると考えられる。数量化の難しさを抱えながらも、実験計画を立て、手続きを丁寧に記述し、可能な限り客観的な方法で効果を実証していくという姿勢が、心理臨床家には求められている。

2　観察（基礎）研究

（1）観察研究と因果関係

　1995年、阪神淡路大震災や地下鉄サリン事件によって我が国においても心的外傷後ストレス障害（Posttraumatic stress disorder: PTSD）が注目されたこの年に、ブレムナーらはPTSD患者（ベトナム戦争帰還兵）の右海馬が健常者に比べて8％萎縮していることを磁気共鳴画像法（MRI）[1]を用いた研究で示した（Bremner et al., 1995）。PTSDは、戦争、自然災害、性暴力や虐待などのトラウマ的出来事の体験から1ヶ月以上経過した後でも、フラッシュバックや悪夢によって繰り返されるトラウマ的出来事の再体験、覚醒亢進、トラウマ体験に関連する状況や刺激からの回避や全般的反応性の麻痺、といった症状が持続し

ている疾患である。海馬は宣言的記憶の処理に関する脳部位であり，PTSD患者は過去のトラウマ的な出来事が現在体験されているかのように記憶が想起されることを考えても海馬に何らかの特徴があることは理解できる。ただし，ブレムナーらの研究では，海馬の萎縮はPTSDを発症した結果として生じたものなのか，あるいはPTSDの原因（リスク要因）なのかはわからないという疑問が生じる。このような変数間の相関関係，因果関係を明らかにするためにさまざまな研究デザインの観察研究が行われている。

観察研究（observational study）は，研究者が特定の介入を行わずにデータを収集して結果を分析するため，このように呼ばれる。臨床児童心理学の1つの目的は，子どもたちが抱える感情面・行動面の問題を解決するために心理学的な援助方法を開発することであろう。本書はその心理学的援助法を明らかにするときに，実証的・科学的に収集されたデータで有効性を示すことの必要性を説いている。ある治療法が開発される過程においては，どのような人のどのような特徴や問題に対して，どのように介入したらよいのかということがわかっていなければならない。前節での介入（実践）研究は，「どのような対象にどのような介入・実践を行うと効果があるのか」を示すために行うものであった。本節で述べる観察研究はその介入研究の基礎となるものであり，変数間の関係を明らかにするために行われる。変数間の関係には相関関係と因果関係があり，その目的に応じて研究デザインも使い分ける必要がある。

同時点でいくつかの変数のデータを収集し，その変数間の関係を示す場合は横断的研究（cross-sectional studies）と呼ばれる。また，うつ病を抱える子どもと健常な子どもにおける考え方や振る舞い方，脳活動の違いを明らかにするような研究は症例対照研究（case-control studies）と呼ばれるが，横断的研究や症例対照研究だけでは因果関係を示す上で十分ではない。一方，同一の個人あるいは集団に対して，一定の期間をあけて複数回データを収集する場合を縦断的研究（longitudinal studies）という。変数間の因果関係を示すためには，前述のうつ病研究を例とした場合，考え方や振る舞い方を変えること（操作すること）によって抑うつ気分などの抑うつ症状が緩和されることを示す実験的な研究や，

第Ⅰ部　臨床児童心理学の基礎

研究デザイン	過　去	現　在	未　来
横断的研究 (cross-sectional studies)		←→	
症例対照研究 (case-control studies)	←―――――――		
前向きコホート研究 (prospective cohort studies)		――――――→ ⋯⋯	
後ろ向きコホート研究 (retrospective cohort studies)	⋯⋯ ←―――		

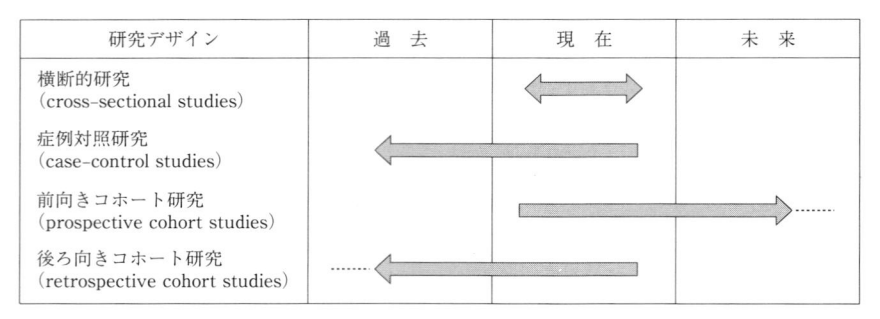

図3-4　各研究デザインにおけるデータ収集の時間軸
出所：Levin, 2005 を参考に作成。

縦断的研究が必要であろう。本節では観察研究として，横断的研究，症例対照研究，縦断的研究であるコホート研究をとりあげる。

横断的研究，症例対照研究，コホート研究は，データ収集の仕方や対象サンプル，および研究によって明らかにされる変数間の関係が相関関係までであるか，あるいは因果関係までわかるか，という点において大きく異なる。図3-4は各研究デザインのデータ収集に関する時間軸を示している。また，表3-1に各研究デザインの長所と短所をまとめた。ここで因果関係を示すための条件を確認しておこう。一般的に因果関係を述べるためには以下の4条件を満たす必要があるといわれている（豊田ら，1992）。

① 　2つの変数間に共変関係（相関関係）があること
② 　1つの変数がもう一方の変数より時間的に先行していること
③ 　2変数間の関係が他の要因によって変わらないこと（関連の普遍性）
④ 　ある変数を原因と考え，もう一方の変数を結果と考えることがさまざまな観点からも矛盾なく説明できること（関連の整合性）

縦断的研究は時間間隔をおいてデータを複数回測定することによって，変数間の時間的関係が明確であるため（上記条件②），より因果関係を述べることが

表3-1 各研究デザインの長所と短所

	横断的研究 (cross-sectional studies)	症例対照研究 (case-control studies)	前向き縦断的研究 (prospective longitudinal studies)	後ろ向き縦断的研究 (retrospective longitudinal studies)
長所	・実施しやすく，時間的・金銭的コストも少ない。 ・母集団に近い大きなサンプルを対象に調査できる。 ・多くの指標を測定できる。	・コホート研究のように病気の発症を待つ必要がないため，時間的・金銭的コストが少ない。 ・多くの指標を測定できる。 ・稀な疾患についても研究しやすい。	・変数間の時間的関係が明確であるため，因果関係まで言及できる。	・時間的・金銭的コストが少ない。
短所	・因果関係まではわからない。	・想起バイアスの影響を受けやすい。 ・因果関係まではわからないことが多い。	・時間的・人的・金銭的コストが高い。 ・ドロップアウトの可能性がある。 ・2つの集団を比較する場合，剰余変数を統制しにくい。	・想起バイアスの影響を受けやすい。 ・ほかの目的で収集されたデータであるため，関連する変数が十分に収集されていない場合がある。

できる。一方，横断的研究や症例対照研究によってわかることは多くの場合，相関関係にとどまるが，一方の変数が時間的に先行していることが明確である場合（遺伝的，先天的な変数）には，アウトカム変数（病気の発症など）との因果関係を述べることができるだろう。以下，各研究デザインについて詳しくみていこう。

（2）横断的研究

横断的研究（cross-sectional studies）は，ある時点において興味のある変数を対象者1人につき一度で測定する研究の総称である。横断的研究は，比較的少ないコストで素早く行うことができるため，有病率や変数間の関係を調べるためによく行われる。疫学調査などにおいても一般的に用いられる。ただし，測定は一度であるため，変数間の時間的関係がわからず，因果関係を述べることは難しい。横断的研究では変数間の相関関係を明らかにし，因果関係について

は仮説生成的に推測することにとどまる。因果関係をより明確に調べるためには，後述するコホート研究などの縦断的研究を行う必要がある。

横断的研究で重要な点は，調査対象者となるサンプル（標本）が想定する母集団の代表として適切かどうか，というサンプリングの方法である。疫学調査などにおいては，回答をボランティアにすると，ある特徴をもった人が多く回答する可能性が生じ，その結果，サンプルの代表性が低くなるため，層化抽出法などの方法を用いることが望ましい。層化とは，調査対象として想定する母集団を何らかの特性によって比較的等質と考えられる部分集団に分割することを指す。そして層化抽出では，作成された層ごとに，その層を母集団とみなしてランダムに対象者の抽出を行う（石塚，1999）。たとえば，疫学調査などでは各地域や年齢層などによって層を設定し，各層からランダムに対象者を抽出する。

横断的研究では，縦断的研究などに比べて多くの変数を測定することができる。縦断的研究では対象者のドロップアウトを防ぐためにも測定する変数や項目を減らし，負担を軽減しなければならない。一方，横断的研究は測定回数が一度であるため，比較的多くの変数を測定可能だが，そうはいってもいたずらに測定変数や項目を増やせば欠損値が増える危険性が高まる。明確な目的と仮説を設定し，測定変数を厳選した上で横断的研究を実施することが重要である。

（3）症例対照研究

症例対照研究（case-control studies）は，興味の対象である疾患をもつ集団ともたない集団を対象とし，リスク要因などの変数に集団間の違いがあるかどうかを比較する研究を指す。たとえば，不安症が興味の対象であれば，不安症を有する青年群と健常な青年で構成される統制群について，不安症のリスク要因として考えられる児童期の行動抑制傾向や情動調整能力に違いがみられるかどうかを調べる場合などがあてはまる。症例対照研究は，すでに疾患をもつ集団を対象とするため，リスク要因の測定を面接や質問紙で行う場合には過去にさかのぼって調べることになり，後ろ向き（retrospective）研究に相当する。そ

れゆえ、想起バイアス（recall bias）の影響を受けやすいという短所がある。想起バイアスは、症例群はリスク要因への曝露を思い出しやすいが、統制群は想起しにくいという点で表れやすい。

　症例対照研究は、得られた結果から因果関係を明確に述べることはできないため、仮説生成的な研究として有用である。横断的研究と同様に、症例対照研究で明らかにされる変数間の関係は、コホート研究などの縦断的研究や変数を操作した実験的研究を行うことによって因果関係により迫ることができる。

　症例対照研究を行う場合には、症例群の明確な選定基準を設定することと、統制群の構成が重要である。症例群については、どのような方法で選定されたのか、適格基準と除外基準はどのようなものであったのかを明確に示さなければならない。また、統制群は症例群と同じ母集団から抽出するとともに、独立変数以外に従属変数に影響を与えそうな剰余変数は可能な限り症例群と類似した人を抽出して構成しなければならない。たとえば、統制すべき変数としては年齢や性別、教育年数といったさまざまな属性があげられるだろう。そうしないと、症例群と統制群の間でみられた違いが、疾患の有無によるものなのか、他の変数の影響なのかがわからなくなってしまう。

　前述したブレムナーら（Bremner et al., 1995）の研究は症例対照デザインと言えるだろう。この研究結果だけでは、PTSDに罹患したために海馬が萎縮したのか、あるいは海馬の体積が小さい人がPTSDに罹患しやすいのかはわからない。そこでギルバートソンら（Gillbertson et al., 2002）は一卵性双生児の男性を対象とした症例対照研究を行った。双子の1人がベトナム戦争帰還兵、もう1人はベトナム戦争帰還兵ではない健常双生児のペアとし、双子の中にはベトナム戦争帰還兵の兄弟がPTSDを発症したペアと発症していないペアがあった。つまり、2種類の双生児ペアが対象である。①一方：ベトナム戦争帰還兵＋PTSD発症あり、もう一方：トラウマ体験なし（17ペア）、②一方：ベトナム戦争帰還兵＋PTSD発症なし、もう一方：トラウマ体験なし（23ペア）。対象者の構成を図3-5に示した。

　一卵性双生児は遺伝的に同じであるため、兄弟間で海馬の体積に違いがあれ

第Ⅰ部　臨床児童心理学の基礎

```
                    対象者：一卵性双生児の男性ペア
                    ┌─────────────┴─────────────┐
          双子の一方：ベトナム戦争帰還兵    双子のもう一方：トラウマ体験なし
          ┌──────┴──────┐
    PTSD発症あり      PTSD発症なし
```

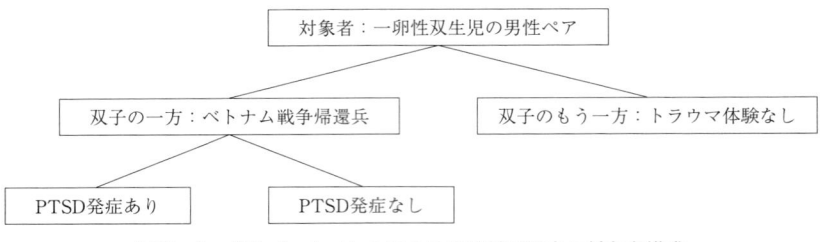

図3-5　ギルバートソンらによる症例対照研究の対象者構成

ば，それは環境要因によるものであると考えることができる。すなわち，海馬の萎縮は戦争というストレスの強い環境にさらされたことによって生じたものと考えられる。また，PTSDを発症したペアと発症していないペアのトラウマ体験をしていない健常双生児を比べたときに，PTSD患者の兄弟がいるペアの海馬の体積が小さければ，それはPTSD発症のリスク要因であると考えることができる。

　PTSDの重症度，戦争体験のひどさ，抑うつ，アルコール乱用歴などについて測定するとともに，海馬の体積をMRIで計測した。その結果，PTSDを発症している双生児では，PTSD患者の海馬体積がPTSDの重症度と負の相関関係にあった（$r=-.64$）。また，トラウマ体験をしていない健常双生児の海馬体積も，PTSD患者（双子の相手）の重症度と負の相関関係にあった（$r=-.70$）。重度のPTSDを発症した双生児（12ペア）では，兄弟間に海馬体積の違いはみられなかった。そして，そのペアのうちトラウマを体験していない健常双生児も含めて2人の海馬体積は，PTSDを発症していない双生児に比べて小さいことがわかった（特に右海馬）。これは戦争体験のひどさ，抑うつやアルコール乱用歴を統計的に統制しても有意差がみられた。したがって，海馬の体積が小さいことは戦争体験をしたかどうかに関係なく，PTSDのリスク要因であること，すなわち海馬が小さい人ほどトラウマ的出来事を体験したときに重度のPTSDを発症しやすいことが示された。一方，虐待などの慢性的なストレスにさらされることでコルチゾールが過剰に分泌され，そのコルチゾールによる神経傷害によって海馬が萎縮するという研究もある。本節の目的からそれ

るためこれらの研究に関する紹介はここまでにとどめるが，興味のある読者はPTSDと海馬体積の減少に関する因果関係の研究を参照されたい。

（4）コホート研究

コホート研究（cohort studies）におけるコホートとは，ある期間にわたって観察や追跡される特定の集団を指している。コホート研究の目的の1つは，ある病気をまだ発症していない集団に対して，病気のリスク要因と考えられる変数をベースラインとして測定した後，一定期間追跡し，病気の発症率（アウトカム変数）などを比較するとともに，発生率にかかわる変数を特定することである。たとえば，まだ精神疾患に罹患していない児童を調査対象として児童期の認知行動的特徴や環境要因を調べておき，数年後，同じ対象者に対して不安症やうつ病に罹患しているかどうかを調べる。その結果，児童期の認知行動的特徴や環境要因によって不安症やうつ病に罹患しやすいかどうかの関係がわかる。

コホート研究は，ある結果（たとえば，病気の発症）が起きる前に原因と考えられる変数を測定しているため，時間的な前後関係が明確である。そのため，変数間の因果関係を言及する上で有効な方法である。また，コホート研究では，病気の発症といったアウトカム変数にかかわる予測因子の相対リスクを示すことができる。相対リスクとは，病気の発症や結果の生起に対して，特定の要因がある場合とない場合を比べ，病気の発生率が何倍になるかを示すものである。

コホート研究では，現在から将来に向けて前向き（prospective）にデータ収集を行う場合と，現在から過去にさかのぼって後ろ向き（retrospective）にデータを収集する場合がある。後ろ向きコホート研究は，他の目的ですでに収集されたデータを利用して事後的に行われることが多いが，一般的にコホート研究は，正確なデータを十分に収集するために前向きに行われることが多い。

コホート研究などの縦断的研究は，特定の集団を追跡してデータを収集するため，時間的コストがかかるなどのデメリットがある（特に前向き研究の場合）。一方で，同一集団から経時的にデータを得るため，個人差の影響を統制できる

第Ⅰ部　臨床児童心理学の基礎

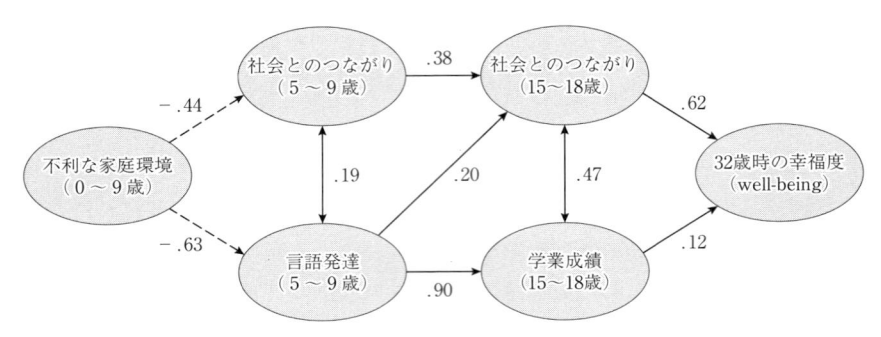

図3-6　縦断的研究（Olsson et al., 2012）で示される結果の例
注：パス（→）上にある数値がプラスである場合には変数間に正の関係があり，マイナスである場合には負の関係があることを示し，絶対値が大きいほど，変数間の関係が強いことを示している。

というメリットがある。

　コホート研究を行う際に気をつけなければならない点は，調査対象者のドロップアウトである。引っ越しなどの可能性もあるため，定期的に連絡先の確認などを行う必要がある。また，ドロップアウトした対象者と継続して対象になっている者との間に違いがないかどうかを調べなければならない。そこに違いがあれば，得られた結果は偏ったものになってしまう。

　コホート研究は病気の発症を予測するために利用されることが多いが，研究目的はそれだけではない。その例として，児童期・青年期をどのように過ごすと，成人してから幸福感が高いのかを調べることを目的として32年間の追跡を行ったオルソンら（Olsson et al., 2013）の研究を紹介しよう。ニュージーランドで1972年4月1日から1973年3月31日までに生まれた1037名を対象に，幼児期からの32年間にわたる縦断調査を行った。児童期や青年期における学業成績，人間関係や社会とのつながり（social connectedness）などの変数のうち，32歳時の幸福感（well-being）に影響するものは何かを調べた研究である。具体的には，3歳時点から調査が開始され，5，7，9，11，13，15，18，21，26，32歳でそれぞれ調査を行い，964名から32歳時点の面接データを得ることができた。11歳までは親（通常は母親）が調査に同伴している。

　図3-6に示したモデルについて共分散構造分析を行った結果，児童期（5

〜9歳）に社会とのつながりが強いほど，青年期（15〜18歳）においても社会とのつながりが強かった。また，児童期に言語が発達しているほど，青年期の学業成績が高かった。そして，32歳時点の幸福感を最も予測する変数は学業成績ではなく，青年期の社会とのつながりであった。すなわち，青年期に両親や友人との関係が良かったり，部活動やグループ活動などの組織に参加している場合ほど，成人してからの幸福感が高いことが示された。ただし，潜在変数である幸福感を構成する変数に社会的参加や向社会的行動が含まれているために，青年期の社会とのつながりが強かったとも解釈できるため，幸福感を測定する他の尺度（たとえば，The Satisfaction with Life Scale; Diener et al., 1985）などを使って再検討する必要があるだろう。オルソンら（2013）にはそうした限界はあるが，32年間におよぶ縦断的な研究デザインを組むことによって，変数間の時間関係が明確になり，因果関係により迫ることが可能になった。

（5）観察研究の指針

観察研究の報告に関する指針

　観察（基礎）研究の結果は，公表し，その結果の妥当性や一般化可能性を世に問う必要がある。そのためには特定の基準にしたがって報告書や論文を作成しなければならない。

　そのときに有用な基準としてSTROBE（strengthening the reporting of observational studies in epidemiology）声明がある（Vandenbroucke et al., 2007）。STROBE声明は，本節でとりあげた横断的研究，症例対照研究，コホート研究の報告の質を向上させるために，その報告に含まれるべき内容を22項目のチェックリスト形式で示している。22項目のうち，18項目は上記3つの研究デザインに共通するものであり，4項目は研究デザインに特有のものである。チェックリストは，論文のタイトル，抄録，序論，方法，結果，考察ごとに構成されている。STROBE声明は観察研究の結果報告に関する指針であるが，研究計画段階から参照するとよい。

尺度の開発と評価に関する指針

 観察研究を行う際にはものさしとしての尺度が必要であることが多い。尺度開発の具体的な手続きなどについてはこれまでにも多くの文献で紹介されている（鎌原ら，1998；村上，2006）。尺度を作成する際には，信頼性と妥当性の検証が重要な役割を果たす。信頼性とは，当該の尺度を構成する項目の内容が一貫しているかどうかを示す内的一貫性（一般的にクロンバックの α 係数で測定）や，当該の尺度を同一の対象に複数回測定した場合に，一貫した結果が得られるかを示す再検査信頼性などで構成される。妥当性は，当該の尺度が測定しようとする構成概念を測定できている程度を指す。妥当性には，基準関連妥当性，内容的妥当性，構成概念妥当性などさまざまなものがある（村上，2006）。妥当性として最も早く提唱された基準関連妥当性は，尺度のスコアが外的な基準（既存の他の尺度）と相関があるかどうかによって検証される。ただし，基準関連妥当性は尺度の内容の妥当性については議論できない。そこで次に提案された内容的妥当性は，当該の尺度が測定している概念が目的とした概念を測定できているかどうかを専門家の評価によって検証する。しかしながら，専門家の判断にはバイアスが生じる場合があり，やはり十分ではない。そこで考えられた構成概念妥当性は，尺度が測定しようとしている構成概念に関する理論的予測を実際のスコアが反映しているかどうかを指す。たとえば尺度のデータについて因子分析を行ったときに，あらかじめ想定していた因子が抽出されたかどうか，高いスコアが理論的に想定される症例群では統制群に比べて得点が高いかどうか，などによって検討される。

 健康関連の尺度開発の指針として近年提唱された COSMIN（Consensus-based standards for the selection of health measurement instruments; Mokkink et al., 2010）は，尺度を用いた研究で評価すべきチェックリストを提示している。COSMIN のチェックリストでは信頼性と妥当性以外に，反応性（responsiveness）と解釈可能性（interpretability）という特性が尺度評価の観点として提案されている。反応性とは，当該の尺度が経時的な変化を検出できる能力を指している。反応性を調べるためには，データを縦断的に複数回測定し，スコアの

変化量を算出する。したがって，本節の研究デザインに照らし合わせて考えると，基準関連妥当性は横断的に検証される妥当性であるのに対し，反応性は縦断的に検討される妥当性であるといえる。変化量の妥当性を調べるために，検証対象の尺度とともに，類似した概念を測定できる尺度（ゴールドスタンダードの尺度が望ましいが，なければ他の尺度）を同時に測定する。たとえば，治療前後で測定し，スコアに十分な変化があるか，そのスコアの変化量は他の尺度の変化量と相関があるかどうかなどを検討する。その妥当性を判断するために，あらかじめ変化の方向（スコアの増加・減少）と，相関の正負およびその強さに関する仮説を設定しておく必要がある。さらに ROC 曲線（receiver operating characteristic curve）を算出して，スコアの変化量は患者の改善を弁別できているかどうかを調べる。チェックリストには，改善した患者，悪化した患者の割合を示すことを求める項目がある。この情報は，スコアに変化がみられなかった場合に本当に変化が生じていなかったためなのか，あるいは尺度の反応性が低いからなのかを後で判断するときに役立つ。

　一方，解釈可能性のチェックリストでは，尺度のスコアが何を意味するのかがわかるように，収集されたデータの平均値と標準偏差だけではなく，得点分布，最高スコアと最低スコアを示した対象者の割合，および男女別のスコア，症例群・健常者群別のスコアなどを記述することが求められている。そして，スコアが最低限どの程度変化すると意味があるのかを示す最小有意味性に関するチェック項目も設けられている。

　COSMIN では構成概念妥当性の 1 つとして，異文化間妥当性（cross-cultural validity）をあげており，そのチェックリストの一部は海外で開発された尺度の翻訳版を作成する場合に参考になる。翻訳版を作成するときには少なくとも 2 名以上の翻訳者が担当しなければならない。そして，翻訳した文を再度オリジナルの言語に訳すバックトランスレーションも行わなければならない。該当するチェック項目をいくつか紹介しよう。

・翻訳担当メンバーの専門性を十分に示さなければならない。専門性として

は，尺度が測定しようとしている概念や関連する疾患，および言語に関することがあげられる。2名の翻訳者がいる場合には，翻訳する言語（たとえば，日本語）を母国語としなければならない。また，1名は尺度の概念の専門家とし，もう1名は，概念は知らないが言語の専門家であることが理想である。一方，バックトランスレーションの担当者はオリジナルの尺度や測定概念を知らない人であるとともに，オリジナル言語の専門家であることが推奨されている。

- 翻訳者は翻訳の作業を独立して行わなければならない。
- 専門家（測定概念，疾患，言語など）で構成される委員会によって翻訳最終版の再検討を行う。その委員会にはオリジナル版の開発者も参加していることが望ましい。
- 項目の解釈や文化的関連性，および理解しやすさを調べるために，予備調査を行うべきである。予備調査を行ったときの対象者については，年齢，性別，疾患，場面設定など十分に示さなければならない。

サンプルサイズの決定

STROBE 声明，COSMIN に共通する内容としてサンプルサイズの決定について指針が設けられている。COSMIN には当該の尺度特性を調べるためにサンプルサイズは十分であったかどうかをチェックする項目がすべてのリストにある。データ収集を行う前に想定する効果サイズや有意水準からサンプルサイズを決めなければならない。これは，本来有意である（帰無仮説を棄却できる）にもかかわらず，対象者数が少ないため帰無仮説を棄却できない第二種の過誤を防ぐために大切なことである。事前にサンプルサイズを決めるために検定力分析（power analysis）が行われる。

また，COSMIN では各尺度特性を調べるために必要とされるサンプルサイズの目安が示されている。たとえば，因子分析や項目反応理論の分析を行う場合のおおまかな指針としては最低100名以上，かつ項目数の4～10倍とされている。前述の STROBE 声明や COSMIN の日本語解説としては奥村ら（2013）

が参考になる。

　　　　　　　　　　　　　　＊

　本節では，PTSD患者の海馬萎縮に関する研究を例として前述した。最近の研究によれば，海馬の神経細胞は新生することがわかり，その可塑性が示されている。観察研究で明らかにされた海馬の萎縮とPTSDの関係は，介入研究へ発展し，海馬の萎縮を防ぐ，あるいは回復させる治療法の開発へとつながっていく。

注
(1) 磁気共鳴画像法（MRI）は，心理学の研究では主として脳の構造や機能（働き）を画像化するために用いられる方法である。高い磁場が発生する装置の中で，生体内の水素原子の振る舞いに基づいて可視化される。装置内で課題を行っているときの血流変化に基づいて脳活動を測定する場合には，機能的MRI（functional MRI: fMRI）と呼ばれる。
　　他に脳活動を計測する方法としては，近赤外分光法（NIRS）があげられるが，脳の機能を測定できる部位は大脳皮質が主であり，脳深部の活動は計測できない。一方，MRIは扁桃体や海馬などの大脳辺縁系に加えて脳幹など，全脳を計測できることに利点がある。参考文献としては宮内（2013）が詳しい。

文　献
バーロー，D. H.・ハーセン，M.（著）高木俊一郎・佐久間徹（監訳）(1993). 一事例の実験デザイン——ケーススタディの基本と応用　二瓶社
Bremner, J. D., Randall, P., Scott, T. M., Bronen, R. A., Seibyl, J. P., Southwick, S. M., Delaney, R. C., McCarthy, G., Charney, D. S., & Innis, R. B. (1995). MRI-based measurement of hippocampal volume in patients with combat-related posttraumatic stress disorder. *American Journal of Psychiatry*, 152, 973-981.
Diener, E., Horowitz, J., & Emmons, R. A. (1985). Happiness of the very wealthy. *Social Indicators Research*, 16, 263-274.
Eysenck, H. J. (1952). The effects of psychotherapy: An evaluation. *Journal of Consulting Psychology*, 16, 319-324.
Gillbertson, M. W., Shenton, M. E., Ciszewski, A., Kasai, K., Lasko, N. B., Orr, S. P., & Pitman, R. K. (2002). Smaller hippocampal volume predicts pathologic

vulnerability to psychological trauma. *Nature Neuroscience,* **5**, 1242-1247.
南風原朝和（2001）．準実験と単一事例実験　南風原朝和・市川伸一・下山晴彦（編）心理学研究入門──調査・実験から実践まで　東京大学出版
市川伸一（2001）．心理学研究とは何か　南風原朝和・下山晴彦・市川伸一　心理学研究法入門──調査・実験から実践まで　東京大学出版会，pp.1-17.
石塚智一（1999）．層別抽出法　中島義明・安藤清志・子安増生・坂野雄二・繁枡算男・立花政夫・箱田裕司（編）　心理学辞典　有斐閣，p.535.
鎌原雅彦・宮下一博・大野木裕明・中澤潤（1998）．心理学マニュアル──質問紙法　北大路書房
Kazdin, A. E. (2011). *Single-case research designs: Methods for clinical and applied settings* (2nd ed.). New York: Oxford University Press.
Levin, K. A. (2005). Study design I. *Evidence-Based Dentistry,* **6**, 78-79.
Little, R. J., D'Agostino, R., Cohen, M. L., Dickersin, K., Emerson, S. S., Farrar, J. T., Frangakis, C., Hogan, J. W., Molenberghs, G., Murphy, S. A., Neaton, J. D., Rotnizky, A., Scharfstein, D., Shih, W. J., Siegel, J. P., & Stern, H. (2012). The prevention and treatment of missing data in clinical trials. *The New England Journal of Medicine,* **367**, 1355-1360.
宮内哲（2013）．脳を測る──改訂　ヒトの脳機能の非侵襲的測定　心理学評論，**56**, 414-454.
Mokkink, L. B., Terwee, C. B., Patrick, D. L., Alonso, J., Stratford, P. W., Knol, D. L., Bouter, L. M., & de Vet, H. C. W. (2010). The COSMIN checklist for assessing the methodological quality of studies on measurement properties of health status measurement instruments: An international Delphi study. *Quality of Life Research,* **19**, 539-549.
村上宣寛（2006）．心理尺度のつくり方　北大路書房
奥村泰之（2014）．非薬物療法の介入研究の必須事項　行動療法研究，**40**, 155-165.
奥村泰之・土屋政雄・竹林由武（2013）．失敗しない研究計画入門：観察研究，尺度研究，非薬物療法の介入研究の研究報告の質向上のためのガイドラインの理解　日本行動療法学会第39回大会自主企画シンポジウム
奥村泰之・原井宏明・谷晋二・佐藤寛（2014）．研究報告の質向上に向けて　行動療法研究，**40**, 151-154.
Olsson, C. A., McGee, R., Nada-Raja, S., & Williams, S. M. (2013). A 32-year longitudinal study of child and adolescent pathways to well-being in adulthood. *Journal of Happiness Studies,* **14**, 1069-1083.

竹林由武（2014）．観察研究の必須事項　行動療法研究，**40**，167-175．

トーガーソン，D. J.・トーガーソン，C. J.（著），原田隆之・大島巌・津富宏・上別府圭子（監訳）（2010）．ランダム化比較試験（RCT）の設計：ヒューマンサービス，社会科学領域における活用のために

豊田秀樹・前田忠彦・柳井晴夫（1992）．原因をさぐる統計学──共分散構造分析入門　講談社ブルーバックス

Vandenbroucke, J. P., von Elm, E., Altman, D. G., Gøtzsche, P. C., Mulrow, C. D., Pocock, S. J., Poole, C., Schlesselman, J. J., Egger, M., for the STROBE initiative (2007). Strengthening the reporting of observational studies in epidemiology (STROBE): Explanation and elaboration. *PLoS Medicine,* **4**, e297.

第4章
臨床児童心理学の介入法

「子どもたちの健やかな心身の成長を支援したい」。これは周囲の大人，みなの願いである。この願いを支えるべく臨床の現場で生み出され，繰り返し検証され続けてきたのが，子どもの心理社会的介入である。子どもを対象とした心理社会的介入は現在までに数多く開発されているが，そのすべてが上記の目標を共有しているといってよいだろう。したがって，子どもの心理社会的介入は，臨床児童心理学の根幹をなす領域である。

子どもを対象に心理臨床的活動がはじめられてから，研究者や臨床家たちは，「今，目の前にいる子ども」を手助けするための効果的な支援方法を長い間探し求めてきた。その成果が「エビデンスに基づく子どもの心理療法」である。数十年にわたる先人たちの献身的努力によって，この長きにわたる疑問に対していくつかの答えが出されはじめている。そして，「心理療法が有効であるか」といった議論からはじまったこの学問領域は，今，1つの足場を得て「どの心理療法がどの問題に有効であるか」というもう一段上の階段に歩みを進めている。臨床児童心理学を志すすべての人たちには，子どもの心理療法の実際について学び，効果的に運用することが求められている。

さらに，このような成果は治療から予防へと応用されている点も見逃すことはできない。問題が起きる前に未然に防ぐことや，問題が悪化しないように事前に対策を練ることが重要であることは論を待たない。我が国においては，重大な事件が起きた後で，特別な委員会が立ち上がったり，法律が制定されたりすることはしばしば見受けられる。しかしながら，同じだけの資源がこの予防的取り組みに投入されることはあるのだろうか。日々成長していく子どもたちにおいては，ある時点での望ましい変化が後の発達にも大きな影響をもたらす。

そのことを考慮すれば，予防的取り組みの重要性は今よりももっと注目されるべきであろう。"日々新た"な存在である子どもを対象にする臨床児童心理学においては予防的取り組みも重要な介入技法として位置付けられる。

　効果的な支援方法は，支援を求めている子どもに届かなければ絵に描いた餅にすぎない。臨床児童心理学における教育では，優れた専門性をもつ人材を輩出する方略だけでなく，より数多くの子どもたちに効果的に支援が届くようにするための視点も重要となる。そのような意味で，予防とともにコンサルテーションも臨床児童心理学において不可欠な介入法である。学齢期において学校という場は，数多くの子どもに支援を届けることができる唯一無二のフィールドである。しかしながら，いくら有能なスクールカウンセラーであっても，自ら支援できる児童生徒の数は限られてしまう。そのため，より児童生徒に身近でかかわりの多い教師を通じた支援が求められるのである。この考え方は，親を通じて子どもを支援していくペアレントトレーニングの考え方と共通する部分がある。最も違うのは，効果的な支援方法を教師が身につけたなら，その恩恵を受けることになる子どもの数はその他の介入法の比ではないという点である。臨床児童心理学の知見を学び，効果的な支援方法を身につけた教師が数多く教壇に立つことができたなら，一人ひとりの考えや支援はやがて大きなうねりとなっていくことだろう。

　以上のような視点に立って，臨床児童心理学の介入法として，治療，予防，コンサルテーションについて紹介していきたい。

1　治　療

（1）エビデンスに基づく子どもの心理療法

　この節では，臨床児童心理学における「治療（treatment, therapy）」について概説する。子どもを対象とした心理臨床の歴史において，数多くの心理学的技法が開発されてきた。これらの技法の中には有効性が科学的に実証されたものもあるが，十分な科学的根拠をもたないものもある。

レヴィット（Levitt, E. E.）は1957年と1963年に発表した展望論文の中で，それまでに行われてきた子どもを対象とした心理療法の効果は，治療を行わずに時間だけが経過した場合と差がないという辛辣な批判を述べている（Levitt, 1957; 1963）。上記の2つの論文は，合計してもわずか40件の研究を展望したものにすぎなかったが，当時の子どもの心理臨床家たちはこの批判に十分に反論できるだけのデータを持ち合わせていなかった。

　レヴィットの批判から50年以上が経過したことになるが，この間に世界中の心理臨床家たちは子どもの心理療法の有効性を示すデータを着実に積み重ねてきた。チョーピタ（Chorpita, B. F.）によれば，1965年から2009年までの間に出版された子どもの心理療法の効果研究に関する論文は世界中で435件に上るという（Chorpita et al., 2011）。こうした先人たちの努力が実り，レヴィットの批判はもはや時代遅れのものになった。現在では子どもを対象とした心理療法には効果があることが科学的に実証されており，さらには「どのような問題に，どの心理療法が効くか」という点までもが明らかにされつつある。

　アメリカ心理学会第53部会（臨床児童青年心理学部会）は，1998年と2008年の2度にわたって機関誌である*Journal of Clinical Child and Adolescent Psychology*（JCCAP）において特集を組み，子どもに対する心理療法の最新のエビデンスをまとめている（Loginan et al., 1998; Silverman & Hinshaw, 2008）。レヴィットの展望では「子どもを対象とした心理療法は効くか」という漠然とした問いが掲げられていたが，JCCAPの特集は多様な子どもの心の問題（たとえば，不安症，強迫症，トラウマ，うつ病，ADHD，自閉症，反抗挑戦症，素行症，物質使用，摂食障害など）のそれぞれについて，具体的にどのような心理療法の有効性が実証されているか，という臨床的に有意義な問いに応えうる内容となっている。

　同部会は上述の特集の成果をベースとして，子どもの心理療法のエビデンスを紹介するウェブサイトを開設した（www.effectivechildtherapy.com/）。このウェブサイトでは同部会の評価基準に基づき（表4-1，4-2，4-3），さまざまな心の問題に対してどのような心理療法が有効であるか，エビデンスの水準

表4-1　エビデンスに基づく子どもの心理療法の研究法基準

研究法基準（methods criteria）
- M1　グループデザインによる：ランダム化比較デザインを用いた研究である
- M2　独立変数が定義されている：治療マニュアルか，それと同等のものを用いて治療が行われている
- M3　対象者が明確にされている：選択基準によって抽出された単一の対象者集団に対し，特定の問題への治療が行われている
- M4　効果指標が測定されている：信頼性と妥当性のある効果指標を用いて，（少なくとも）標的となる問題が測定されている
- M5　分析の適切性：適切なデータ解析法が用いられ，予測される効果の検出に十分なサンプルサイズがある

表4-2　「十分に確立された治療法」「おそらく効果がある治療法」のエビデンス基準

レベル1：十分に確立された治療法

エビデンス基準（1-1と1-2を満たす）
- 1-1　以下の条件によって治療法の有効性が確認されている（aかbのいずれかを満たし，かつcを満たす）
  - 1-1a　プラセボ（偽薬もしくは心理学的プラセボ）か他の積極的治療よりも統計的に優れている
  - 1-1b　すでに十分に確立されている治療法と同等である（すなわち，統計的に差がない）
  - 1-1c　少なくとも2つの独立した研究機関において，それぞれ独立した研究チームが有効性を示している
- 1-2　研究法基準の5項目をすべて満たす

レベル2：おそらく効果がある治療法

エビデンス基準（2-1か2-2のいずれかを満たし，かつ2-3を満たす）
- 2-1　少なくとも2つの良好な効果研究によって，その治療法が待機群よりも（統計的に有意に）優れていることが示されている
- 2-2　「十分に確立された治療法」の1-1c以外の基準を満たす効果研究が1つ以上報告されている（独立した研究チームが含まれていない）
- 2-3　研究法基準の5項目をすべて満たす

が高い順に「十分に確立された（well-established）」「おそらく効果がある（probably efficacious）」「効果のある可能性がある（possibly efficacious）」「試験段階にある（experimental）」「効果がない（not effective）」の5段階に分類している（Southam-Gerow & Prinstein, 2014; 表4-4）。同部会は2013年以降，このウェブサイトを最新のエビデンスに基づいて常時更新することで臨床家への効果的

表4-3 「効果のある可能性がある治療法」「試験段階にある治療法」
「効果がない治療法」のエビデンス基準

レベル3：効果のある可能性がある治療法
エビデンス基準（3-1と3-2を満たすか，もしくは3-3を満たす） 3-1　少なくとも1つのランダム化比較試験によって，その治療法が待機群か未治療群よりも優れていることが示されている 3-2　研究法基準の5項目をすべて満たす 3-3　2つ以上の有効性を示す臨床試験があり，研究法基準M2〜M5のうち2つ以上を満たすが，ランダム化比較試験によるものではない
レベル4：試験段階にある治療法
エビデンス基準（4-1か4-2のいずれかを満たす） 4-1　ランダム化比較試験による効果検討が行われていない 4-2　1つ以上の臨床試験が行われているが，レベル3の基準を満たしていない
レベル5：効果がない治療法
エビデンス基準（5-1を満たす） 5-1　良好なグループデザインによる効果研究が行われたが，他の治療群か待機群よりも劣っていることが示されている 　　　すなわち，効果研究においてその治療法には有益な効果がないことのみが示されている

な情報提供の媒体とすることを決定した（Evidence Base Updates）。子どもの心理療法を実施している臨床家たちはこのウェブサイトを参照することで，自分が担当するケースにはどのような技法が奏功する可能性が高いのか，自分が今後新たに習得すべき技法はどのようなものであるか，判断するための指針とすることができるようになった。

　それぞれの心の問題に対して，最もエビデンスレベルの高い技法が心理療法としての第一選択肢となる。「十分に確立された治療法」がすでに存在する場合には，そのカテゴリーに含まれている技法をまずは用いるべきである。「十分に確立された治療法」がまだ存在しない場合には，「おそらく効果がある治療法」「効果のある可能性がある治療法」へと選択肢を順次求めることとなる。たとえば，あなたが注意欠如／多動症（ADHD）の子どもの心理療法を担当することになったとしたら，まずは「十分に確立された治療法」である行動療法が第一選択肢として考慮される。あるいは，あなたがADHDの子どもをクライエントとして担当することの多い職場で勤務していて，ADHDに対する行

第Ⅰ部　臨床児童心理学の基礎

表4-4　エビデンスに基づく子どもの心理療法

	十分に確立されている	おそらく効果がある	効果がある	効果のある可能性がある	試験段階にある	効果がない
自閉スペクトラム症	行動療法					
注意欠如/多動症	行動療法	複合的トレーニング		ニューロフィードバック	認知的トレーニング	社会的スキル訓練
反抗挑発症・素行症	個別親マネジメント訓練	個別認知行動療法 問題解決スキル訓練 集団主張性訓練 多次元治療児童養護 マルチシステミック療法		集団認知行動療法 集団親マネジメント訓練		
物質関連障害	集団認知行動療法 多次元家族療法 機能的家族療法	簡易方略的家族療法 行動指向型家族療法 マルチシステミック療法		個別認知行動療法 長所指向型家族療法 ミネソタモデル12ステップ		
うつ病（児童）	集団認知行動療法	行動療法			心理教育+親介入 家族療法	
うつ病（青年）	集団認知行動療法 個別対人関係療法	個別認知行動療法			読書療法 集団対人関係療法 支持的家族療法	
双極性障害	—	家族心理教育 +スキル形成		認知行動療法	弁証法的行動療法 対人関係・社会リズム療法	
不安（全般的な症状）	—	個別認知行動療法（子のみ） 集団認知行動療法（子のみ） 社会的スキル訓練 エクスポージャー		個別認知行動療法（親子） 集団認知行動療法（親子） 家族療法 親への認知行動療法		
限局性恐怖症				情動イメージ法 エクスポージャー 現実エクスポージャー+EMDR		
社交不安症		集団認知行動療法				
強迫症		個別認知行動療法 家族焦点型個別認知行動療法		家族焦点型集団認知行動療法	テクノロジー型認知行動療法	
心的外傷後ストレス障害	トラウマ焦点型認知行動療法	集団認知行動療法		レジリエント・ピア療法 子ども中心療法 EMDR 家族療法 親子療法		
神経性やせ症	家族療法					
神経性過食症				認知行動療法 家族療法	認知療法 支持的療法	

注：EMDR=眼球運動による脱感作および再処理法。
出所：アメリカ心理学会第53部会の公式ウェブサイト"Effective Child Therapy"をもとに作成（2014年9月現在）。

動療法をまだ習得していなかったとしたら、次に優先的に身につけるべき技法は行動療法である。一方で、社会的スキル訓練（SST）は単独の治療法としてはADHDに対して有効ではないことが示されている。したがって、今後新たにADHDに対する社会的スキル訓練の有効性を示すエビデンスが得られることでもない限りは、ADHDの子どもに特段の理由もなく社会的スキル訓練のみを実施することは適切ではないといえる。

ただし、治療技法の選択はエビデンスに無分別に従って機械的になされるべきではないことに留意する必要がある。治療技法はクライエントへのアセスメント、事例定式化、本人・保護者の意向、その他のさまざまな要因を総合的に考慮した臨床的判断によって適切に行われなければならない。一方で、すでに有効な心理療法のエビデンスが十分に確立されている子どもの問題に対して、エビデンスが得られていない技法を治療者の関心の有無のみに基づいて採用し、本人と保護者への十分な説明と同意がないままに実施するような行為は、言うまでもなく倫理的観点から慎まれるべきである。

（2）エビデンスの階層

アメリカ心理学会第53部会の"Evidence Base Updates"は心理療法に関する多くの研究を統合するものであったが、その基盤となっている一つひとつの研究の質について理解することも重要である。心理療法のエビデンスに関する論文にはさまざまな形式で書かれたものがあるが、エビデンスとしての信憑性を決定づけているのは「どの程度信頼できるデータに基づいて効果が示されているか」という一点に尽きる。心理療法のエビデンスは「ある」「ない」のような極端な形で考えるのではなく、「エビデンスの強さはどの程度か」という量的な考え方をとるとよい。より信頼の置ける方法で得られたデータに基づいて有効性が示されているほどエビデンスは強く、有効性を示す根拠がなかったり、あったとしても信頼の置けない方法でしかデータが得られていなかったりする場合にはエビデンスは弱いことになる。心理療法におけるエビデンスの信頼性を階層的に表すと、図4-1のようになる。

第Ⅰ部　臨床児童心理学の基礎

ピラミッド図：
強（エビデンス）↑
- メタ分析
- ランダム化比較試験
- その他の比較試験
- 一事例実験デザイン
- 観察（基礎）研究
- データを伴わない事例報告，臨床経験，専門家の意見
↓弱

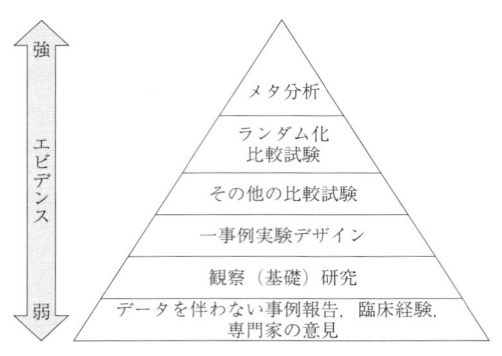

図4-1　心理療法におけるエビデンスの信頼性階層

　エビデンスの最下層に位置しているのが，「データを伴わない事例報告，臨床経験，専門家の意見」である。これらはすべて客観的なデータに基づいておらず，心理療法の効果に関する主観的な考えに基づく議論であるという点で共通している。しかしながら，データを伴わない議論であったとしても，臨床上有意義な示唆に富むものは多い。エビデンスに基づく心理療法の立場では，これらの主観に基づく議論すべてを無価値とみなして切り捨てるものではないことに留意しなければならない。事例報告，臨床経験，専門家の意見はデータの信頼性という観点からみれば確かにばらつきが大きいものであるが，臨床家たちに見識を示す重要な役割を果たしており，あらゆる心理臨床のエビデンスを支える基盤であるといえる。これらの議論から得られた臨床的知見は，客観的な検証を経ることで，より信頼性の高い知見へと集約される可能性をもっている。

　「観察（基礎）研究」は客観的なデータに基づく議論が含まれているという点で，「データを伴わない事例報告，臨床経験，専門家の意見」よりも信頼性が高く評価される。一方で，介入が実際に行われていないという点において，より上層のエビデンスよりも信頼性は低い。たとえば，ネガティブな思考と抑うつ症状をそれぞれ質問紙法で測定するという基礎研究において，両者の間に統計的に有意な関連が認められたとする。これをもって「ネガティブな思考を

変容する治療を行えば抑うつが改善する」という治療仮説を立てることは可能であるが、その治療が有効であるか否かは実際に治療を行ってみなければわからない。このように、基礎研究は治療効果についての仮説を構築する上では有益であるが、実際の治療効果を支えるエビデンスとして十分なものとはいえない（詳細は、第3章観察（基礎）研究も参照のこと）。

「一事例実験デザイン」は少数事例への実際の介入から得られる客観的データに基づく効果測定法である（詳細は第3章を参照）。一事例実験デザインでは通常の記述的な事例報告とは異なり、治療のプロセスを通して時系列的にクライエントの状態を測定してデータ化する（詳細は、第3章介入（実践）研究を参照のこと）。

一事例実験デザインの詳細については成書を参照されたい（バーロー・ハーセン，1997; Kratochwill & Levin, 2014）。一事例実験デザインは従来であればグラフを視認することで効果の有無を判断していたが、近年では条件間の差を統計的に確認する手法が確立している。代表的手法である Tau-U（Parker et al., 2011）を用いて図3-2のデータを解析すると、3名の被験者（A, B, C）のいずれにおいてもベースライン期から介入期にかけて標的行動が有意に増加していることがわかる（有意水準はすべて1%）。統計的な手法を用いることで、グラフから視覚的に読みとれる治療効果をより明確に示すことができる。

「ランダム化比較試験」と「その他の比較試験」は併せて説明する。単独の研究において治療効果を検証する最も信頼性の高い方法とされているのがランダム化比較試験（Randomized Controlled Trial: RCT）である。RCTでは同じ問題を示す対象者（たとえば、うつ病の子ども）をランダムに2つのグループに分け、片方のグループを介入群、もう片方のグループを統制群とする。介入群には効果を検証しようとする心理療法を実施し、統制群にはその心理療法を実施しない。[1]介入の前後で比較して介入群が統制群の治療成績を上回れば（もしくは、すでに有効性が明らかな介入と対等であれば）、その心理療法には効果があったと結論づけられる（詳しくは、トーガーソン・トーガーソン、2010を参照）。「その他の比較試験」はRCTの要件を満たさないものであり、グループ分けがラン

ダムに行われていない，統制群が設定されていないなどの不備な点が残されているものである。当然ながらデータの信頼性はRCTには及ばない。

「メタ分析」の位置づけは少々特殊である。図4-1ではエビデンスの信頼性階層の最も上位に描かれているが，メタ分析は単独の効果研究とは異なり，これまでに発表された良質な効果研究を統合して一定の結論を導き出す統計的手法である。ある心理療法についてすでに多くのRCTが行われている場合に，有効性を支持する論文と支持しない論文が存在することはしばしば起こる。これらの既存のエビデンスをメタ分析によって統合することで，その心理療法の有効性について統一的な見解を得ることができる（詳しくは，山田・井上，2012を参照）。目の前のクライエントが抱えている問題について，質の高いRCTを統合したメタ分析が出版されている場合には，治療選択の際の有力なエビデンスとして参照しておくべきである。

2 予 防

（1）予防の基本的発想

現在，「治療から予防へ」というフレーズが注目され，頻繁に見聞きするようになった。何らかの疾患を抱える前に日常の生活から改善し，病気にかかりにくい生活習慣を身につけようという試みの表れであろう。しかし，それらの多くは成人の身体疾患を対象としていることが多いのが現状である。我が国では，メンタルヘルスの領域において，予防という発想や実践は未だ少ない。世界中の知見に目を向けてみると，成人期のさまざまなメンタルヘルスの問題に，児童期の状態が大きく影響していることが明らかになっている。たとえば，児童期における不安症は，青年期でのうつ病を予測する可能性があることが示されている（Bittner et al., 2004）。また，幼児期や児童期の攻撃性，素行症などの行動上の問題は，成人期における反社会的行動を予測することや（Farrington, 1995），アルコール依存，薬物乱用，自殺など多くの社会生活上の問題と関連している（Robins & Rutter, 1990）。これらのことからも児童期における暴力行

第4章　臨床児童心理学の介入法

```
                    治療       ・診断されている子どもが対象
              Indicatedレベル    ・症状のある子どもが対象
           Selectiveレベル       ・リスク状態にある子どもが対象
         Universalレベル        ・すべての子どもが対象
```

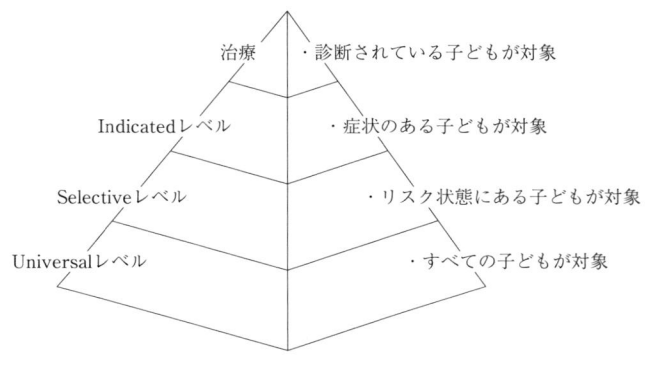

図4-2　メンタルヘルスの予防レベル
出所：石川ら，2006を一部改変。

為，攻撃性などの問題に対する予防も非常に重要な課題である。

　児童期における予防の基本的な発想は，何らかの症状や問題が起きてからの治療，対応ではなく，早期介入によるリスク要因の低減と保護要因の向上にある。現在，我が国における自殺者は，年間およそ3万人にのぼり，その原因のトップがうつ病を含む健康問題であることが報告されている（内閣府，2014）。上述したように成人期におけるメンタルヘルスの問題に，児童期のさまざまな要因が影響を及ぼしていることを考えれば，児童期のメンタルヘルスに対する予防の研究・実践が重要な意味をもつといえる。

（2）予防の枠組み

　アメリカ医学研究所では，予防的介入を対象者と疾病のリスクに焦点を当て，Universal（ユニバーサル）レベル，Selective（セレクティブ）レベル，Indicated（インディケイディド）レベルの3つに分類している（Mrazek & Haggarty, 1994）。この予防レベルを階層に分けたものを図4-2に示した。Universalレベルの介入は，リスクとは関係なく，すべての人々に適応されるものであり，Selectiveレベルの介入は，個人内要因や環境要因のために心理的問題を抱える人に適応される。また，Indicatedレベルの介入は，すでに中程度の症状を呈して

おり，将来的に障害の危険性が高いと判断された人に適応される。この3つのレベルのうち，SelectiveレベルとIndicatedレベルの介入は，いわば対象者を絞る介入である。SelectiveレベルとIndicatedレベルの対象者は診断基準を満たすまで至らなくても問題を抱えるリスクが高く，中程度の症状を呈している。一方で，Universalレベルの介入は，すべての児童を対象とするため特定の児童に対象を絞る必要がなく，学校のクラス単位で授業の一貫として介入プログラムが行えるという利点をもつ。

これまでの研究より，3つのレベルの介入のうちUniversalレベルの介入と比較して，SelectiveレベルとIndicatedレベルの介入効果が大きいことが示されている（Horowitz & Garber, 2006）。しかしながら，これはSelectiveレベルとIndicatedレベルの介入よりもUniversalレベルの予防プログラムの意義が小さいことを意味するものではない。Universalレベルの予防は，リスクとなる要因を多くもつ児童ももたない児童も含め，すべての児童を対象とする。より適応的な認知や行動をすでに身につけている児童も含まれるため，さまざまな適応的なモデリングを観察する要素が加わり，他の児童への般化が起こりやすくなると考えられている。また，現在何らかの症状や徴候を呈していなくても，将来体験する可能性のあるストレスフルな出来事に対処するための能力の習得を目指すことも可能となる。

(3) 予防におけるリスク要因と保護要因

児童の予防研究・実践においては，児童が精神的健康を維持していくためのリスク要因と保護要因の特定が重要な割合を占めている（Barrett & Turner, 2004）。リスク要因とは，何らかの疾患や問題を抱えてしまう確率を高める要因のことを指す。一方，保護要因とは，困難に直面したときの回復力を意味し，ストレスのダメージを和らげてくれるものである（第1章も参照）。すなわち，保護要因を有することは，何らかのメンタルヘルスの障害を抱えるリスクを低減させることになる（Coie et al., 1993）。表4-5と表4-6は，先行研究で指摘されている児童期のメンタルヘルスの問題に特化したリスク要因と保護要因

表4-5 児童期における精神病理学的なリスク要因

個人の要因
- 妊娠時合併症
- 出産時の脳損傷
- 神経化学的なアンバランス
- 未熟児早産
- 分娩外傷
- 低出生体重
- 出生児合併症
- 身体，知能障害
- 学習障害
- 身体的健康問題
- 養育者への不安定な愛着
- 低知能
- 扱いにくい気質
- 社会的スキルの不足
- 低い自尊心
- 衝動性
- 注意欠陥

家族的／社会的要因
- 10代の母親
- 母子・父子家庭
- 多すぎる家族
- 反社会的なモデルを示す家族の存在
- 虐待（暴力）
- 虐待（ネグレクト）
- 親の監視の不足
- 厳しく一貫性のないしつけ
- 夫婦間の不仲
- 長時間の親の失業
- 家族の犯罪率
- 親の物質使用・依存
- 親の精神疾患

学校の要因
- いじめ
- 仲間からの拒絶
- 不登校
- 不適切な行動管理
- 集団からの逸脱
- 学校での失敗

ライフイベントと状況
- 身体的，性的，言語的虐待
- 頻繁な転校
- 親の離婚
- 家族の死
- （家族も含め）重度の身体疾患
- 親の失業
- ホームレス
- 親の懲役刑
- 貧困
- 戦争や自然災害
- 他国への移住

地域，文化的要因
- 社会的経済的な不況
- 社会的，文化的な孤立
- 地域の暴力や犯罪に遭遇
- 劣悪な住宅環境
- 施設，輸送機関からの孤立

出所：Barrett & Turner, 2004を一部改変。

をまとめたものである。

　リスク要因を低減させ，保護要因を向上させるために有効性が示されているプログラムの技法を概観してみると，認知行動的な技法がその多くを占めている。これらのプログラムは，児童の不安・抑うつなどの内在化問題，攻撃性・

表4-6 児童期における精神病理学的な保護要因

個人の要因
- 落ち着いた気質
- 十分な栄養
- 家族との安定した愛着
- 平均以上の知能
- 学業
- 問題解決スキル
- 内的統制感
- 社会的コンピテス
- 社会的スキル
- 十分なコーピングスキル
- 楽観性
- 肯定的な自尊心

家族的/社会的要因
- 支援的な子育て
- 家族の調和
- 適度な人数の家族
- 2歳以上の年齢差の兄弟
- 家族が各々の責任を果たすこと
- 親以外の支援的な大人
- 家族内の強い規範

学校の要因
- 所属の感覚
- ポジティブな学校の雰囲気
- 必要な責任感
- 向社会的な仲間集団
- 責任が与えられ，役に立つ感覚をもつこと
- 成功のチャンスと成果への評価
- 暴力に対する学校の規範
- 学校と家庭の良好な関係
- 学校の質

ライフイベントと状況
- 重要な他者との関係（たとえば，信頼できる教師）
- 人生の重要なターニングポイントでのチャンスを利用できること
- 経済的な安定

地域，文化的要因
- 地域内のネットワーク
- 教会やその他のコミュニティグループへの参加
- 強い文化的アイデンティティと民族的プライド
- 地域サポートサービスへのアクセス
- 暴力に対する地域/文化的規範

出所：Barrett & Turner, 2004 を一部改変。

暴力行為など外在化問題に対して広く適用されている。また，これらのプログラムに含まれる個々の技法は，すでに症状や問題をもつ児童に対する治療技法として適用されてきただけでなく，より多くの児童青年を対象とする予防介入にその適用範囲を拡張してきている。つまり，児童の認知と行動に働きかけることは，症状の軽減という効果だけでなく，リスク要因の低減と保護要因の向上といった恩恵が得られる可能性がある。もちろん，ターゲットとなる対象，年齢，問題によって，適用される技法は異なる。しかし，いずれのプログラムにも共通しているのは，児童の認知と行動とその相互作用に働きかける点であ

る。現在，予防研究を整理すると認知と行動にアプローチすることが，児童期のみならず，成人期にみられるさまざまな心理的な問題の低減と予防に有用であることがわかる。

（4）予防的介入プログラムの実践

　国内外の児童における予防研究・実践を概観すると，攻撃性，破壊的行動，不安，抑うつ，ストレス反応などの問題に対して予防プログラムが適用され，その有効性が実証されている。まず，攻撃性，破壊的行動，素行症（素行障害）など児童の行動上の問題に対するUniversalレベルの予防プログラムは，児童の攻撃性の問題を大きく軽減させることが示されている（Conduct Problems Prevention Research Group, 2011）。文部科学省の「児童生徒の問題行動等生徒指導上の諸問題に関する調査」によると2012年度の暴力行為の件数は，小学校8,296件，中学校38,218件にのぼることが報告されている（文部科学省，2013）。教育現場において，児童の破壊的行動，暴力行為など行為の問題は，早急な対応が求められる問題となっている。たとえば，児童の攻撃行動をターゲットとした効果が実証された予防プログラムとして，Coping Power Prevention Programがあげられる（Lochman et al., 2008）。Coping Power Prevention Programは，情動調整，視点取得（相手の立場に立つ），アンガーマネジメント・スキル，社会的スキル，問題解決スキル，友人との葛藤に対処する能力，友人グループに入っていく能力，社会的問題解決を中心に構成されている。そして，このプログラムの実施によって，教師評価から攻撃性，外在化問題の軽減が示され，その効果は1年間のフォローアップでも維持されていることが示されている（Lochman & Wells, 2004）。

　また，早期（幼児・小学校低学年）からの行為の問題に焦点を当てた親と教師トレーニングの有効性も示されている（Webster-Stratton et al., 2008）。このプログラムは，教師，親，子ども本人を含めた内容で構成され，教師は，児童とその親とポジティブな関係を築くための教室マネジメントの方法，向社会的な社会的スキルをターゲットとしたプログラム，問題となる行動を示す児童への段

階的計画の設定などを学ぶ。そして，その計画と支援には親が積極的に参加するように促されることになる。さらに，児童は，社会的能力，情動の自己調整などの促進のために社会的スキルと問題解決スキルを学ぶ。このような親，教師，子どもを含めた介入の結果，学校と家庭における行為の問題が減少し，親と教師の子どもへの問題行動への対応スキルが向上することが示されている。

児童の内在化問題の中でも不安の問題および不安症は，最も頻度が高く，有病率の高い問題である（第8章も参照のこと）。児童の不安症予防を目的とする代表的な Universal タイプの予防プログラムに，FRIENDS プログラムがある。FRIENDS プログラムは，バレットら（Barrett et al., 1999）が開発した児童の不安症をターゲットとした認知行動的予防プログラムである。この FRIENDS プログラムを10歳から13歳の児童・青年に学校で実施した結果，介入群では統制群と比較して介入後に有意に不安症状と抑うつ症状が軽減し，これらの症状の予防にも有効であることが明らかにされている。

また，幼児期から児童期・思春期の不安症，うつ病を予防しようとする試みもはじまっており，いくつかの実証的な研究も報告されている（Rapee et al., 2005）。たとえば，ラペー（Rapee, 2013）は，幼児期から児童期・思春期の不安症を予防するためのプログラム Cool Little Kids を開発している。このプログラムは，6セッションの親を対象としたグループ介入である。プログラムの構成要素は，不安の性質を理解する心理教育，親が子どもの不安に対応するための原理と重要性の理解，親の過保護と不安の軽減，エクスポージャー，親の心配に対する認知再構成法である。このプログラムの結果，12ヶ月経過の時点で介入を受けた親の子どもは，統制群に比べて顕著な不安の減少を示した。このように幼児期から内在化問題を予防するプログラムも有効性が示されている。

抑うつ予防を目的とした介入プログラムとしては，認知行動的要素と社会的問題解決を主とした認知行動療法的介入プログラム The Penn Resiliency Program（PRP）がある（Gillham et al., 2007）。PRP は，主に児童期から青年期初期を対象に Universal レベル，Selective レベル，Indicated レベルの介入でも適応可能であり，メタ分析から効果サイズも検討されている（Brunwasser et al., 2009)。17の介入研究（2,498名）に対して，PRP が行われ，Universal レベルのプログラムと Selective・Indicated レベルを含めた Target レベルのプログラムの効果を検証している。結果から，Universal レベルと Target レベルは，ともに介入後とフォローアップ測定において，抑うつ症状の改善がみられた。

　我が国においても，児童を対象に予防を目的とした実践が行われ，有効性が示されている。たとえば，佐藤ら（2009）は，抑うつ予防を目的として，フェニックスタイムと名付けられた Universal プログラムを小学校で行っている。このプログラムは，心理教育，社会的スキル訓練，認知再構成法を中心とした全9回から構成されており，授業時間を利用して，学級単位で行う集団プログラムである。また，教師が自分の担任する学級の子どもに実施できるように作成されている。そのため，子どもたちが，認知行動的な技法を学校で級友と話し合い，楽しみながら進めていくという特徴をもっている。その結果，プログラムに参加した子どもたちは，プログラム前後で抑うつの軽減がみられ，その維持効果についても示されている。

　また，不安，抑うつなど特定の症状を予防する試みに加えて，身体症状，不機嫌・怒りなど日常の児童のストレスを包括的に捉えるストレスマネジメント・プログラムも行われている。ストレスマネジメントは，何らかの問題が生じてからの対処はもちろん，問題が生じる前の予防という視点からのアプローチも含んでいる。現在，欧米を中心に児童のストレスマネジメントの有効性が実証されている（Kraag et al., 2006）。たとえば，髙橋ら（2006）や髙橋・坂野（2010）は，小学校高学年児童（5，6年生児童）を対象にストレスマネジメント・プログラムを実践し，有効性を検討している。これらのプログラムは，心理教育，リラクセーション，ストレスコーピングの習得といった児童個人のストレス耐性を向上させることを目的に構成されている。プログラムの結果から，ストレス反応の低減，リラクセーション法の習得，"問題解決"，"サポート希求"，"気分転換"といったストレスコーピングの習得がみられている。

（5）予防研究・実践のこれから

最後に，児童臨床心理学における予防研究・実践について，将来の課題と方向性について整理したい。第1点目として，予防研究の最大の目的は，「予防」という言葉のもつ意味の通り，将来における何らかの疾病や問題を未然に防ぐことができたかどうかにある。この目的を検討するためには，長期間のフォローアップから予防効果を検証する必要がある。長期的な検証は，予防研究・実践の最終的な目的にほかならない。

第2点目として，各問題や症状に対する予防プログラムの限界と効用を整理する必要性があげられる。各発達段階や個人の特性に合わせて，どの認知行動的な技法を適用することが，最も効率よく効果を上げるかといったデータは蓄積されていない。今後は，これらの点を踏まえて詳細なエビデンスを示していくことが求められる。

3 コンサルテーション

（1）コンサルテーションとは

コンサルテーションとは，コンサルタントとコンサルティという2つの立場の専門家間における相互作用の1つの過程であり，コンサルティが抱えているクライエントに関する問題について，コンサルティが効果的に解決できるよう，コンサルタントがコンサルティに対して援助を行う関係を指す（Caplan, 1970）。コンサルタントとは，コンサルテーションによる支援や援助，知識などを提供する人を指し，コンサルティとは，コンサルタントから支援や援助，知識などを受ける人を指す。コンサルテーションにおいては，クライエントに直接的な援助を提供するコンサルティと，コンサルティと連携し，コンサルティを介してクライエントに間接的な援助を提供するコンサルタントがおり，コンサルタント―コンサルティ―クライエントの間に三者関係が存在するとされている（Brown et al., 1995）。

心理学を背景とするコンサルテーションは，キャプラン（Caplan, 1970）の提

唱した精神衛生コンサルテーション，バーガン＆クラトックウィル（Bergan & Kratochwill, 1990）に代表される行動コンサルテーション，アドラー派コンサルテーション（Sweeney, 1989 など）に大別される。その中でも，実証的根拠に基づく介入方法として，行動コンサルテーションの重要性が指摘されている（Williams, 2000）。行動コンサルテーションでは，実証的根拠を重視するため，いわゆる原因探しには固執せず，検証可能な，行動の維持にかかわっている要因に着目する。行動コンサルテーションの中にもいくつかのモデルがあり，問題解決モデル，行動変容モデル，バーガンモデル，社会・対人影響モデルなどがあるが（Erchul & Martens, 2002），特にバーガンモデルは問題の行動的記述や目標設定，コンサルティの解決支援，効果の評価といった手続きで構成されており（Bergan & Kratochwill, 1990），広くその有効性が支持されている（Sheridan et al., 2012 など）。行動コンサルテーションは，オペラント条件づけやレスポンデント条件づけ，社会的学習理論や認知行動理論など，さまざまな理論的背景をもちつつも，いずれにおいても量的な現象の記述，対象や標的行動の特定化，実証的根拠に基づく妥当性の保障が条件としてあげられているところに特徴がある（大石，2004）。

　ここまで簡単にコンサルテーションの概要について述べたが，本章では，教育・医療・福祉といったそれぞれの場面においてコンサルテーションがどのような役割を果たしているのか，具体的なコンサルテーションのあり方について，順を追ってみていくこととする。

（2）教育におけるコンサルテーション

　たとえば，クラスに攻撃的な行動が目立つ子どもがいるとしよう。このとき，基本的には担任教師が中心となり，この子どもに対する指導や支援を行うこととなる。通常，担任教師の指導によって，対象となる子どもの攻撃行動が減少したり，適応行動が増加したりすることが期待される。しかしながら，子どもの攻撃行動に変化が認められない場合や，担任教師が指導に自信をもてなくなってしまう場合もある。「なぜこの子は攻撃的な行動をやめないのだろう」「ど

こに原因があるのだろう」「私の指導方法が悪いのだろうか」と悩んでしまう教師もいるかもしれない。そのような状況に対し，教師と専門家が協働してかかわる形態が，学校コンサルテーションである。

学校コンサルテーションとは
　学校コンサルテーションにおいては，多くの場合，コンサルティが学校の教員，コンサルタントが巡回相談員やスクールカウンセラーなどの専門家，クライエントが児童生徒やその保護者となる。冒頭の例においては，対象となる子どもがクライエント，担任教師がコンサルティ，専門家がコンサルタントとなる。学校コンサルテーションにおけるコンサルタントに期待される役割は，単に問題解決のための知識や技能の教授にとどまらず，コンサルティの精神的な支えとしての役割を果たすことや，学校内外における支援ネットワークの拡充などの役割も求められる。すなわち，コンサルティである担任教師に対して，子どもの問題行動に関するアセスメントの観点を提示したり，問題解決のための方略を提示したりするだけではなく，担任教師を励ましつつ，子どものポジティブな変化に着目できるよう，支援を行うことが必要である。また，学校内で担任教師が孤立することのないよう，人間関係づくりに配慮する場合もある。加えて，問題行動の性質や重篤度に応じて，校長や教頭，あるいは担任教師とは異なる性別の教員と連携をとって，機能的役割分担を行うことや，医療機関，司法機関，行政機関など，学外の機関と連携を図る援助を行う場合もある。

　このような形で実施される学校コンサルテーションの目的としては，クライエントの抱える問題の改善があげられるが，それと同等，あるいはそれ以上にコンサルティ自身の問題解決能力や問題解決に対する自己効力感の向上が重視されるべきである。永続的にコンサルテーションを継続することが現実的ではない一方で，コンサルティが抱える問題は多岐にわたることが一般的である。そのような状況において，一つひとつの問題，一人ひとりの子どもの示す問題についてコンサルテーションを行うことは不可能であり，コンサルティ自身が，クライエント同様に，問題に対するセルフコントロール能力を身につけること

が重要である。そのためにも、コンサルタントからの一方的な指示によるコンサルテーションではなく、コンサルティとコンサルタントが協働して問題解決を図るコンサルテーションを行っていく必要がある。

学校現場における行動コンサルテーション

ここでは、先に述べた心理学を背景とするコンサルテーションのうち、行動コンサルテーションに焦点をあて、学校現場に当てはめて考えていくこととする。行動コンサルテーションには、①問題の同定、②問題の分析、③指導介入の実施、④指導介入の評価という4つの段階がある（Bergan & Kratochwill, 1990）。

学校現場において問題にあがる子どものうち、冒頭のような「攻撃行動」といった問題行動を示す子どもを例にあげても、それが「自傷行動」なのか「他害行動」なのか、あるいはその両方が認められるのか、行動観察に基づいて確認する必要がある。また、単に「攻撃行動」だけではなく、たとえば嘘をついたり、授業中に机に伏していたり、忘れ物をしたりと、1人の子どもを対象とした場合でも、複数の問題行動が認められる場合が少なくない。その場合、その子どもの問題として一括りにするのではなく、一つひとつの行動に分けて整理を行い、列挙された問題行動のうち、まずは1つを標的行動として選択する。これらの手続きを、問題の同定という。標的行動を選択する際には、重篤な問題、あるいは根本的な問題からかかわるというよりも、比較的軽微な問題、すぐに効果が出ることが期待される問題からかかわることが有効である場合が高い。なぜなら、重篤な問題からかかわると、結果的に介入の有効性を感じるまでに長い時間を要するために、問題が重篤であるために効果が出にくいのか、あるいは介入手続き自体が有効ではないために効果が出にくいのか、判断に時間がかかってしまうことが予測される。このような状況を回避するために、比較的軽微な問題からかかわることで、早期に介入手続きの有効性の判断が可能になる。そして介入の有効性が認められた場合には、その手続きを基盤として新たな標的行動にアプローチを行い、介入の有効性が認められない場合には、

すぐに介入手続きを見直すことになる。

　問題の同定によって標的行動を決定した後，問題の分析を行う。問題の分析は，先行事象―行動―結果事象によって成り立つ三項随伴性の枠組みに沿って行われる。先行事象とは，行動の起こるきっかけとなる事象であり，一方結果事象は，行動の結果として生じる，あるいは消失する事象を指す。たとえば，「友だちにからかわれる」という先行事象が提示された場合に，「自分の頭を何度もたたく」という自傷行動が出現し，「からかいがやむ」という結果が得られたとする。「からかい」は子どもにとって嫌なこと，すなわち嫌悪刺激であると考えると，自傷行動を示すことによって嫌悪刺激が消失することは子どもにとって好ましい事態であるために，自傷行動が維持する，と分析することが可能になる。

　このような問題の分析結果に基づき，指導介入の実施を行う。この際，原則として指導介入を行うのは教師などのコンサルティであるが，介入初期においては，コンサルタントが具体的な指導のモデルを示すために，直接クライエントにアプローチする場合もある。指導介入の方略は，問題の分析結果をふまえて，コンサルタントとコンサルティが協議して決める場合が多い。指導介入方略は，適応行動の獲得と問題行動の消失の2つの観点から設定される。適応行動の獲得とは，「自分の頭を何度もたたく」という問題行動と同様の結果が得られる行動で，かつ比較的望ましい行動を習得することが目的となる。たとえば「その場から離れる」，「やめてと相手に言う」などの行動が選択され，クライエントがこのような行動を表出することができるよう，コンサルティが中心となってかかわることになる。一方，問題行動の消失とは，「自分の頭を何度もたたく」行動が出現しないようにかかわることである。たとえば周囲からの注目がないという先行事象において自分の頭を何度もたたき，その結果として周囲からの注目が得られるという後続事象に遭遇すると，周囲からの注目という強化子を得るためには自分の頭を何度もたたくという行動が表出しやすくなる可能性が高い。そのような場合に，頭をたたく行動には意図的に注目をせず，頭をたたく行動が出現しないようにかかわることが，問題行動の消失である。

このように，適応行動の獲得と問題行動の消失の2つの観点をもちながらかかわることが基本方針となるが，特に適応行動の獲得に重点を置くことが望ましい。このほかにも，からかう友だちの方に指導を行い，頭をたたく行動の先行事象を消失させたり，適応行動が表出しやすいように，適応行動の先行事象を意図的に出現させたりするような先行事象の操作も行われる。先行事象の操作は，クライエント自身の理解度や言語能力などに依らずに実施が可能であり，比較的効果が出やすいという利点がある一方で，進級や進学などによって，先行事象の操作が困難な状況になると，効果は一気に減弱するという欠点がある。

最後に，指導介入の評価として，目標とするクライエントの行動変容が認められたのかという点について，数量的に評価が行われる。目標が達成された場合には，新たな標的行動に対して，コンサルティが独力で問題の同定から指導介入の評価までを行い，コンサルテーションの効果を確認することとなる。目標が達成されなかった場合には，問題の同定や問題の分析に戻って再度分析結果を修正し，介入方略を修正する必要がある。また，これらの効果が長期的に維持するのか，あるいは家庭やコンサルティ以外の先生とのかかわりなどの場面においても効果が認められるのか，という観点についても，コンサルティが主体となり，コンサルタントと共に確認していくこととなる。指導介入の評価の際には，コンサルティがコンサルタントと設定した介入方針に沿ってクライエントに対して指導を行ったか，という介入の厳密性も合わせて評価を行う必要がある。介入の前後において，複数の人間による参与観察など，直接的な行動観察を行うことで，コンサルティとクライエントの相互作用について客観的なデータを収集し，複数の観点からアセスメントを行うことも重要な観点である。

学校コンサルテーションにおいては，行動観察に基づいて収集できる情報に限界があることや，コンサルティのアプローチできる時間や場所に限界があること，三項随伴性に基づく機能的アセスメントにコンサルティが困難感を抱えやすいなどの制約が存在する場合があることを念頭におく必要がある。また，行動変容を裏付ける客観的なデータの収集を行うなどの手続き上のコストが高

いといった課題も存在する。このような問題に対して，まずはコンサルティ自身も支援の対象という観点から，問題の解決自体を焦らずに，収集可能な情報から整理していくことが，学校コンサルテーションにおける重要な最初の手続きであると考えられる。

（3）医療現場におけるコンサルテーション

医療現場におけるコンサルテーションの現状

　チーム医療，多職種協働が重要視されている昨今の医療現場において，コンサルテーションを担っている職種は心理士だけではない。リエゾン精神科医をはじめとする医師，リエゾン看護師やソーシャルワーカーなど多職種が担っており，その活躍が報告されている（本間，1991；高宮ら，2007；岩本，2012）。

　医療現場において必要とされるコンサルテーションには，多職種協働の現場における舵取り役として，専門的な知識や技術をもとにした問題への有効な対処方法の提供などの後方支援から，より専門性の高い他の施設へのリファーや地域との橋渡しまで多岐にわたっている。

心理士が医療現場でコンサルタントとして活躍できる強み

　医療現場において，医師や看護師が心理士から意見を求めたいことは，「どのような理由でこの患者さんはこうした問題行動をとるのか」「どのような刺激が不安定な精神状態を招くのか」「かかわる際のポイントはどこか」といったことであると福森（2010）は指摘している。一見すると問題行動や訴えが非常に多く，医療スタッフが対応に苦慮する患者と遭遇するケースがしばしばある。心理士はこうした患者の問題を，認知・行動・感情・身体・環境の各側面に関する情報収集とアセスメントをもとに整理する。さらに患者の問題行動や患者—医療スタッフ間に生じている悪循環について，行動理論をはじめとした心理学的見立てを行うとともに，対応のタイミングや対処方法について具体的なアドバイスを行っていく。このように患者と医療スタッフ間に生じている問題を心理社会的側面から整理し，問題解決を図っていく視点は心理士が得意と

する分野であるといえよう。

さらに、身体疾患に関連した問題の評価、疫学的問題や病気の性質に対する理解、うつ状態や不安などの一般的な心理学的問題への治療、また、身体科医に心理学的文献、評価、治療マニュアルの提供や紹介をすることや患者にとって地理的に利便性のある相談施設を紹介することなども、医療現場における心理士の役割として重要であるといえる（忽滑谷・中山，2007）。

加えて、対人援助職の中でも特にバーンアウトやストレス過多の状態に陥りやすいとされる看護師をはじめとした医療スタッフに、ストレスマネジメントなどのメンタルヘルスに関する心理学的教育や支援などを提供することができることも心理士の強みといえるであろう。

医療現場における子どもの心理社会的問題に関するコンサルテーション活動の特徴

医療現場における子どもの心理社会的問題に関するコンサルテーションの場合、心理士が子どもの心身の発達的段階や認知機能を考慮したアセスメントを行えることは、多職種連携の中でも重要な一役を担うといえよう。特に子どもでは、心の問題が身体症状や不定愁訴となって表面化しやすい。そうした心身の問題を抱えた子どもとその親にとって、小児科をはじめとした医療機関はファーストステップとして訪れやすい場所といえる。したがって、適切なアセスメントと支援を提供することができることは、心の問題を抱えた子どもにとって早期発見・早期対応が可能となる有益な場所になりえる。加えて、子どもの問題に関するコンサルテーション時には、親をはじめとした家族がキーパーソンになりうるため、同胞を含めた家族との連携やラポール形成も重要である。

医療現場における守秘義務への理解と果たすべき役割

さまざまなスペシャリストが存在し、患者の問題に協働であたることになるチーム医療の現場では、患者から得た情報を誰にどのような形で、どこまで伝えるべきかが1つの課題といえる。特に心理臨床に携わる専門家にとって、クライエントの守秘にかかわる問題は非常に重要な問題である。宮脇（2007）は

チーム医療では，傷病者に対して生物学的，心理学的，社会学的，倫理学的，実存的なかかわりが求められ，しかもその知識や情報を共有できる開かれた連携システムを構築していく必要性を指摘している。一方で，心理士が傷病者との1対1の関係性にこだわるあまり守秘義務を優先させてしまい，チームへの情報提供や他機関との役割分担が不十分となり，チーム医療に支障をきたす恐れがあると述べている（宮脇，2007）。つまり，心理士にとって患者との「秘密を守る」ことは大前提ではあるが，本来，共有されるべき情報であるにもかかわらず，心理士側の頑なな秘密保持の考え方のもとに本来の多職種協働が発揮されず，治療が滞ってしまったり，医師をはじめとした医療スタッフ側と患者側の対立構図を深めてしまったりする場合も少なくないのが現状なのである。これは多職種協働のチーム医療の現場において，最終ゴールである患者の治癒に貢献できていないことを意味しており，決して看過できない問題であるといえよう。

　重要なのは，守秘義務の傘の下に秘密保持のみに終始してしまうのではなく，クライエント本人からの同意が得られるような媒介者としての役割を心理士が発揮できるか否かという点である。守秘の問題は，自傷他害の恐れがある場合を除いて，その情報開示の是非の決定権はクライエント本人であることには変わりはない。そこで，情報共有の必要な場合には，心理士からクライエント本人に説明と同意を求めることが重要であるといえる。つまり，患者本人との面接を通して，医師をはじめとした他の医療スタッフに伝えられたくない点，伝えても構わない点を明らかにすることが肝要である。また，情報が伝えられることで，患者はどのような事態が生じるかもしれないと懸念しているのかを面接で扱い，誤解や不安を解消していくことが必要である。さらに，他の医療スタッフと情報共有することで得られるメリットについて伝えた上で，何をどこまで伝えても構わないか，どのような形であれば伝えても構わないか，といった伝える際の患者側の意向を面接で十分に掘り下げることこそが，チーム医療の一員として協働する心理士に必要とされるスキルであると考えられる。

第4章　臨床児童心理学の介入法

医療現場における他職種への情報の伝え方

　コンサルテーション活動をはじめとした他職種とのカンファレンスの際には，心理士の視点から必要な情報を的確に伝えられることが重要である。鈴木（2008）によると，医療現場における心理士に必要なスキルとは，自らの専門性を十分に理解した上で，患者の状態に見合う最適な支援はどのようなものかを他職種と話し合いながら考えていく力量であると指摘している。さまざまな職種がかかわることになる医療の現場において，コンサルティが誰なのか，誰にどのような形でフィードバックするのかを念頭に置き，起きている問題の悪循環を探り，介入のポイントを明らかにすることが肝要であるといえる。

　その際に重要となってくるのが，他の医療スタッフとの共通言語を用いたコミュニケーションである。つまり，伝える際には，現場の共通言語・概念を理解した上で，臨床心理学的なアセスメント結果や見立てがコンサルティに活用可能な形で届けられることが重要であるといえる。臨床心理学における抽象的な概念のみの説明では，チームの一員として医療現場での治療に参画することはできず，具体的な問題解決のプランを立案する手助けとならない。医療現場における記録技法として，POMR（problem oriented medical record system；問題志向型医療記録）の記載方法を理解し，SOAP形式による経過記録が作成できることは，医療現場で働く心理士として修得しておくべき知識とスキルである[2]。

チーム医療の一員として協働していくための日々の活動

　心理士の仕事は，医療現場ではまだ十分に認知されていないのが現状である。言い換えるとすれば，医師をはじめとした医療者側からすると，困ったことが起こっているとしても，どのような状況の際に，どのような方法で，何を目的として心理士に医療現場で仕事を依頼したらよいのかがわからないということである。

　病棟でのさまざまな問題について，心理士がどのような見立てを行っているのか，どのようなアプローチに重きを置いているのか，といった点も含めて，医師・看護師をはじめとした医療現場の他職種に理解してもらえることは非常

に重要である。併せて、人となりを知ってもらうことそのものも、医療現場における協働の際には重要であり、日々の些末な出来事も含めて、医療スタッフとコミュニケーションを積極的に図ることのできるスキルは必須であるといえよう。

（4）児童福祉領域におけるコンサルテーション

児童福祉領域におけるコンサルテーションの現状

児童福祉領域とはどのような領域を指すのであろうか。児童福祉とはすべての児童の健全育成を目指す福祉サービスのことであり、その実施の中核は児童相談所であると考えられる。児童相談所は都道府県や政令指定都市に設置が義務付けられた（児童福祉法第12条）、18歳未満の児童に関するあらゆる相談を受けている行政の相談機関である。児童相談所で受理した相談は社会、心理、医学、行動的側面から多面的な分析が行われ、援助方針が決定される（図4-3）。

厚生労働省が報告している相談種別において概観すると、件数からは知的障害や言語発達の障害に対する相談の方が多いことがわかる（図4-4）。児童相談所の主な業務としてイメージされやすい虐待相談は統計上養護相談として集計されているが、件数は年々増加し、児童虐待防止法施行前の1999年度に比べ、2012年度においては5.8倍に増加しており、その対応が求められているところである。受理した虐待相談への対応の多くは面接指導であるが、一部（2012年度で6.0％）は児童福祉施設への入所措置となる。このように児童相談所には児童の健全育成や権利擁護のために強制的措置を行うことが認められており、児童福祉施設でも生活上に制限をかける強制的措置を行うことがある。一時保護や親子分離といった強力な行政権限が与えられた行政機関であるため、職員にも職責の重大性に応じた専門性の獲得が求められている。しかし、児童自立支援施設、児童養護施設、情緒障害児短期治療施設などの児童福祉施設でも同様であるが、対象児童や対象児童を取り巻く環境の深刻化や多様化に伴うマンパワー不足は児童福祉領域において共通の問題といえる。

第4章　臨床児童心理学の介入法

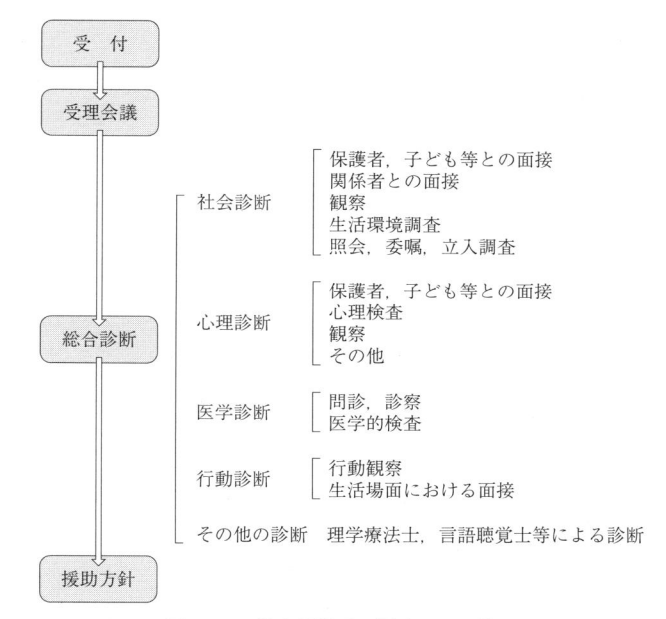

```
┌─────┐
│ 受　付 │
└──┬──┘
   ↓
┌─────┐
│受理会議│
└──┬──┘
   ↓
        ┌─ 社会診断 ┌ 保護者，子ども等との面接
        │          │ 関係者との面接
        │          │ 観察
        │          │ 生活環境調査
        │          └ 照会，委嘱，立入調査
        │
        │─ 心理診断 ┌ 保護者，子ども等との面接
┌─────┐│          │ 心理検査
│総合診断├┤          │ 観察
└──┬──┘│          └ その他
   │    │
   │    │─ 医学診断 ┌ 問診，診察
   │    │          └ 医学的検査
   │    │
   │    │─ 行動診断 ┌ 行動観察
   │    │          └ 生活場面における面接
   │    │
   │    └─ その他の診断　理学療法士，言語聴覚士等による診断
   ↓
┌─────┐
│援助方針│
└─────┘
```

図4‐3　児童相談所の援助までの流れ

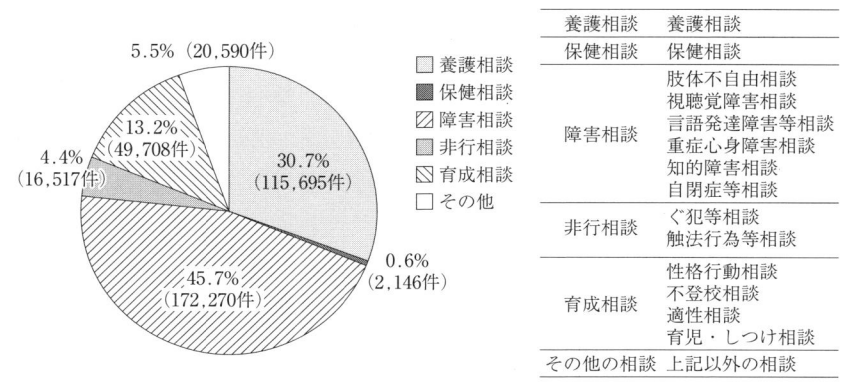

養護相談	養護相談
保健相談	保健相談
障害相談	肢体不自由相談 視聴覚障害相談 言語発達障害等相談 重症心身障害相談 知的障害相談 自閉症等相談
非行相談	ぐ犯等相談 触法行為等相談
育成相談	性格行動相談 不登校相談 適性相談 育児・しつけ相談
その他の相談	上記以外の相談

円グラフ：
- 養護相談　5.5%（20,590件）
- 保健相談　0.6%（2,146件）
- 障害相談　30.7%（115,695件）
- 非行相談　4.4%（16,517件）
- 育成相談　45.7%（172,270件）
- その他　13.2%（49,708件）

図4‐4　児童相談所の受付件数の内訳

出所：厚生労働省，2013より作成。

第Ⅰ部　臨床児童心理学の基礎

児童福祉領域におけるコンサルテーションの実態

では，上記のような状況の児童福祉領域におけるコンサルテーションはどのようなものになると考えられるだろうか。児童福祉領域での仕事に従事していれば，所属機関内部や関係機関の他職種にコンサルテーションを実施することがあるだろう。また，大学や医療機関等で児童を対象としている専門家もコンサルタントとなる機会があるかもしれない。その他の心理職が児童福祉領域でのコンサルテーションに類する機会を得るのは，定期的な場でのコンサルテーションではなく，ある程度関係性の構築された相手からの非公式的な形でのコンサルテーション（立ち話）か，複数のコンサルタントの1人としてのコンサルテーション（事例検討会）程度のものとなる。そこで，非公式的コンサルテーションの事例を紹介することを通じて，児童福祉領域におけるコンサルテーションの実態について示すこととしたい。なお，本事例はプライバシー保護のため，事例の趣旨が損なわれない範囲で修正を加えてある。

　クライエントは17歳女性の高校生である。サラリーマンの父親と専業主婦の母親との3人暮らしの生活をしている。小学校の頃，インフルエンザの流行を機に頻回に手洗いをしたり，タオルの使用回数が増えたりし，外出時にはマスクと手袋を着用するほどであったというエピソードがあった。中学校に進学すると，すべての教科で一番になりたいと熱心に学業に取り組むが，板書を写す作業に時間がかかり過ぎ，成績は低下していった。1年生2学期からは登校できなくなり，不眠，抜毛，偏食などの問題が発現し，精神科を受診した。服薬治療により状態は安定し，1年生の終わり頃から登校再開となったが，周囲の視線が気になりだし，2年生の夏頃から再び不登校となる。不登校のまま中学校卒業となり，そのままひきこもり状態が継続した。その後，再度精神科にて治療を行うが，効果を実感できずに中断となった。卒業後1年半ほど経過した頃（17歳）に，児童福祉領域の相談機関を利用するに至った。母子並行面接での支援が半年ほど続いており，経過の中で進学を希望して個別指導塾に通い，2年遅れて高校進学となり，数週間が経過した。

クライエントの高校進学と同時期に担当者が異動となり，相談機関内で引き継ぎが行われたが，相談機関の対象年齢は18歳未満であるため，紹介先を探しているとのことであった。コンサルティは母親の面接を担当していた社会福祉士であり，ひきこもり相談を受けている当機関にて引き継げないかという打診であった。

コンサルタントは，まず，高校進学に至った経過について確認した。コンサルティからは，いい大学に入ることに拘っているようで，日中のほとんどの時間を勉強に充てていたことが語られた。個別指導塾の利用はコンサルティからの提案であったという。次いで，クライエントの趣味についても確認した。クライエントは漫画が趣味で，落ちこぼれの高校生が，一流大学合格を目指すといった内容の漫画の影響で大学への進学も希望しており，面接中も漫画の話では笑顔が多くみられるとのことだった。コンサルティも漫画が好きで，そのことについてクライエントと話したこともあるという。

このクライエントについてのコンサルタントの理解（精神医学的理解は省略）は，何事も上手くやりたいと考えがちな人で，頓挫してしまったときに行動面の症状が発現した。中学校の1度目の不登校となったときに，自分だけでは対処できなくなったことで医療機関を利用し，服薬により安定を取り戻したが，再び対処できない事態に直面し，ひきこもり状態になった。ひきこもりは対処不能な状況からの回避として機能しているが，相談機関を利用するようになってからの持ち直しには，相談機関のかかわりによる自尊感情の回復と現実的な対処方法を伝えたことが寄与したと考えた。直近では対処すべき問題は生じていないが，経過の中で成績低下につながる過度な頑張りへの予防的対処，人目を気にすることへの対応や，再度困ったときに相談できる体制を整えることが必要と思われた。また，コンサルティは現実的な対処法を示すことでクライエントとの良好な関係を築き，直近の問題が解決した以後の予防的関わりを考えている様子があり，クライエントへの影響力が期待されると考えられた。

コンサルテーションの場面ではコンサルティを介してクライエントを理解し

ていくことが必要になる。その部分で家族を介してクライエントを理解する家族面接に近いかもしれない。家族面接において、家族は家族自身が困っているという意味での①クライエントとしての側面と、②クライエントへの働きかけを担う共同治療者の側面とがある。そして、面接の段階に応じて、比重が前者から後者へと推移していく。児童福祉領域におけるコンサルテーションでは、時間的、役割的制約上、クライエントを理解するのと並行して、目の前のコンサルティが①と②の比重を早期に判断することが重要になる。そして、児童福祉領域において「非公式的」コンサルテーションをする場合には、①が中心で、コンサルティが前向きにクライエントとかかわっていけるような気持ちになってもらうことを目標とすることが多い。②の場合、次に考えるべきは、共同治療者として何ができるかである。また家族面接同様、もっともらしいアドバイスを与えれば、その通りに動いてくれるわけではないという前提がある。つまり、ケースフォーミュレーションを用いて、コンサルティとクライエントとの関係やコンサルタントとコンサルティの関係も検討する必要がある。

　たとえばコンサルティに対して、よく「クライエントはあなたをどう思っていると思うか？」という質問をするとする。この質問を通じて、コンサルタントは、クライエントのことだけでなく、コンサルティのことを理解する手掛かりを得る。先述の事例では、コンサルティはクライエントの進学を問題の一環と捉えており、コンサルティのかかわりはその点について影響を及ぼさないだろうと考えているようであった。そこで、コンサルタントはクライエントの健康な部分に注目し、コンサルティがクライエントの健康な部分に寄与していることに気づかせるよう、コンサルティ自身にクライエントが笑顔になったかかわりについて語ってもらった。すると、コンサルティは今後かかわれる機関に紹介するのに加えて、数回は同行するとのことだった。

　年齢超過に伴う終結が控えた事例であり、テーマは終結の仕方であった。コンサルタントからは、「どうすればクライエントは今後も笑顔でいられると思うか？」と端的な質問を尋ねただけであった。そのことによって、コンサルティの問題の捉え方に変化がみられ、ケースにおける短期的な方針が決定するこ

ととなった。

児童福祉領域におけるコンサルテーションでの留意点

本節では精神保健領域の心理士が経験した事例を交え，児童福祉領域のコンサルテーションについて報告した。児童福祉領域は幅広く，今回は相談機関をとりあげたが，入所施設となると異なるコンサルテーションが求められ，コンサルタントの立場によっても求められる役割が異なってくると考えられる。

しかしながら，現代の児童福祉領域における環境の深刻化や多様化に伴う人的不足を考慮すると，非公式的な場面において，いかに短時間で効率的にコンサルテーションを行うかが非常に重要である。そのために，どのような質問によって，コンサルティとクライエントの情報を得て，どのような発言によって，コンサルティへの示唆を与えるか，日々の臨床活動の中で頭を悩ませておかなければならないといえるだろう。著者の日々の実践において，行動の原因ではなく機能を捉える行動モデルは，コンサルタントとコンサルティ，コンサルティとクライエント，それぞれのかかわりを整理するために有用と考えている。本稿がコンサルテーションの議論の呼び水になれば幸いである。

注
(1) 統制群のバリエーションとして，何も行わない（未治療，ウエイティングリストなど），有効性が明らかな介入をせず他の介入をする（偽薬，資料配付，通常のケアなど），有効性が明らかな介入をする，といったものがある。
(2) POMR（problem oriented medical record system; 問題志向型医療記録）とは，ウィード（Weed, L. L., 1968）によって提唱された POS（Problem Oriented System; 問題志向型システム）を実施するための医療記録の方法である。患者の基礎情報，問題リスト，初期計画，経過記録，退院時要約と記録監査から構成される。このうち，経過記録では，S（Subjective; 患者が提供する主観的情報），O（Objective; 医療者が明らかにした客観的情報），A（Assessment; アセスメント），P（Plan; 治療・支援計画）の4つの構成要素から記載することが求められ，各頭文字をとって SOAP 形式と呼ばれる。

文 献

Barrett, P. M., Lowry-Webster, H., & Turner, C. (1999). *FRIENDS program for children*. Brisbane: Australian Academic Press.

Barrett, P. M., & Turner, C. M. (2004). Prevention of childhood anxiety and depression. In P. M. Barrett, & T. H. Ollendick, (Eds.), *Handbook of interventions that work with children and adolescents: Prevention and treatment*. Chichester, England: John Wiley & Sons Ltd. pp. 429-474.

バーロー, D. H.・ハーセン, M. (著) 高木俊一郎・佐久間徹 (監訳) (1997). 一事例の実験デザイン——ケーススタディの基本と応用　二弊社

Bergan, J. R. & Kratochwill, T. R. (1990). *Behavioral consultation and therapy*. New York: Plenum Press.

Bittner, A., Goodwin, R. D., Wittchen, H. U., Beesdo, K., Höfler, M., & Lieb, R. (2004). What characteristics of primary anxiety disorders predict subsequent major depressive disorder? *The Journal of Clinical Psychiatry, 65*, 618-626.

Brown, D., Pryzwansky, W. B., & Schulte, A. C. (1995). *Psychological consultation: Introduction to theory and practice*. Boston: Allyn & Bacon.

Brunwasser, S. M., Gillham, J. E., & Kim, E. C. (2009). A meta-analytic review of the Penn Resiliency Program's effect on depressive symptoms. *Journal of Consulting and Clinical Psychology, 77*, 1042-1054.

Caplan, G. (1970). *The theory and practice of mental health consultation*. New York: Basic Books.

Chorpita, B. F., Daleiden, E. L., Ebesutani, C., Young, J., Becker, K. D., Nakamura, B. J., Phillips, L., Ward, A., Lynch, R., Trent, L., Smith, R. L., Okamura, K., & Starace, N. (2011). Evidence-based treatments for children and adolescents: An updated review of indicators of efficacy and effectiveness. *Clinical Psychology: Science and Practice, 18*, 154-172.

Coie, J. D., Watt, N. F., West, S. G., Hawkins, J. D., Asarnow, J. R., Markman, H. J., Ramey, S. L., Shure, M. B., & Long, B. (1993). The science of prevention: A conceptual framework and some directions for a national research program. *American Psychologist, 48*, 1013-1022.

Conduct Problems Prevention Research Group. (2011). Effects of the Fast Track preventive intervention on the development of conduct disorder across childhood. *Child Development, 82*, 331-345.

Erchul, W. P. & Martens, B. K. (2002). *School consultation: conceptual and empirical based of practice.* New York: Kluwer Academic/Plenum Publishers.

Farrington, D. P. (1995). The development of offending and anti-social behaviours from childhood: key findings from the Cambridge Study in Delinquent Development. *Journal of Child Psychology and Psychiatry,* 36, 929-964.

福森高洋・松本京介（編）馬場謙一（監修）（2010）．医療心理臨床の基礎と経験　日本評論社，pp. 178-194.

Gillham, J. E., Reivich, K. J., Freres, D. R., Chaplin, T. M., Shatté, A. J., Samuels, B., Elkon, A. G., Litzinger, S., Lascher, M., Gallop, R., & Seligman, M. E. (2007). School-based prevention of depressive symptoms: A randomized controlled study of the effectiveness and specificity of the Penn Resiliency Program. *Journal of Consulting and Clinical Psychology.* 75, 9-19.

本間博彰（1991）．小児科とのコンサルテーション・リエゾン精神医学　精神科 Mook, 27, 46-52.

Horowitz, J. L., & Garber, J. (2006). The prevention of depressive symptoms in children and adolescents: A meta-analytic review. *Journal of Consulting and Clinical Psychology,* 74, 401-415.

石川信一・戸ヶ崎泰子・佐藤正二・佐藤容子（2006）．児童青年の抑うつ予防プログラム——現状と課題　教育心理学研究，54, 572-584.

岩本喜久子（2012）．小児緩和ケアに携わるソーシャルワーカーの役割——海外の実践から考える日本でのソーシャルワーカーの活躍と役割　小児科診療，7, 1207-1212.

厚生労働省（2013）．平成24年度福祉行政報告例の概況　結果の概要（http://www.mhlw.go.jp/toukei/saikin/hw/gyousei/12/index.html）

厚生労働省雇用均等・児童家庭局長（2005）．児童相談所運営指針の改正について（雇児発第0214003号，平成17年2月14日）（http://www.mhlw.go.jp/bunya/kodomo/dv-soudanjo-kai-honbun.html）

Kraag, G., Zeegers, M. P., Kok, G., Hosman, C., & Abu-Saad, H. H. (2006). School programs targeting stress management in children and adolescents: A meta-analysis. *Journal of School Psychology,* 44, 449-472.

Kratochwill, T. R., & Levin, J. R. (2014). *Single-case intervention research: Methodological and statistical advance.* Washington DC: American Psychological Association.

Levitt, E. E. (1957). The results of psychotherapy with children: An evaluation.

Journal of Consulting Psychology, 21, 189-196.

Levitt, E. E. (1963). Psychotherapy with children: A further evaluation. *Behaviour Research and Therapy, 60*, 326-329.

Lochman, J. E., & Wells, K. C. (2004). The Coping Power program for preadolescents aggressive boys and their parents: Outcome effects at the one-year follow-up. *Journal of Consulting and Clinical Psychology. 72*, 571-578.

Lochman, J. E., Wells, K. C., & Lenhart, L. A. (2008). *Coping Power child group program: Facilitator guide.* New York: Oxford University Press.

Loginan, C. J., Elbert, J. C., & Johnson, S. B. (1998). Empirically supported psychosocial interventions for children: An overview. *Journal of Clinical Child and Adolescent Psychology, 27*, 138-145.

宮脇稔（2007）．医療心理師が果たしてきたこれまでの役割と今後の期待　臨床精神医学，36(2)，157-160．

文部科学省（2013）．平成24年度「児童生徒の問題行動等生徒指導上の諸問題に関する調査」結果について（http://www.mext.go.jp/b_menu/houdou/25/12/1341728.htm）（閲覧日：2014年1月24日）

Mrazek, P. J., & Haggarty, R. J. (1994). *Reducing the risks for mental disorders: Frontiers for preventive interventions research.* Washington D. C.: National Academy Press.

内閣府（2014）．自殺対策～平成25年の状況について～（http://www8.cao.go.jp/jisatsutaisaku/toukei/h25.html）（閲覧日：2014年3月28日）

忽滑谷和孝・中山和彦（2007）．チーム医療によるコンサルテーション・リエゾン医療——臨床心理士の役割　臨床精神医学，36(6)，721-724．

大石幸二（2004）．北米における学校支援のためのコンサルテーションの実践　加藤哲文・大石幸二（編）特別支援教育を支える行動コンサルテーション——連携と協働を実現するためのシステムと技法　学苑社

Parker, R. I., Vannest, K. J., Davis, J. L., & Sauber, S. (2011). Combining non-overlap and trend for single case research: Tau-U. *Behavior Therapy, 42*, 284-299.

Rapee, R. M. (2013). The preventative effects of a brief, early intervention for preschool-aged children at risk for internalizing: follow-up into middle adolescence. *Journal of Child Psychology and Psychiatry. 54*, 780-788.

Rapee, R. M., Kennedy, S., Ingram, M., Edward, S. L., & Sweeney, L. (2005). Prevention and early intervention of anxiety disorders in inhibited preschool children. *Journal of Consulting and Clinical Psychology*, 73, 488-497.

Robins, L. N., & Rutter, M. (Eds.) (1990). *Straight and Devious Pathways from Childhood to Adulthood*. Oxford: Oxford University Press.

佐藤寛・今城知子・戸ヶ崎泰子・石川信一・佐藤容子・佐藤正二 (2009). 子どもの抑うつ症状に対する学級規模の認知行動療法プログラムの有効性　教育心理学研究, 57, 111-123.

Sheridan, S. M., Bovaird, J. A., Glover, T. A., Garbacz, S. A., Witte, A., & Kwon, K. (2012). A randomized trial examining the effects of conjoint behavioral consultation and the mediating role of the parent-teacher relationship. *School Psychology Review*, 41(1), 23-46.

Silverman, W. K., & Hinshaw, S. P. (2008). The second special issue on evidence-based psychosocial treatments for children and adolescents: A 10-year update. *Journal of Clinical Child and Adolescent Psychology*, 37, 1-7.

Southam-Gerow, M. A., & Prinstein, M. (2014). Evidence base updates: The evolution of the evaluation of psychological treatments for children and adolescents. *Journal of Clinical Child and Adolescent Psychology*, 43, 1-6.

鈴木伸一 (2008). 医療心理学の新展開――チーム医療に活かす心理学の最前線　鈴木伸一 (編) 北大路書房, pp. 2-18.

Sweeney, T. J. (1989). *Adlerian counseling: A practical approach for a new decade Third Edition*. Novato: Accelerated Development.

髙橋高人・坂野雄二 (2010). 児童に対するコーピングの多様性に焦点を当てたストレスマネジメントの効果　ストレスマネジメント研究, 7, 25-31.

髙橋高人・百々尚美・大澤香織・金井嘉宏・坂野雄二 (2006). 児童におけるリラクセーションを用いたストレスマネジメントの効果　ストレスマネジメント研究, 3, 35-40.

高宮静男・松原康策・針谷秀和・磯部昌憲・佐藤淋明・植本雅治 (2007). チーム医療によるコンサルテーション・リエゾン精神医療――精神科医の役割　臨床精神医学, 36(6), 709-714.

トーガーソン, D. J.・トーガーソン, C. J. (著) 原田隆之・大島巌・津富宏・上別府圭子 (監訳) (2010). ランダム化比較試験 (RCT) の設計――ヒューマンサービス, 社会科学領域における活用のために　日本評論社

Webster-Stratton, C., Reid, M. J., & Hammond, M. (2001). Social skills and problem solving training for children with early-onset conduct problem: Who benefits? *Journal of Child Psychology and Psychiatry*, 42, 943-952.

Webster-Stratton, C., Reid, M. J., & Stoolmiller, M. (2008). Prevention conduct problems and improving school readiness: evaluation of the Incredible Years Teacher and Child Training Program in high-risk schools. *Journal of Child Psychology and Psychiatry*. **49**, 471-488.

Weed, L. L. (1968). Medical records that guide ane teach. *The New England Journal of Medicine,* **278**, 593-600.

Williams, W. L. (2000). Behavioral consultation. In J. Austin, & E. J. Carr (Eds.), *Handbook of applied behavior analysis*. Reno: Context Press, pp. 375-397.

山田剛史・井上俊哉（2012）．メタ分析入門――心理・教育研究の系統的レビューのために　東京大学出版会

第 II 部

臨床児童心理学の展開

郵便はがき

```
6 0 7 - 8 7 9 0
```

料金受取人払郵便

山科局承認

1242

差出有効期間
平成29年7月
20日まで

（受　取　人）
京都市山科区
　　日ノ岡堤谷町１番地

ミネルヴァ書房

読者アンケート係 行

◆　以下のアンケートにお答え下さい。

お求めの
　書店名＿＿＿＿＿＿＿＿＿＿＿市区町村＿＿＿＿＿＿＿＿＿＿＿＿＿＿＿＿＿＿書店

＊　この本をどのようにしてお知りになりましたか？　以下の中から選び、３つまで○をお付け下さい。

　　A.広告（　　　　　）を見て　B.店頭で見て　C.知人・友人の薦め
　　D.著者ファン　　　E.図書館で借りて　　　　F.教科書として
　　G.ミネルヴァ書房図書目録　　　　　　H.ミネルヴァ通信
　　I.書評（　　　　　）をみて　J.講演会など　K.テレビ・ラジオ
　　L.出版ダイジェスト　M.これから出る本　N.他の本を読んで
　　O.ＤＭ　P.ホームページ（　　　　　　　　　　）をみて
　　Q.書店の案内で　R.その他（　　　　　　　　　　　　　　）

書 名　お買上の本のタイトルをご記入下さい。

◆上記の本に関するご感想、またはご意見・ご希望などをお書き下さい。
　文章を採用させていただいた方には図書カードを贈呈いたします。

◆よく読む分野（ご専門）について、3つまで○をお付け下さい。
　1. 哲学・思想　　2. 世界史　　3. 日本史　　4. 政治・法律
　5. 経済　　6. 経営　　7. 心理　　8. 教育　　9. 保育　　10. 社会福祉
　11. 社会　　12. 自然科学　　13. 文学・言語　　14. 評論・評伝
　15. 児童書　　16. 資格・実用　　17. その他（　　　　　　　）

| 〒 |
| ご住所 |
| Tel （　　） |

| ふりがな | 年齢 | 性別 |
| お名前 | 歳 | 男・女 |

| ご職業・学校名 |
| （所属・専門） |

| Eメール |

ミネルヴァ書房ホームページ　http://www.minervashobo.co.jp/
＊新刊案内（DM）不要の方は × を付けて下さい。　□

第5章
子どもの自閉スペクトラム症

　臨床児童心理学について学び，実践を行う中で，今や発達障害に関する知見を無視することはできない。なぜなら，うつや不安や強迫といった症状，あるいは不登校や他害行動といった不適応状態には，その一次的な背景要因として発達障害の特性が関連している事例が少なくないからである。特に本章で解説する自閉スペクトラム症（Autistic Spectrum Disorder: 以下，ASDとする）については，その特性に対する適切な理解に基づいた，アプローチの「質」について問われ続けることになる。

　今日「自閉症」という言葉がメディアなどを介して浸透しつつはあるものの，彼らの特性やニーズを把握し，彼らに必要な支援を計画できる者は，残念ながらそれほど多くはないのが現状であろう。臨床児童心理学を学び実践する者には，科学的知見に基づき適切な介入計画をデザインすることが求められることになり，ASDをはじめとする発達障害支援の専門家としての役割が期待されることになる。

　ASDをはじめとする発達障害は，現在のところ医学的に根本治療することはできない。また，ASDを「人の多様性の一表現型」であると捉えるならば，「そもそも『治療』の対象にするべきなのか？」「彼らに対するアプローチを『治療』と呼ぶことは適切なのか？」いう議論も必要であろう。ASDにかかわる臨床家には，ASDのある個人の適応状態をいかにつくり出すのかという「適応支援」の形を模索することが求められる。これは「元の状態に戻す」という意味での「治療」とは異なる発想に基づいた営みである。

第Ⅱ部　臨床児童心理学の展開

1　ASDとは

（1）ASDの定義

　「自閉症」の起源は，カナー（Kanner, 1943）にまで遡ることができる。カナー（1943）による11名の子どもに関する臨床報告以来，「自閉症（autism）とは何か？」に関する数多くの議論と研究が積み重ねられてきた。現在，「自閉症（自閉スペクトラム症）」の医学的な診断が行われる際には，行動的に定義された診断基準が用いられている。アメリカ精神医学会の「精神疾患の分類と診断の手引き（Diagnostic and Statistical Manual of Mental Disorders: DSM）」と世界保健機関の「国際疾病分類（International Statistical Classification of Diseases and Related Health Problems: ICD）」の2つがその代表的なものである。

　DSMにおいては，2013年に第4版から第5版への改訂が行われ，従来の「広汎性発達障害（Pervasive Developmental Disorder: PDD）」のサブカテゴリーに位置づけられていた「自閉性障害」「小児期崩壊性障害」「レット障害」「アスペルガー障害」「特定不能の広汎性発達障害」が「自閉スペクトラム症（Autism Spectrum Disorder: ASD）」へと統合された（なお，レット障害については，その原因がX染色体の異常にあることが明らかにされ，ASDとの関連が認められないため，この診断カテゴリーからは除外されている）。

　現時点における「自閉スペクトラム症」の定義として，このDSM-5の診断基準を援用することに差し支えはないであろう。DSM-5におけるASDの診断基準を表5-1に示す。従来のPDDは，①対人関係の障害，②コミュニケーションの障害，③制限された反復的および常同的な興味および行動，の3領域の症状により特徴づけられていたが，ASDにおいては①と②がまとめられ，2領域の症状に集約されている。なお，現在，ASDの神経生理学的所見やバイオマーカーによる判定に関する研究が進められているが，現時点においては先述した通り原則的にその行動特性によって定義され，診断がなされる。

　また，DSM-5においては，ASDとは独立した診断カテゴリーとして，「社

表5-1 DSM-5におけるASDの診断基準

A　対人コミュニケーションおよび対人的相互交流の継続する障害で、現在および過去の様々な場面で以下の状態で現れる（例は参考のための記載で、網羅しているわけではない；テキストを参照のこと）。
　① 対人―情緒的な相互性の障害；その範囲は、例えば、異常な対人的接近や正常の発話の交換ができないことから、興味、情緒、感情を他者と共有することの乏しさ；対人的相互交流を開始すること、他者からの対人的交流に反応することの不全にまで及ぶ。
　② 対人的相互交流のために用いられる非言語的コミュニケーション行動の障害；その範囲は、例えば、言語と非言語的コミュニケーションがうまく統合されていないことからアイ・コンタクトやボディ・ランゲージの異常、表情や身振りの完全な欠如にまで及ぶ。
　③ 対人関係を築くこと、維持すること、理解することの障害；その範囲は例えば、多様な社会的状況で適切にふるまうために行動を調整することの困難からごっこ遊びの共有や友人をつくることが難しいこと、仲間への関心の欠如にまで及ぶ。
B　限局された反復的な行動や興味、活動で、以下の少なくとも2つが現在あるいは過去にみられる（例は参考のための記載で、網羅しているわけではない；テキストを参照のこと）。
　① 常同的／反復的な運動、物の使用、あるいは会話（例：単純な常同運動、物並べや物を弾く、エコラリア、独特の表現など）。
　② 同一性への固執、ルーチンへの頑なな固着、言語あるいは非言語的行動の儀式的パターン（例：些細な変化に対して極端な苦痛を感じる、変化に対する適応困難、固着した思考パターン、儀式的挨拶、毎日同じ道順を通ったり同じ食べ物を食べる必要がある）。
　③ 強度や集中の仕方が異常な程度に高度に限局的で固着した興味（例：変わった物への強い執着や没頭、極めて限局的あるいは固執的な興味）。
　④ 感覚刺激に対する反応性亢進あるいは反応性低下、あるいは環境の感覚的側面に対する異常なほどの興味（例：痛み／熱さ／冷たさに対する明白な無反応、特定の音や感触に対する嫌悪反応、過度に物の匂いを嗅いだり、触ったりすること、光や動く物体に魅惑される）。
C　症状は児童期早期に存在しなければならない（しかし、周囲からの社会的要求が能力の限界を超えるまでには完全に顕在化しないことや、学習によって身についた方略によって隠されていることがある）。
D　症状によって社会生活、職業、あるいは他の領域の現在の機能が臨床的に障害されている。
E　これらの障害は知的障害（知的発達障害）つまり全般的な発達の遅れでは説明できない。知的障害と自閉症はしばしば合併する。自閉スペクトラム症と知的障害の重複診断を下すためには対人コミュニケーションの程度は全般的な発達の水準よりも重度でなければならない。

出所：日本語訳は内山、2013による。

会的コミュニケーション障害（Social Communication Disorer: SCD）」が採用されている。「対人コミュニケーションに明白な障害があるが、ASDの診断に該当しない場合は、SCDについて評価されるべきである」と位置づけられているが、SCDについての診断や評価、支援の方法については専門家の間でも十分な議論があるわけではなく、研究蓄積も乏しいので今後ASDとの鑑別をめ

ぐる混乱も予想される（内山，2013）。

（2）ASDに関する疫学的データ

　自閉症のある人々は，どのくらいの割合で存在するのだろうか。1960〜70年代の調査では，自閉症の頻度は0.04〜0.05％であり，極めて稀な障害であると考えられていた。しかし，2000年以降に「自閉症スペクトラム」の概念が浸透すると，その数値は一気に跳ね上がり，1〜2％という頻度が報告されるようになった（鷲見，2013）。

　この増加傾向の要因としては，診断基準が変遷したことにより，診断される範囲が広がったこと，そして，スクリーニング体制が整備されたことによって「見かけの数」が増加したことが指摘されている。一方で「父親の高年齢」，「体外受精」，「出生時低体重」，「多産」，「妊娠中母胎感染症」，「大気汚染」などの環境要因が自閉症に影響していることが指摘されており（中村，2013），そのような環境の変化によって「真の数」も増加しているという説もあるが，現時点において一定のコンセンサスは得られていない。また，宮本（2003）は，男女比は3〜4：1で男児の方が多いこと，4人に3人の割合で知的障害を併せもつこと，約20％の者にてんかんが合併することを報告している。

（3）ASDの原因論

　ASDにかかわる臨床家は，ASDに関するさまざまな質問を受け，説明を求められることが少なくない。たとえば，その質問の中には「自閉症の原因は何ですか？」「子どもが自閉症になるのは，育て方に原因があるのでしょうか？」「自閉症は遺伝しますか？」といったASDの原因論に関するものが含まれるかもしれない。現時点においてもASDの発生機序については未知の部分が多く残されている。しかし，臨床家には，最先端の研究知見に通じ，このような質問に対して科学的に妥当な根拠をもった情報提供を行うことが求められるであろう。ただし，臨床家はただ「正しい」情報を提供すればよいというわけではない。その質問の主が，親であれ，教師であれ，あるいは子ども本人であれ

「その者が,なぜその質問をするのか?」という背景や文脈を考慮しなければならないことは言うまでもない。

ASDの原因論については,大きく「先天性」なのか「後天性」なのか,あるいは「遺伝」なのか「環境」なのかという点から検討が重ねられてきた。1960年代には,精神分析学者であるベッテルハイム(Bettelheim, B.)の説の影響を受け,専門家の間で"refrigerator mother"(冷蔵庫マザー)という言葉が用いられた。この「冷蔵庫」には「温かみや愛情に欠けている」という意味が込められており,当時はこのような「冷淡」で「高学歴」である母親の態度や養育行動が,自閉症の原因であると受け入れられていた。

しかし,リムランド(Rimland, 1964)が行動神経理論(Neural Theory of Behavior)の立場から「自閉症は新しい刺激をそれまでの経験に関連づける能力が損なわれている認知障害」であると主張し,「冷蔵庫マザー」論に挑戦する形となった。また,ラター(Rutter, 1968)も従来の母子関係における情緒要因論を否定し,「自閉症は言語・認知障害である」という器質障害説を提唱し,1970年代以降は,自閉症は中枢神経系の機能障害であると考えられるようになった。

ある疾患にかかわる遺伝の影響を調べるための方法の1つに双生児研究がある。特に一卵性双生児は遺伝型が同一であるので,双生児間における症状の一致率が,二卵性双生児や非双生児同胞よりも高ければ,遺伝の影響が示唆される。1970年代から行われてきた双生児調査においては,ASDの一卵性双生児間一致率は極めて高く,遺伝要因の関与度は約90%と算出されていた(鷲見,2013)。このような研究知見から,「自閉症は先天性の発達障害である」と受け入れられていったという経緯がある。

しかしASDは,筋ジストロフィーや血友病などのようにメンデル遺伝によって親から子へと伝わる,いわゆる遺伝病とは異なる。ASDは,糖尿病や高血圧のように,遺伝的要因に加え,環境要因の影響も受ける多因子モデルによって説明できると考えられている(杉山,2011)。特に近年のDNAの塩基配列以外の遺伝情報発現機構を扱うエピジェネティクス(平澤・久保田,2011)に関

する研究成果からは，遺伝子それ自体によって個人の性質が決定されるわけではなく，環境によってその遺伝子の発現の仕方が変化し，遺伝と環境の加算的効果，あるいは両者の相互作用によってある性質や症状が発現すると考えられている。

　つまり，これまでの原因論の経緯をたどれば，大きくは精神分析学的な心因論から認知障害論，器質障害論へと変遷する流れがあったが，近年の生物学的な知見から再び環境因子へ注目が集まりつつあるといえる。「ASDの原因は，遺伝にあるのか，それとも環境にあるのか？」という問いに対しては，恐らく「両方である」と結論づけられることになるのだろう。

　しかし，近年のこのような環境因子に対する注目を再び「冷蔵庫マザー」に結びつけ，親を追いつめるようなことがあってはならない。十分に適切な養育環境や胎内環境であってもASDと診断される子どもは一定の割合で誕生する。また，「環境因子」はその多くが保護者の責任に帰することができないものである。そもそも，ASDの原因を特定し，それを予防しようとする発想が存在するのであれば，我々はその発想が真に妥当であるのか否かについて，そしてなぜ人々がそのような発想をもつに至るのかについて熟慮する必要があるだろう。

2　認知特性

(1) 比較的大きな個人内差

　ASDのある子どもの中では，知能検査の各テスト項目間で大きな個人内差を示す者が少なくない。中には全般的な知的発達の遅れを示しながらも，特定のテスト項目において平均以上の優れたパフォーマンスを示す者もいる。特にASDのある者の機械的な記憶と視空間認知は比較的良好であることが報告されている (Frith, 1989)。たとえば，ASDのある子どもの中には，言語・コミュニケーションの遅れがあるにもかかわらず，幼い時期から文字や数字を読めるようになったり，興味をもった事物について年齢相応以上の知識を有する者

がいる。シャーとフリス（Shah & Frith, 1993）は，絵の中に隠された単純図形をみつける「児童用埋没図形検査（Children's Embedded Figure Test）」を用いて自閉症のある子どもと対照群（知的障害のある子どもと定型発達の子ども）との間で比較を行った結果，自閉症群の成績が最も優れていたことを報告した。

　一方で，ASDのある子どもの中には，特定のエピソードについて，その詳細部分までを克明に記憶するものの，各エピソードを統合して「全体」としての意味を理解したり，各エピソードから「文脈」を把握し，その文脈の中で物事を記憶したり，推測することに困難性を抱える者がいる。たとえば，黒田ら（2007）は広汎性発達障害のある3名の男児を対象にWISC-Ⅲの回答内容を分析したところ，細部へ注目がいきやすく全体を統合できない中枢性統合の弱さがみられたことを報告している。ASDのある者がもつこのような「木を見て森を見ず」という傾向は，「刺激の過剰選択性」という反応特性によって説明される。

（2）細部への注目と全体統合の弱さ

　前述のようにASDのある子どもが事物への細部へ注意を向けがちであるがゆえに，事物間の関係性を認識したり，複数の事物を統合して全体として理解することに弱さを示す認知特性は古くから指摘されていた。たとえばロバースら（Lovaas et al., 1971）は，自閉症群，精神遅滞群（自閉症を伴わない），定型発達群の3群を設け，視覚刺激，聴覚刺激，触覚刺激からなる複合刺激に対する弁別訓練を実施した。訓練により弁別が可能になった後，複合刺激の中のどの刺激要素に対して反応しているかを確認したところ，精神遅滞群と定型発達群が同時に複数の要素に反応していた一方で，自閉症のある子どもたちは単一の要素にのみ反応する傾向があったことが明らかとなり，このような刺激選択の現象は，「刺激の過剰選択性（stimulus overselectivity）」と名づけられた。園山（1989）は，ASDの子どもが示す刺激の過剰選択性が，対人関係困難，機能的聾，模倣の一面性，観察学習の困難，般化の問題，刺激外プロンプトの無効，自己刺激行動による学習の妨害，強化随伴性の変化の認知困難に関連すること

を示唆している。[1]

　フリスとハッペ（Frith & Happé, 1994）は，ASDのこのような認知特性を「セントラル・コヒーレンス（central coherence）の弱さ」と表現し，ASDのある人々の経験や思考の断片化の原因となることを述べている。しかし，この「セントラル・コヒーレンスの弱さ」は，全体を無視して部分を見ることのできる能力（黒田, 2007）と捉えることもでき，ある特定の領域において天才的な能力を発揮するイディオ・サヴァンとの関連性を示唆する指摘もある（たとえば，Frith, 1989）。

(3) 社会性と心の理論

　これまでの多くの研究結果により，ASDのある子どもは認知特性の中でも特に，社会的認知に特異性と困難性がみられ，対人コミュニケーションにおける問題の原因となることが示唆されている。たとえばホブソン（Hobson, 1986）は，「喜び」「悲しみ」「怒り」「恐れ」などの表情を表す動画を作成し，自閉症のある子どもに声やジェスチャーなどとマッチングさせた。その結果，精神年齢をそろえた精神遅滞のある子どもや定型発達の子どもが，その課題においてほとんど全員満点であったのに対して，自閉症群の子どもの約3分の2は著しく低い成績を示した。

　また，バロン＝コーエンら（Baron-Cohen et al., 1985）が提唱した「心の理論（Theory of mind）障害説」は大きなインパクトを残した。その説を裏づける代表的な実験は，「サリー・アン課題」であろう。バロン＝コーエンらは，「サリー」と「アン」という女の子の人形を登場させる寸劇を用いた誤信念課題を実施し，自閉症群，ダウン症群，定型発達群においてそのパフォーマンスを比較した。「サリー・アン課題」の内容を表5-2に示す。

　この課題における最後の質問に対しては，「かご」と答えることが正反応となる。「サリーはアンがビー玉を移動させたところを見ていないので，自分がしまった元の場所を探すはずだ」という「見ること」と「知ること」の関係に基づき，他者の心的状態を推測することが求められているのである。バロン＝

表5-2 サリー・アン課題の内容

①部屋の中にサリーが1人でいる
②サリーが自分のかごにビー玉を入れる
③サリーが部屋から出る
④アンが部屋に入る
⑤アンがサリーのビー玉をかごから出して,自分の箱に入れてしまう
⑥サリーが部屋に戻ってきて,またビー玉で遊ぼうとする
⑦実験者が対象児に「サリーはビー玉を取ろうとして,どこを見ますか?」と質問する

出所:Baron-Cohen et al., 1985 より作成。

コーエンらは,実験の結果,平均年齢4歳5ヶ月の定型発達の子どものほぼ全員がこの課題に通過する一方で,精神年齢4歳以上の自閉症のある子どもの80%が通過できないことを報告した。さらに自閉症群より平均精神年齢の低いダウン症群の86%の子どもがこの課題に通過したことから,この困難性は自閉症に特有のものであり,自閉症のある人々は「心の理論」を用いることができない(他者の心的状態を推測できない)ために誤信念課題に失敗すると考えられた。

「心の理論」に関連して,ことばの理解においても困難性を示すことが知られている。ハッペ(Happé, 1993)は,「心の理論」をもたない者が,他者の発話意図を理解できないために,比喩あるいは皮肉の理解に困難性を示すことを報告した。神尾(2007)は,ASDのある人の言語特性として,語用論(pragmatics)の側面において最も困難性を示すことを指摘している。たとえば,子どもが母親から「ちょっとお風呂を見てきてくれる?」と頼まれたとする。このとき,子どもがただ風呂を見てきて「見てきたよ」という報告だけを行ってしまうことが起こりうる。適切に母親のスピーチの音韻を認識し,「風呂」と「見る」という単語の意味,そして文全体の構造を理解できていても,母親の依頼の背景にある「もしお湯がいっぱいになっていたら,蛇口を閉めてお湯を止めておいてね」という意図を理解できていないためである。

しかし,この困難性も状況に左右される。たとえば,ロッシュとキャップス(Losh & Capps, 2003)は,本の筋書きを話すという構造化された場面においては,ASD群と定型発達群の語用論にかかわる能力に差はなかったが,場面の

構造化の程度が弱くなれば，ASD 群の語用論的能力の弱さが露呈しやすくなることを示した。ASD のある子どもの認知特性を直接的に変容させることは困難である。しかしながらこの結果は，コミュニケーションパートナーを含む環境のあり方次第では，社会性やコミュニケーションにおける困難性が低減し，適応状態が促進されるという可能性を示唆するものである。

3　アセスメント

ASD にかかわるアセスメントには，ASD のある子どもを早期に発見し，より早い段階で適切な支援へとつなげることを目指す「スクリーニング機能」，そして子ども本人の特性を包括的かつ詳細に理解し，適切な支援を計画することを目指す「評価機能」があるといえる。いずれも子どもに「ASD」というラベルづけをすることや，現在の状況を解釈したり説明することに終始するのではなく，アセスメントによって得られた情報を効果的な支援につなげることが重要である。

（1）フォーマル・アセスメント

ASD の 1 次スクリーニングとしては，Autism-Spectrum Quotient（AQ）や児童用 AQ，乳幼児期自閉症チェックリスト修正版（Modified Checklist for Autism in Toddlers: M-CHAT）などが用いられている。さらに面接式の 2 次スクリーニングツールとして日本において作成された PARS（Pervasive Developmental Disorders Autism Society Japan Rating Scale）の普及が進んでいる。欧米においては，診断・評価用のアセスメントツールとして DSM をもとにした ADI-R（Autism Diagnostic Interview-Revised）や ADOS（Autism Diagnostic Observation Schedule）が広く用いられているが，使用に関しては使用者のライセンス取得が必要とされている。ASD の診断の精緻化と研究発展のために日本語版の普及が望まれる。

適応行動を評価するアセスメントツールであるヴァインランド II 適応行動尺

表5-3　インフォーマル・アセスメントにおいて
収集する情報の例

> 家族構成
> 基本的なスケジュール（平日と休日の両方）
> 活動範囲やよく行く場所などを示した生活地図
> 子どもの日常生活スキルの実態と必要な支援の程度（食事，排泄，衣服の着脱など）
> 幼稚園，保育所，通園施設，学校での様子
> 地域資源とそこへのアクセス状況や利用状況
> 子ども本人のニーズ，親のニーズ
> 子どもの好み
> 余暇スキル（学業や仕事以外の時間を一人で，あるいは他者とともに適切に過ごすためのスキル。本人の好みが反映された遊びや趣味など）
> 問題行動の有無やそれまでの周囲の対応など
> 服薬などの医学的ニーズ
> 集団参加の実態や参加に必要な支援
> コミュニケーションスキルとコミュニケーションの実態
> 学業成績
> 実際にかかわった際の子どもの反応

度は，「コミュニケーション領域」「日常生活スキル領域」「社会性領域」「運動スキル領域（6歳以下）」「不適応行動領域（オプション）」の5領域から構成され，検査者が対象者の様子をよく知る回答者（保護者など）に対して半構造化面接を行うことによって実施される。各領域において平均100，標準偏差15の領域標準得点が算出され，それらを総合算出したものとして同じく平均100，標準偏差15の適応行動得点が算出される。

(2) インフォーマル・アセスメント

　ASDのある子どもを支援する際には，同年齢群におけるその子どもの相対的な位置づけや，その子どもの個人内差といった情報に加え，その子どもの生活全般にわたるさまざまな情報をインフォーマルに収集することも必要である。具体的にはその子どものことをよく知る人物（保護者や教師など）にインタビューをしたり，子どもが活動している場面を直接観察したり，あるいは子どもに実際に働きかけ，反応を確認するといった方法がある（情報例としては，表5-

3を参照)。

　前述した通り，ASDの診断基準は行動的に定義されているので，その基準を満たす者たちにはある種の共通点がある。しかし，当然のことながら共通点があるといっても彼らは同一ではない。したがって，介入計画を立案する際には，子ども一人ひとりの実態に応じたフィッティング作業やカスタマイズが必要になる。その調整作業において，インフォーマル・アセスメントから得られた情報が重要な役割を果たすのである。

　また，子ども本人にかかわる情報だけではなく，子どもを取り囲む環境要因に関する情報も収集し整理する必要がある。子どもが不適応状態に陥るのは，子どもにASDがあるためではなく，ASDの特性と環境との間に齟齬が生じるためである。したがって，どのような環境要因が子どもの適応を促進，あるいは阻害しているのかを見極め，介入方針を立てることが重要である。さらに，子どもを取り囲む環境要因を幅広く把握することによって，どのような支援計画であれば持続的に実行できるかを判断することも可能となる。

4　子どもへのアプローチ

(1) ASDのある子どもに対するアプローチ

　初めてASDのある子どもと向き合うとき，多かれ少なかれ，どのようにかかわればよいのかという戸惑いを覚えるかもしれない。そして，その答えを探すためにさまざまな情報にアクセスしたとき，その戸惑いはより一層大きくなるかもしれない。試しに「自閉症　アプローチ」，「自閉症　治療」，あるいは「自閉症　完治」などとインターネット検索してみていただきたい。「眉唾もの」を含め，膨大な情報が溢れかえっていることに気づかれると思う。

　臨床児童心理学を学ぶ者，あるいはその学んだことを実際に臨床に活かそうとする者は，可能な限り科学的に有効性が示されているアプローチを選択することが重要である。もちろん，現時点において科学的なエビデンスが示されていないアプローチに「効果がない」と断定することはできない。しかし，限ら

れた時間や資源をその臨床活動に投資するのだと考えれば，より可能性の高い選択肢を追い求める態度は妥当であるといえるだろう。少なくとも ASD のある子どもを対象とした臨床活動に携わる者は，科学的エビデンスに関する自身の情報を更新し続け，当事者への説明責任を果たし，当事者の同意と選択を保障することが求められる。

　エビデンスが重視されるようになった経緯は，医療の領域にあり，コクラン共同計画[(2)]（Cochrane Collaboration）にまで遡ることになる。エビデンスを重視する気運は，社会科学におけるキャンベル共同計画[(3)]（Campbell Collaboration）や教育における What Works Clearinghouse[(4)] へと続き，系統的レビューとそこから得られる情報の公開の重要性が強調されるようになった。

　ASD を対象とした介入研究（ランダム化比較試験と一事例の実験デザインの両方を含む）に対する系統的レビューには，National Standards Project（NSP）によるもの（The National Autism Center, 2009; 初期のものから2007年までの基準を満たす775件の研究を対象），National Professional Development Center on ASD（NPDC）によるもの（Odom et al., 2010; 1997年から2007年までの基準を満たす175件の研究を対象），そしてノースカロライナ大学チャペルヒル校（UNC）の研究グループによるもの（Wong et al., 2014; 1990年から2011年までの基準を満たす456件の研究を対象）がある。本稿においては，2014年に公刊された UCN のレビュー結果を示すこととする。表5-4に系統的レビューの結果，「エビデンスに基づく実践（Evidence-Based Practice）として紹介されている27のアプローチを示す。

　このレビューからは UCLA のロバースらによって開発された早期集中行動介入（Smith et al., 2000），TEACCH プログラム（Mesibov & Shea, 2010），LEAP モデル（Strain & Hoyson, 2000），Denver モデル（Vismara & Rogers, 2008），PBS（Positive Behavior Support）（Horner, 2000）などの包括的なアプローチは除外されている。このような包括的アプローチは，前述した系統的レビューで示されたそれぞれのアプローチを組み合わせ，支援機関や学校，あるいは地域社会において機能的に運用するためにパッケージ化されたものであるといえるで

表 5-4 UNC のレビューによって示された27のエビデンスに基づく実践

実　践	実践の定義
先行子に基づいた介入 Antecedent-based intervention	問題行動に先立つ出来事や状況を調整し，その問題行動の減少につながるような計画を行う
認知行動的介入 Cognitive behavioral intervention	オバートな行動変容につながる認知過程のマネジメントやコントロールについて教示する
代替行動分化強化・非両立行動分化強化・他行動分化強化 Differential reinforcement of Alternative/Incompatible/Other behavior	望ましくない行動の生起を減少させるために望ましい行動や，問題行動がなかったことに対して強化を随伴させる。a）学習者が不適切な行動ではない特定の望ましい行動に従事しているときに強化を随伴させる（DRA），b）学習者が不適切な行動と物理的に両立できない行動に従事しているときに強化を随伴させる（DRI），c）問題行動に従事していないときに強化を随伴させる（DRO）
断続試行型指導 Discrete trial teaching	指導は通常１対１で行われ，適切な行動やスキルを教えることが計画される。指導は通常，集中的に行われる。各試行は指導者の教示／提示，子どもの反応，注意深く計画された結果事象，そして次の教示を提示する前の中断によって構成される
運　動 Exercise	問題行動を減少させたり，適切な行動を増加させる手段として身体運動を増やす
消　去 Extinction	問題行動の生起を減少させるために，問題行動に随伴する強化を中止したり取り除いたりする。時々，消去のみの介入が行われることもあるが，多くの場合，消去は機能的アセスメントや機能的コミュニケーション訓練，そして分化強化と組み合わせて用いられる
機能的アセスメント Functional behavior assessment	問題行動を維持させる機能的随伴性を同定するために計画された問題行動に関する系統的な情報収集。機能的アセスメントは，問題行動がどのような行動であるのかという記述，その行動に影響を与える先行事象や結果事象，その行動の機能に関する仮説生成，そして（または）その仮説の検証によって構成される
機能的コミュニケーション訓練 Functional communication training	コミュニケーションとしての機能をもつ問題行動を，同じ機能を果たすより適切なコミュニケーションに置き換える。機能的コミュニケーション訓練には通常，機能的アセスメント，代替行動分化強化，そして（または）消去が含まれている
モデリング Modeling	学習者によって模倣される望ましい標的行動を実際に行って見せて，その行動の獲得につなげる。モデリングは多くの場合，プロンプティングや強化といった方略と組み合わせられる

第5章 子どもの自閉スペクトラム症

自然主義的な介入 Naturalistic intervention	学習者が参加する典型的な場面,活動,日課において行われる介入方略。教師やサービス提供者は,場面,活動,日課をアレンジし,学習者が標的行動に従事するために必要なサポートを提供し,行動が生起したときにはそのことについて詳しく述べ,そして(または)標的行動やスキルに対する自然な結果事象を設定することを通して学習イベントにおける学習者の興味関心を確立させる
親によって実施される介入 Parent-implemented intervention	親が自分の子どもに対して幅広いさまざまなスキルを改善・増加させたり,問題行動を減少させるための個別的な介入を提供する。親は構造化されたペアレントトレーニングプログラムを通して彼らの家やコミュニティにおける介入の実施方法を学ぶ
仲間を介した指導や介入 Peer-mediated instruction and intervention	自然な環境における社会的な機会と学習する機会を増加させることによって,新しい行動,コミュニケーション,そして社会的スキルを獲得するために,定型発達の仲間がASDのある子どもとかかわり合い,そして(または)彼らを援助する。教師やサービス提供者は,ASDの子どもたちが,教師によって指示された活動と学習者によって自発的に行われる活動の両方においてポジティブで幅広い社会的相互作用に従事するための方略を系統的に仲間に教える
絵カード交換コミュニケーションシステム Picture Exchange Communication System (PECS)	学習者は最初,アイテムと交換することを通して,ほしいアイテムの絵カードをコミュニケーションパートナーに手渡すことを教えられる。PECSは,(1)コミュニケーションの「やり方」,(2)距離と持続性,(3)絵カードの弁別,(4)文の構成,(5)応答的要求,(6)コメント,という6つのフェイズによって構成されている
機軸反応訓練 Pivotal response training	機軸的学習の変数(例えば,動機づけ,複数の手がかりに対する反応,セルフ・マネジメント,自発など)が,学習者の興味とイニシアチブに基づく場面において実施される介入実践を導く
プロンプティング Prompting	学習者が標的行動・スキルを獲得したり従事することを支援するために,言語による援助,ジェスチャーによる援助,または身体介助が提供される。プロンプトは通常,大人や仲間によって,学習者がスキルを用いる前,あるいはスキルを用いようとするときに提供される
強化 Reinforcement	学習者が望ましい行動に従事した後に起こる出来事,活動,または他の事象。それらの事象は,将来におけるその望ましい行動の生起を増加させる
反応妨害・反応移行 Response interruption/ redirection	問題行動が起こったときにプロンプト,コメント,または他の気が紛れるものを導入し,学習者の注意を問題行動から逸らして,結果的に問題行動が減少するよう計画する
スクリプティング Scripting	学習者にとってモデルとなる特定のスキルや状況に関する言葉,そして(または)書かれたもの。スクリプトは通常,そのスキルが実際場面において用いられる前に繰り返し練習される
セルフ・マネジメント Self-manegement	学習者の適切な行動と不適切な行動の弁別,自分の行動の正確なモニタリングと記録,そして適切に行動したことに対する自己強化に焦点を当てた指導

ソーシャル・ナラティブ Social narratives	ナラティブとは関連する手がかりを強調し適切な反応の例を提供することによって，社会的状況を詳細に記述したものである。ソーシャル・ナラティブは学習者のニーズに合わせて個別化され，典型的にはそれほど長いものではなく，写真や他の視覚的補助具を含む場合もある
社会的スキル訓練 Social skill training	ASD のある学習者に仲間，大人，その他の人々と適切にかかわり合う方法を教えるためにデザインされたグループ指導，または個別指導。ほとんどの社会的スキル・ミーティングには，基礎的概念の教示，ロールプレイや練習，そしてフィードバックが含まれており，それらの手続きは，ASD のある学習者が仲間とのポジティブなかかわり合いを促進させるためのコミュニケーション，遊び，または社会的スキルを獲得し練習することを助ける
構造化されたプレイ・グループ Structured play group	定義された領域において行われ，定義された活動を行い，特定の選ばれた定型発達の仲間をグループに入れ，大人の導きによって明確に描かれたテーマと役割があり，プロンプティングが行われ，または活動のゴールに関連した子どものパフォーマンスを援助するための足場（scaffolding）を設けることによって特徴づけられる小グループの活動
課題分析 Task analysis	スキルをアセスメントし指導するために活動や行動を細分化し，マネジメントしやすいステップに分けるプロセス。その細分化されたステップの獲得を促進させるために，他の練習方法（強化，ビデオモデリング，または時間遅延法など）がしばしば用いられる
テクノロジーを用いた指導や介入 Technology-aided instruction and intervention	テクノロジーが学習者のゴール達成を助ける主要な特徴となる指導や介入。テクノロジーは「あらゆる電子機器，設備，アプリケーション，仮想ネットワークを，ASD のある青年の日常生活，仕事や生産性，レクリエーションや余暇の機能を増加，維持，そして（または）改善させるために意図的に用いるもの」と定義される
時間遅延法 Time delay	学習者がある行動やスキルに従事しなければならない場面や活動において，そのスキルを用いる機会と付加的な指示やプロンプトとの間に短い時間遅延を設ける。時間遅延法の目的は，学習者にプロンプトがない状態で反応させ，指導的活動におけるプロンプト使用のフェイディングに焦点を当てることである
ビデオ・モデリング Video modeling	望ましい行動やスキルを学習したり実際に行うことを支援するために，標的行動や標的スキルの視覚的なモデル（典型的には行動，コミュニケーション，遊び，社会性の領域におけるもの）をビデオとディスプレイ機器を用いて提示する
視覚的支援 Visual support	学習者がプロンプトを受けずに望ましい行動やスキルに従事することを助けるあらゆる視覚的な提示。視覚的支援の例として，写真，文字，環境内にある物，環境や視覚的境界線のアレンジ，スケジュール，地図，ラベル，構造化システム，そして時間表がある

出所：Wong et al., 2014（日本語訳は著者）。

あろう。UCLA の早期集中行動介入は，ASD のある子どもに効果があることは明らかであるといえるが，有川（2009）は，依然として「どのような状態にある自閉症児」に「どの程度までの改善が期待できるのか」という点については不明な点も多いと述べている。また，PBS においては学校場面における実践の効果をランダム化比較試験によって評価した研究は報告されているが（たとえば，Bradshaw et al., 2010），対象を ASD に限定したものではない。上述した包括的なアプローチには，今後さらに厳密な研究デザインから導かれるエビデンスを示すことが期待される。

なお，ASD に対する食餌療法，三種混合ワクチンの不摂取，薬剤により人体に有害であると考えられている金属の体外排泄を促す治療法であるキレーション，ビタミン B_6 やマグネシウムなどの投与には，現時点においては厳密な基準を満たしたエビデンスは存在せず，また伝統的な遊戯療法や抱っこ法などの精神力動的なアプローチにも，改善のエピソードは報告されてはいるものの，厳密な基準を満たしたエビデンスは存在しない（Roberts & Prior, 2006）。近年，ASD に対する有効性が注目されているオキシトシンの効果（棟居，2013）については，この数年の間にかなりの部分が明らかにされるであろうと考えられる。

（2）ASD のある子どもに対する行動論的アプローチ

「なぜ？」を検討する応用行動分析学

前項で示した「エビデンスに基づく実践」は，その多くが行動論に基づいたアプローチであった。行動主義が論理実証主義の流れを汲み，変数の統制と定量的データを重視した「科学的な」研究を志向してきた経緯を考えれば，行動論的アプローチが「エビデンス」の多くを占める現状は，ある意味では当然の帰結であるといえるのかもしれない。一方で個人の「生活の質（Quality of Life: QOL）」，あるいは後述する「障害受容」に関する当事者の主観的世界を明らかにする質的研究の方法論が用いられた研究が報告されており（たとえば，一瀬，2012 など），定量的研究の限界や問題点も指摘されている。また，現時点における「エビデンス」は完結しているわけではなく，あくまで暫定的なもの

であり，個別性を排除することができない確率論的なものであることにも留意しなければならない。

そのようなことを前提としながらも，やはりASDのある子どもにかかわる臨床家は，エビデンスに基づく実践に精通しておくことが望ましい。特に子どもの行動を環境との相互作用から分析し，必要な環境設定のあり方や必要なスキルについて検討する応用行動分析学（Applied Behavior Analysis: ABA）は，ASDにかかわる臨床家が学ぶべき体系の1つである。しばしば，応用行動分析学が前述したUCLAのロバースらによって開発された早期集中行動介入を指すと理解されているが，それは厳密には誤りである。確かにロバースらのプログラムは行動分析学の原理を応用してはいるが，応用行動分析学そのものとイコールの関係にはない。

もちろん前述した「エビデンスに基づく実践」の中には，「応用行動分析学の技法」としてその体系の中に位置づけられるものもある。しかし，応用行動分析学の本質は「技法の寄せ集め」ではなく「分析」である。目の前にいる子どもが「なぜその行動をやってくれないのか？」「なぜその行動をやめてくれないのか？」あるいは「何のためにその行動をやっているのか？」を理解するために応用行動分析学は役に立つ。子どもと環境との相互作用を分析することによって「なぜ？」に対する仮説を立て，それを検証しながら，その子どもにフィットした介入計画をデザインするのである。

子どもと環境との相互作用を分析する（ABC分析）

応用行動分析学においては行動を分析する際に「三項随伴性」という枠組みを用いる。その3つの項とは，「先行事象（弁別刺激）」「行動」「結果事象（反応結果）」である。たとえば，「お片づけをする」という場面について考えてみる。子どもの行動だけに注目すれば「子どもがお片づけをした」という事実しか目に映らないが，少しカメラを引いて「行動の前後にどのような事象があったのか」，あるいは「周囲の人が子どもとどのようにかかわり合ったのか」までを視野に入れると図5-1のような状況が見えてくるかもしれない。

第5章 子どもの自閉スペクトラム症

行動の先行事象：Antecedent　　　行動：Behavior　　　行動の結果事象：Consequence

[母親の指示] → [お片づけをする] → [母親からの賞賛]

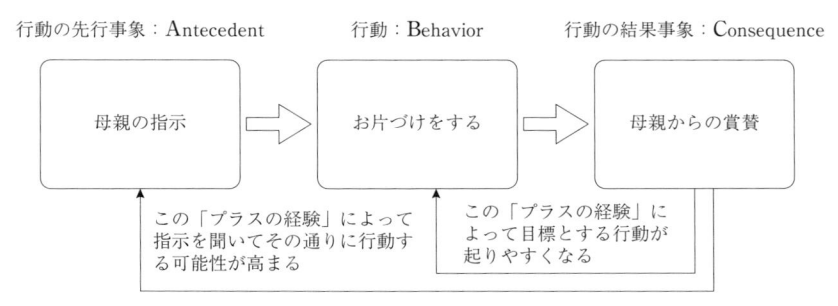

この「プラスの経験」によって指示を聞いてその通りに行動する可能性が高まる

この「プラスの経験」によって目標とする行動が起りやすくなる

図5-1　「お片づけをする」行動のABC分析の例

　この子どもは，母親の「○○は□□に片づけてね」という指示に対して反応したのかもしれない。あるいは，この子どもがお片づけをはじめるためには，母親のこの指示が必要であったのかもしれない。たとえば，もっと曖昧で抽象的な指示であったり，母親からの指示がない状況であれば，片づけはじめることができなかったかもしれない。また，この子どもは母親からの賞賛によって行動を持続できていたのかもしれない。あるいは，過去にも母親から賞賛された経験があったので，今回母親の指示に従うことができたのかもしれない。もし，母親から何のフィードバックも得られなかったり，「ダメ出し」ばかりであったり，やり直しばかりさせられる環境であれば，この子どもは指示を受けてもそれを無視したり，抵抗を示したり，あるいはそこから逃げだそうとしたかもしれない。

　このような環境と行動の相互作用の分析を「先行事象（Antecedent）」「行動（Behavior）」「結果事象（Consequence）」の英語表記の頭文字をとり「ABC分析」と呼ぶ。このABC分析の枠組みを用いて「こちらがしてほしいと思うことを子どもがやってくれない」，あるいは「こちらがやめてほしいと思うことを子どもがやめてくれない」という状況を分析すれば，図5-2のように理解することができるかもしれない。

　基本的な方針として望ましい行動を生起させ増加させるためには「望ましい行動のABCを成立させること」が目指され，問題行動を減少させるためには

行動の先行事象：Antecedent　　　　行動：Behavior　　　　行動の結果事象：Consequence

- 指示を理解できていない
- 指示に注意を向けていない

→

- やり方を知らない
- 必要な基礎的スキルを習得していない

→

- 行動の結果，強化されない
- 行動の結果，他の行動から得られていた強化を失う

- 問題行動の引き金となる活動，課題，場面，指示，人など
- 生理的要因など

→

- 問題行動
- 目的を達成するための適切な方略を学習していない

→

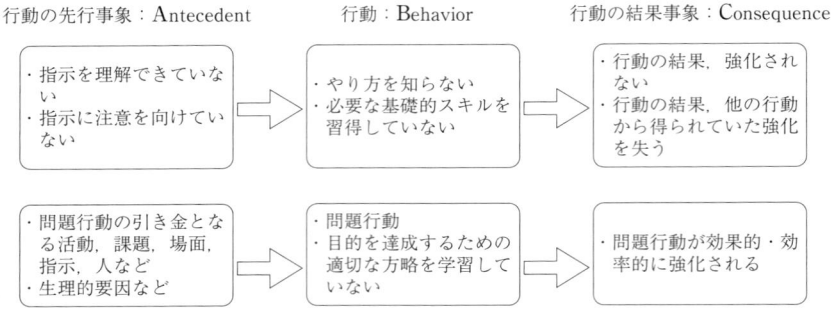

- 問題行動が効果的・効率的に強化される

図 5-2　行動問題に対する ABC 分析
注：上段は「してほしいことをやってくれない状況」，下段は「やめてほしいことをやめてくれない状況」。

　「問題行動を成立させている ABC を崩すこと，そして問題行動と置き換わる望ましい行動の ABC を成立させること」が目指されることになる。なお，前述した「エビデンスに基づいた実践」のリスト（表 5-4）には「機能的アセスメント（Functional behavior assessment）」が含まれていたが，これは ABC 分析を行うための情報収集のプロセス（インタビューや直接観察など）を指すものである。

　ABC 分析の対象は ASD のある子どもに限定されるわけではなく，定型発達の子どもの行動，あるいは成人の行動を分析する際にも用いることができる。またたとえば，コンサルテーションを行う際に，教師や支援者の支援行動や，保護者の養育行動を分析し，介入方針を立てるために用いることも可能である。

5　支援と今後の展望

（1）家族支援

「悪者さがし」をしない問題の分析

　前節で解説した ABC 分析を行うことによって，問題の原因特定が目指されることになるが，その中で，親や教師の子どもに対するかかわり方が原因であるという仮説が導かれるかもしれない。しかし，その仮説は後述する「周囲の

第5章　子どもの自閉スペクトラム症

```
子どもの行動    行動の先行事象        行動          行動の結果事象
              Antecedent        Behavior      Consequence
              ┌─────────┐   ┌─────────┐   ┌─────────┐
              │欲しいものが│ → │かんしゃくを│   │欲しいものが│
              │ある      │   │起こす    │   │手に入る  │
              └─────────┘   └─────────┘   └─────────┘
                                 ↓              ↓
母親の行動              ┌─────────┐   ┌─────────┐   ┌─────────┐
                      │子どもの  │ → │子どもの  │ → │子どもの  │
                      │かんしゃく│   │欲しがるもの│   │かんしゃくが│
                      │          │   │を与える  │   │おさまる  │
                      └─────────┘   └─────────┘   └─────────┘
                      行動の先行事象        行動          行動の結果事象
                      Antecedent        Behavior      Consequence
```

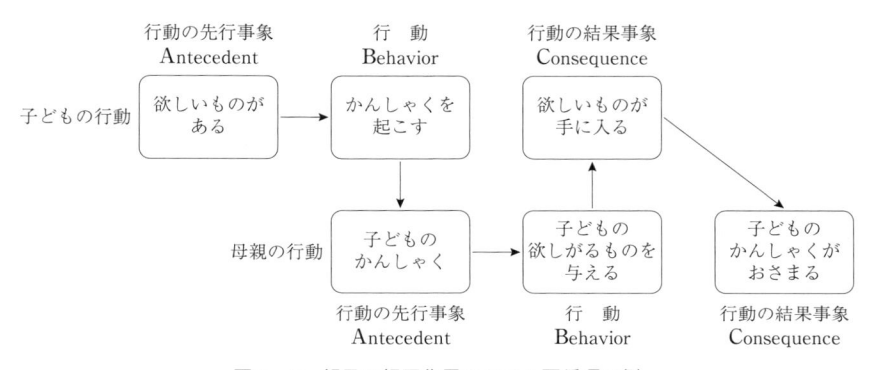

図5-3　親子の相互作用における悪循環の例

大人の行動のABC」もふまえ慎重に扱われるべきであるし，臨床家が単純にその親や教師を責めるようなことがあってはならない。

　たとえば，図5-3のような状況について考えてみる。子どものかんしゃくは「欲しいものが手に入る」という結果事象によって起こりやすくなっている（強化されている）が，だからといって「子どもが欲しがるものを与えている母親」を責めるのは早計である。母親の行動をABC分析すれば，母親の「子どもが欲しがるものを与える」行動は，「子どものかんしゃくがおさまる」という結果事象によって強められている（負の強化）。したがって，この相互作用における母親のリアクションは，ある意味で「自然なもの」であるといえる。もちろん「自然である」からといって，そのままでよいというわけではなく，問題解決に向けては何らかの介入を行う必要はある。しかし介入を行う際，臨床家には「これまでの親子にとっては「不自然」であり，多大な努力を要する大きなチャレンジ」に共に取り組むのだという認識が不可欠である。

保護者の「障害受容」

　前述したとおりASDはいわゆる遺伝病や染色体異常ではないため，現在のところ出生前診断は不可能である。また，乳児期の診断も現在のところ困難である（後になって振り返ったときに「そういえば目が合いにくかった」「抱っこを嫌が

った」「人見知りがなくて育てやすかった」「他の音には反応するのに，親の呼びかけには反応しなかった」などといったエピソードが報告されることはあるが）。したがって，ASD のある子どもの親は，子どもの発達に伴い，「自分の子どもは他の子どもとは何か違う」という感覚をもちはじめることになる。これは，生後間もなく我が子の状態に直面することになる親（たとえば，重度障害のある子どもの親など）がたどる過程とは異なるものである。

ASD のある子どもの親は，「何か変だ」「やっぱり他の子とは違う」と感じながらも，「いや，きっとそういう「性格」なのだろう」「変わってるのは今だけですぐに「普通」になる」とその疑念を否定し，また疑念を感じては否定し，不安定に揺れ動く心理状態をしばしば経験する。ASD にかかわる臨床においては，子ども本人に対する介入だけではなく，そのように揺れ動く保護者を支えることも臨床家の重要な役割である。

保護者が子どもにある「障害」を認識し，その存在を受け入れていくプロセスを「障害受容」という。障害受容のプロセスに関する仮説として，しばしば引用されるのが「段階説」である。障害受容における「段階説」は，ドロターら（Drotar et al., 1975）によって提唱されたもので，子どもの障害に直面した親が，①ショック，②否認，③悲しみと怒り，④適応，⑤再起という5つの段階を経て我が子の障害を受容していくという説である。臨床の現場においてしばしば耳にするのが，この段階説に基づいた「あの親はまだ子どもの障害を受容できていない」という声である。この声は，たとえば「支援者として，親を次の障害受容の段階へと誘わなければならない」という文脈で発せられることもあれば，「子どもが困っているのは，親が障害受容できていないからだ」という文脈で発せられることもある。この「段階説」に拠って立つ臨床家は「子どものため」を思い，「障害受容できていない親」に対して，その子どもの障害を受容するよう励まし，場合によっては受容できていないことを責めたり，咎めたりするといったかかわりをもちがちかもしれない。

一方でオルシャンスキー（Olshansky, 1962）によって主張された慢性的悲嘆説がある。この慢性的悲嘆説の主旨は，親が我が子の障害を受容できない慢性

的な悲嘆状態を，親にとっての正常な反応とみなすところにある。また，中田（1995）は，親が子どもの障害を肯定する気持ちと否定する気持ちの両方の感情が常に存在し，表面的には落胆と適応の時期を繰り返しながら，受容・適応のプロセスを経ていくという「螺旋形モデル」を提唱している。さらに田島（2009）は，「「障害受容」の中には再生のためのエネルギーの根源が見出せない」とし，「障害との自由」という言説を展開している。

いずれにせよ，ASDのある子どもの親が辿る心理的プロセスは，決して単純で直線的なものではなく，また，そのプロセスを外部から直接的に無理強いすることが適切でないことに留意しておく必要がある。臨床家の役割は，親の苦悩や不安に寄り添いながら，子どもが適応的に過ごすことのできる環境をデザインし，それを作り上げるよう努めることである。親がさまざまな「諦め」によって，子どもを取り巻く現状を「受容」していく面があることは否めない。しかし，親が我が子の充実した姿を目の当たりにすることで，「障害」という言葉に対する価値観を変容させることは起こりうることである。

親による実践を支援する

前述した「エビデンスに基づく実践」の1つに「親によって実施される介入」があった（たとえば，Aldred et al., 2004やHsieh et al., 2011など）。その実践を裏付けるペアレントトレーニングに関する研究は数多く報告されており，親の養育行動を改善させるだけではなく，たとえば親のストレスの減少（Jocelyn et al., 1998），親子関係の改善（Buschbacher et al., 2004），あるいは子どもの適切行動の増加と問題行動の減少（Lucyshyn et al., 2007）に効果があることなどが示されている。我が国のペアレントトレーニングは障害種を明確に分けて実施されたものは少ないものの（原口ら，2013），ASDのある子どもの家族を支援した研究としては，家庭内における絵カード交換式コミュニケーションシステム（PECS）の自発的使用を支援した飯島ら（2008），子どもの排泄行動を標的とした保護者支援を実施した神山・野呂（2011），母親の主体的な取り組みを促すチェックリストの効果を検討した竹内ら（2002），ビデオフィードバック

が親の養育行動に与える影響について検討した上野・野呂（2010）などが報告されている。

また，近年，障害のある子どもの親が同じように障害のある子どもをもつ「後輩の親」を支援するペアレントメンターが活動しはじめている（井上，2012）。現在，各地でペアレントメンターの養成研修が行われ，地域においてメンターを機能させるための枠組みやシステム作りについて検討が重ねられている。

ASDの子どもにかかわる臨床家には，自らが直接的に子どもや保護者にアプローチするだけではなく，地域においてASDのある子どもやその家族が利用できるさまざまな資源について熟知し，彼らを支えるためのコーディネート機能の一端を担うという役割も期待されることになる。

一点，留意しなければならないのは，障害の有無にかかわらず子どもの育ちや子育ては多様であるということである。しかしながら，ASDという診断名がついた途端，「子育てとはかくあるべし」というパターナリスティックな押しつけが行われることがしばしば起こる。臨床家には，家族支援を行う際に，選択肢や問題解決に向けてのプロセスを提示する役割が期待されている。しかし，臨床家が家族の価値観やライフスタイルを無視して子育てのあり方をコントロールするようなことはあってはならない。臨床家は自らの専門家としてのパターナリスティックな影響力に自覚的でなければならない。

（2）ASDのある子どもを支援するために臨床家に求められること

ICFに基づいた「障害観」

ASDのある子どもにかかわる臨床家は，WHO（世界保健機関）によって2001年に制定された国際生活機能分類（International Classification of Functioning, Disability and Health: ICF）に基づく「障害観」をもつ必要がある。ICFのモデルが示すことは，図5-4に示されている多くの要因が複雑に絡み合いながら個人の状態像が作られているということである。

そして，このモデルが意味するのは「心身機能・身体構造」（たとえば「ASD

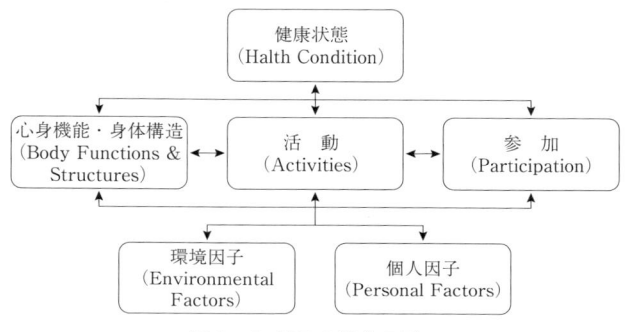

図5-4 ICFの概念モデル
出所：WHO, 2001より作成。

があるということ」)が、「健康状態」や「参加」に影響する唯一の原因ではないということであり、「心身機能・身体構造」を治療・回復させることが「参加」を促進させ、「健康状態」を改善させるための唯一の手段ではないということである。

　ASDのある子どもを支援する上で、特に重要なのは「環境因子」であろう。この「環境因子」には、物理的な要因や制度、あるいは関係者の態度などさまざまなコードが含まれるが、第4節の第2項で解説したABC分析の先行事象（Antecedent）や結果事象（Consequence）も含まれることになる。この「環境因子」が個人の適応状態やQOLを改善することもあれば、逆にそれらを阻害することもある。ICFにおける「心身機能・身体構造」に相当する「ASDそのもの」は、現在のところ根本的に治療することはできない。したがってASDのある子どもに対する支援について検討する際には、「環境因子」に着目し、「○○があれば□□ができる」、あるいは「○○がなければ、□□ができる」といった条件を明らかにしていくことが重要である。

　ASDのある子どもに必要な基礎的スキルを獲得させるためのトレーニングを重ねる「ボトムアップ・アプローチ」は重要である。しかし、一般的な方法と「形」は違えど、同様の目的や機能を最短で果たすことのできる「別のやり方」を検討する「トップダウン・アプローチ」も同様に重要である。たとえば、

音声によるコミュニケーションの獲得を目指すために，動作模倣，口型模倣，音声模倣と基礎的なトレーニングを積み重ねていくことは選択肢の1つである。しかし「形」にこだわらず，「とにかく相手と意思疎通すること」を優先するのであれば，その方法はサイン表出であっても，絵カードの手渡しでも構わないのである。「ボトムアップ・アプローチ」と「トップダウン・アプローチ」の選択，あるいはそれらの割合は，そのスキルの獲得可能性，獲得に要する時間や労力などのコスト，子どもの生活年齢から考えられるそのスキルの緊急性から判断されることになる。

QOLを高めるための「治療」ではない「適応支援」

本章の冒頭において，ASDにかかわる臨床家には，ASDを「治療」するのではなく，「適応支援」の形を模索することが求められると述べた。ここでいう「適応」とは「周囲に合わせること」のみを意味するのではなく，まして「周囲に迷惑をかけないこと」を目指すという意味でもない。「子どもの適応」を具体的に定義することは容易ではないが，「適応状態」を支えるために必要ないくつかをあげることはできる。

まずは，子どもがその環境において自分がやるべきことを理解し（あるいはやりたいことがあり），そのやるべきこと（やりたいこと）を実行するための機会と支援が用意されているということである。さらに，その行動に楽しさや達成感などが伴うことによって（正の強化が随伴されることによって），子どもが自発的に行動しているという状況も重要である。また，子どもが自ら選ぶことのできる行動の選択肢が複数あり，選択の機会と選択行動に対する指導と支援が保障されているということも子どもの適応状態にポジティブに作用し，生活の質の向上につながる。

注
(1) たとえば，「刺激外プロンプト」とは本来対応するべき刺激の近くにヒントや手がかりを示しておくという手続きであるが，単一の刺激やその細部に注意が集中し

やすい特性をもつ者は，そのヒントや手がかりに気づくことができないかもしれない。またASDのある者がしばしば示す自己刺激行動に没頭してしまえば，自己刺激行動に注意が奪われてしまい，指示や教示を聞き逃してしまうかもしれない。「強化随伴性の変化」とは，「行動が強化されるための条件の変化」のことであるが，このような状況の変化は複数の事態を複合的に判断することにより認知されるため，特定の行動に過集中している状況においては気づかれにくいと考えられる。
(2) 1992年にイギリスの国民保健サービスの一環としてはじまる。ランダム化比較試験（randomized controlled trial: RCT）を中心に，ヘルスケアに関する介入の有効性を示すシステマティック・レビューの作成，改訂を行い，人々にヘルスケアに関する情報を提供し，さまざまな意思決定に役立たせることを目的とする国際プロジェクトである。コクランライブラリーとしてデータベースを作成し，The Cochrane Database of Systematic Review などを定期的に刊行している。
(3) 2000年に発足。コクラン共同計画が医療領域における介入のシステマティック・レビューの作成を目指したのに対して，キャンベル共同計画は社会科学領域におけるシステマティック・レビューの作成と刊行を行い，どのような介入に効果があるのかを明らかにすることを目的としている。社会学，心理学，教育学，犯罪学などを対象としたキャンベルライブラリーとしてデータベースを作成し，Campbell Systematic Reviews を定期的に刊行している。
(4) 2001年のブッシュ政権下において成立した No Child Left Behind Act（NCLB法）によってアメリカの教育界には，エビデンスを求める強い需要が生まれた。そこで米国教育相は，信頼できる情報を提供することを目的に，What Works Clearinghouse というウェブサイトを開設し，2004年に第一弾のレビュー結果が公開された。What Works Clearinghouse は，教育に関わる政策決定，活動，製品の有効性について，最新で質の高いレビューを提供し，エビデンスに関する信頼できる情報源となることを目的としている。

文　献

Aldred, C., Green, J., & Adams, C. (2004). A new social communication intervention for children with autism: Pilot randomized controlled treatment study suggesting effectiveness. *Journal of Child Psychology and Psychiatry*, **45**, 1420-1430.

American Psychiatric Association (2013). *Diagnostic and statistical manual of mental disorders* (*5th ed.*). Arlington: American Psychiatric Association.

有川宏幸（2009）．米国における自閉症児への早期高密度行動介入に関する研究動向

特殊教育学研究, 47(4), 265-275.
Baron-Cohen, S., Leslie, A. M., & Frith, U. (1985). Does the autistic child have a "theory of mind"? *Cognition*, 21, 37-46.
Bradshaw, C. P., Mitchell, M. M., & Leaf, P. J. (2010). Examining the effects of schoolwide positive behavioral interventions and supports on student outcomes: results from a randomized controlled effectiveness trial in elementary schools. *Journal of Positive Behavior Interventions*, 12, 133-148.
Buschbacher, P., Fox, L., & Clarke, M. (2004). Recapturing desired family routines: A parent-professional behavioral collaboration. *Research and Practice for Persons with Severe Disabilities*, 29, 25-39.
Drotar, D., Baskiewicz, A., Irvin, N., Kennell, J., & Klaus, M. (1975). The adaptation of parents to the birth of an infant with a congenital malformation: a hypothetical model. *Pediatrics*, 56, 710-717.
Frith, U. (1989). *Autism explaining the enigma.* Oxford: Basil Blackwell.（冨田真紀・清水康夫（1991）自閉症の謎を解き明かす　東京書籍）
Frith, U., & Happe, F. (1994). Autism: beyond "theory of mind." *Cognition*, 50, 115-132.
Happé, F. G. (1993). Communicative competence and theory of mind in autism: a test of relevance theory. *Cognition*, 48, 101-119.
原口英之・上野茜・丹治敬之・野呂文行（2013）．我が国における発達障害のある子どもの親に対するペアレントトレーニングの現状と課題――効果評価の観点から　行動分析学研究, 27, 104-127.
平澤孝枝・久保田健夫（2011）．自閉症とエピジェネティクス　分子精神医学, 11, 289-294.
Hobson, R. P. (1986). The autistic child's appraisal of expressions of emotion. *Journal of Child Psychology and Psychiatry*, 27, 321-342.
Horner, R. H. (2000). Positive Behavior Supports. *Focus on Autism and Other Developmental Disabilities*, 15, 97-105.
Hsieh, H. H., Wilder, D. A., & Abellon, O. E. (2011). The effects of training on caregiver implementation of incidental teaching. *Journal of Applied Behavior Analysis*, 44, 199-203.
一瀬早百合（2012）．障害のある乳幼児と母親たち――その変容プロセス　生活書院
飯島啓太・高橋甲介・野呂文行（2008）．自閉性障害児における絵カード交換式コミュニケーション・システム（PECS）の家庭内での自発的使用促進に関する研究

障害科学研究, **32**, 195-206.

井上雅彦 (2012). おもしろきこともなき世をおもし録：自閉症を持つ子どもたちの生活を豊かにするための応用行動分析的療育話——ペアレント・メンターによる支援 アスペハート, **11**, 92-95.

Jocelyn, L. J., Casiro, O. G., Beattie, D., Bow, J., & Kneisz, J. (1998). Treatment of children with autism: a randomized controlled trial to evaluate a caregiver-based intervention program in community day-care centers. *Journal of Developmental and Behavioral Pediatrics,* **19**, 326-334.

神尾陽子 (2007). 自閉症スペクトラムの言語特性に関する研究 笹沼澄子 (編) 発達期言語コミュニケーション障害の新しい視点と介入理論 医学書院, pp. 53-70.

神山努・野呂文行 (2011). 自閉性障害児の排泄行動に対する保護者支援の検討——機能的アセスメントに基づいた指導手続きの検討 行動分析学研究, **25**, 153-164.

Kanner, L. (1943). Autistic disturbances of affective contact. *The Nervous Child,* **2**, 217-250.

黒田美保 (2007). 中枢性統合理論 笹沼澄子 (編) 発達期言語コミュニケーション障害の新しい視点と介入理論 医学書院, pp. 27-36.

黒田美保・吉田友子・内山登紀夫・北沢香織・飯塚直美 (2007). 広汎性発達障害臨床における WISC-Ⅲ 活用の新たな試み——3症例の回答内容の分析を通して 児童青年精神医学とその近接領域, **48**, 48-60.

Losh, M., & Capps, L. (2003). Narrative ability in high-functioning children with autism or Asperger's syndrome. *Journal of Autism and Developmental Disorders,* **33**, 239-251.

Lovaas, O., Schreibman, L., Koegel, R., & Rehm, R. (1971). Selective responding by autistic children to multiple sensory input. *Journal of Abnormal Psychology,* **77**, 211-222.

Lucyshyn, J. M., Albin, R. W., Horner, R. H., Mann, J. C., Mann, J. A., & Wadsworth, G. (2007). Family implementation of positive behavior support for a child with autism: Longitudinal, single-case, experimental, and descriptive replication and extension. *Journal of Positive Behavior Interventions,* **9**, 131-150.

Mesibov, G. B., & Shea, V. (2010). The TEACCH program in the era of evidence-based practice. *Journal of Autism and Developmental Disorders,* **40**, 570-579.

宮本信也 (2003). 自閉性障害の医学　小林重雄・園山繁樹・野口幸弘 (編著) 自閉性障害の理解と援助　コレール社, pp. 37-53.

棟居俊夫 (2013). 自閉症は治るか——精神医学からのアプローチ　金沢大学子どものこころの発達研究センター (監修) 自閉症という謎に迫る——研究最前線報告　小学館

中村和彦 (2013). 自閉症の生物学的研究は, いま　そだちの科学, 21, 14-20.

中田洋二郎 (1995). 親の障害の認識と受容に関する考察——受容の段階説と慢性的悲哀　早稲田心理学年報, 27, 83-92.

Odom, S. L., Collet-Klingenberg, L., Rogers, S. J., & Hatton, D. D. (2010). Evidence-based practices in interventions for children and youth with autism spectrum disorders. *Preventing School Failure*, 54, 275-282.

Olshansky, S. (1962). Chronic sorrow: A response to having a mentally defective child. *Social Casework*, 43, 190-193.

Rimland, B. (1964). *Infantile Autism: The syndrome and its implications for a neural theory of behavior.* New York: Appleton-Century-Crofts.

Roberts, J. M. A., & Prior, M. (2006). *A review of the research to identify the most effective models of practice in early intervention of children with autism spectrum disorders.* Australia: Australian Government Department of Health and Ageing. (https://www.health.gov.au/internet/main/publishing.nsf/Content/FE478B6B8CE5C636CA257BF0001FA0E5/$File/autrev.pdf.)（閲覧日：2014年6月3日）

Rutter, M. (1968). Concepts of autism: a review of research. *Journal of Child Psychology and Psychiatry*, 9, 1-25.

Shah, A., & Frith, U. (1993). Why do autistic individuals show superior performance on the block design task? *Journal of Child Psychology and Psychiatry*, 34, 1351-1364.

園山繁樹・小林重雄 (1989). 自閉症研究における刺激の過剰選択性の意義　特殊教育学研究, 27, 61-70.

Strain, P. S., & Hoyson, M. (2000). The need for longitudinal, intensive social skill intervention: LEAP follow-up outcomes for children with autism. *Topics in Early Childhood Special Education*, 20, 116-122.

杉山登志郎 (2011). 発達障害のいま　講談社

Smith, T., Groen, A., & Wynn, J. (2000). Randomized trial of intensive early intervention for children with pervasive developmental disorder. *American

Journal on Mental Retardation, **105**, 269-285.
田島明子（2009）．障害受容再考——「障害受容」から「障害との自由」　三輪書店
竹内めぐみ・島宗理・橋本俊顕（2002）．自閉症児の母親の主体的な取り組みを促すチェックリストを用いた支援　特殊教育学研究，**40**，411-418.
The National Autism Center. (2009). *National Standards Report.* (http://www.nationalautismcenter.org/pdf/NAC%20Standards%20Report.pdf.)（閲覧日：2014年6月3日）
内山登紀夫（2013）．発達障害診断の最新事情——DSM-5を中心に　児童心理，**67**，11-17.
上野茜・野呂文行（2012）．自閉症障害児の母親に対するビデオフィードバックとチェックリストを用いた介入の効果　障害科学研究，**36**，69-80.
Vismara, L. A., & Rogers, S. J. (2008). The early start Denver Model: A case study of an innovative practice. *Journal of Early Intervention.* **31**, 91-108.
鷲見聡（2013）．疫学研究からみた自閉症　そだちの科学，**21**，21-27
Wong, C., Odom, S. L., Hume, K., Cox, A. W., Fettig, A., Kucharczyk, S., Brock, M. E., Plavnick, J. B., Fleury, V. P., & Schultz, T. R. (2014). *Evidence-based practices for children, youth, and young adults with Autism Spectrum Disorder.* Chapel Hill: The University of North Carolina, Frank Porter Graham Child Development Institute, Autism Evidence-Based Practice Review Group. (http://autismpdc.fpg.unc.edu/sites/autismpdc.fpg.unc.edu/files/2014_EBP_Report.pdf.)（閲覧日：2014年6月3日）
World Health Organization (2001). International Classification of Functioning, Disability and Health: ICF.

第6章

子どもの ADHD

1　ADHD とは

（1）ADHD の診断基準

　注意欠如・多動症／注意欠如・多動性障害（Attention-deficit/hyperactivity disorder: 以下，ADHD）は発達上不相応な不注意，多動性，衝動性によって，社会的機能不全を引き起こしている場合に診断される障害である。アメリカ精神医学会は精神疾患の診断・統計マニュアル第5版（以下，DSM-5）（American Psychiatric Association, 2013）において ADHD を神経発達上の精神障害と位置づけている。日本では発達障害者支援法によって ADHD は発達障害の1つと定義されているが，ADHD の子どもや成人を診断する場合には DSM の診断基準に準拠することが推奨されている（齊藤・渡部，2008）。

　DSM-5 における ADHD の診断基準を表6-1に示した。不注意は忘れものやなくしものが多い，指示を聞いていないもしくは聞いていても忘れてしまう，課題に従事することができない（課題不従事），締め切りを守ることができないといった形であらわれる。多動性―衝動性は手足を動かすなどの落ち着きのなさや離席，順番を待つことができないといった問題として生じることが多い。ADHD の診断基準のうち，不注意と多動性―衝動性双方の診断基準を満たす場合は「混合して存在」，不注意の診断基準のみ満たす場合は「不注意優勢に存在」，多動性―衝動性の診断基準のみ満たす場合は「多動・衝動優勢に存在」というサブタイプに分類される。

　DSM-Ⅳ-TR から DSM-5 に改訂されるにあたって大きな変更はなかったも

表6-1　DSM-5におけるADHDの診断基準

A．(1)および／または(2)によって特徴づけられる，不注意および／または多動性—衝動性の持続的な様式で機能または発達の妨げとなっているもの：
(1) 不注意：以下の不注意症状のうち6つ（またはそれ以上）が少なくとも6ヶ月持続したことがあり，その程度は発達の水準に不相応で，社会的および学業的／職業的活動に直接，悪影響を及ぼすほどである。
　　　注：それらの症状は，単なる反抗的行動，挑戦，敵意の表れではなく，課題や指示を理解できないことでもない。青年期後期および成人（17歳以上）では，少なくとも5つ以上の症状が必要である。
　(a) 学業，仕事または他の活動中に，しばしば綿密に注意することができない，または不注意な間違いをする（例：細部を見過ごしたり，見逃してしまう，作業が不正確である）。
　(b) 課題または遊びの活動中に，しばしば注意を持続することが困難である（例：講義，会話または長時間読書に集中し続けることが難しい）。
　(c) 直接話しかけられたときにしばしば聞いていないように見える（例：明らかな注意をそらすものがない状況でさえ，心がどこか他所にあるように見える）
　(d) しばしば指示に従わず，学業，用事，職場での義務をやり遂げることができない（例：課題を始めるがすぐに集中できなくなる，また容易に脱線する）。
　(e) 課題や活動を順立てることがしばしば困難である（例：一連の課題を遂行することが難しい，資料や持ち物を整理しておくことが難しい，作業が乱雑でまとまりがない，時間の管理が苦手，締め切りを守れない）。
　(f) 精神的努力の持続を要する課題（例：学業や宿題，青年期後期や成人では，報告書の作成，書類にもれなく記入すること，長い文章を見直すこと）に従事することをしばしば避ける，嫌う，またはいやいや行う。
　(g) 課題や活動に必要なもの（例：学校教材，鉛筆，本，道具，財布，鍵，書類，眼鏡，携帯電話）をしばしばなくしてしまう。
　(h) しばしば外的な刺激（青年期後期および成人では，無関係な考えも含まれる）によってすぐに気が散ってしまう。
　(i) しばしば日々の活動（例：用事を足すこと，お使いをすること，青年期後期および成人では，電話を折り返しかけること，お金の支払い，会合の約束を守ること）で忘れっぽい。
(2) 多動性と衝動性：以下のうち6つ（またはそれ以上）が少なくとも6ヶ月持続したことがあり，その程度は発達の水準に不相応で，社会的および学業的／職業的活動に悪影響を及ぼすほどである。
　　　注：それらの症状は，単なる反抗的行動，挑戦，敵意の表れではなく，課題や指示を理解できないことでもない。青年期後期および成人（17歳以上）では，少なくとも5つ以上の症状が必要である。
　(a) しばしば手足をそわそわと動かしたりトントン叩いたりする。またはいすの上でもじもじする。
　(b) 席に着いていることが求められる場面でしばしば席を離れる（例：教室，職場，その他の作業場所で，またはそこにとどまることを要求される他の場面で，自分の場所を離れる）。
　(c) 不適切な状況でしばしば走り回ったり高いところへ登ったりする（注：青年または成人では，落ち着かない感じのみに限られるかもしれない）。
　(d) 静かに遊んだり余暇活動につくことがしばしばできない。
　(e) しばしば"じっとしていない"またはまるで"エンジンで動かされているように"行動する（例：レストランや会議に長時間とどまることができないまたは不快に感じる；他の人達には，落ち着かないとか，一緒にいることが困難と感じられるかもしれない）。
　(f) しばしばしゃべりすぎる。
　(g) しばしば質問が終わる前に出し抜いて答え始めてしまう（例：他の人達の言葉の続きを言ってしまう；会話の自分の番を待つことができない）。
　(h) しばしば自分の順番を待つことが困難である（例：列に並んでいるとき）。
　(i) しばしば他人を妨害し，邪魔する（例：会話，ゲームまたは活動に干渉する，相手に聞かずにまたは許可を得ずに他人のものを使い始めるかもしれない；青年または成人では，他人のしていることに口出ししたり，横取りすることがあるかもしれない）。
B．不注意または多動性—衝動性の症状のいくつかが12歳になる前から存在していた。
C．不注意または多動性—衝動性の症状のうちいくつかが2つ以上の状況（例：家庭，学校，職場；友人や親戚といるとき；その他の活動中）において存在する。
D．これらの症状が社会的，学業的，または職業的機能を損なわせているまたはその質を低下させているという明確な証拠がある。
E．その症状は，統合失調症，または他の精神病性障害の経過中にのみ起こるものではなく，他の精神疾患（例：気分障害，不安症，解離症，パーソナリティ障害，物質中毒または離脱）ではうまく説明されない。

出所：American Psychiatric Association, 2013＝2014 より引用。

のの，DSM-Ⅳ-TRでは症状の出現が 7 歳以前だったものが12歳以前となった点，広汎性発達障害（DSM-5では自閉スペクトラム症）との併存が認められた点，重症度として軽度，中等度，重度のカテゴリーが新しく加えられた点が変更点としてあげられる。

（2）有病率

　DSM-5によると，学齢期の子どもの有病率は約 5 ％であるとされている（American Psychiatric Association, 2013）。ポランクジックら（Polanczyk et al., 2007）は，北アメリカ，南アメリカ，ヨーロッパ，アフリカ，アジア，オセアニア，中東において行われた調査をレビューし，全世界でのADHDの有病率が5.29％であったことを示した。日本においては，文部科学省（2012）が全国の公立小中学校の教員にADHD評価スケールを実施し，知的発達に遅れはないものの「不注意」または「多動性―衝動性」の問題を著しく示す児童生徒の割合が3.1％であったことを報告している。ただし，この報告は児童精神科の専門医による診断面接が実施されていないことに留意する必要がある。

　日本における下位分類ごとの有病率については，国内の複数の医療機関を受診し，DSM-Ⅳ-TRの診断基準に準拠してADHDと診断された子ども71名のうち，混合型が38名（54％），不注意優勢型が30名（42％），多動性―衝動性優勢型が 2 名（ 3 ％），特定不能のADHDが 1 名（ 1 ％）であったことが報告されている（渡部，2008）。

　性別ごとの有病率を見ると女児が約 4 ％，男児が約10％と男児の方が高いことがわかる（Polanczyk et al., 2007）。日本においても例外ではなく，先述の渡部（2008）でもADHDの子ども71名のうち男児が61名，女児が10名であったことが示されている。

（3）病　因

　ADHDの遺伝的要因についてはさまざまな研究が行われてきたものの，現在のところADHDの遺伝のメカニズムは解明されていない。しかし，ファラ

オーネら (Faraone et al., 2005) は20組の双生児研究で報告された ADHD の遺伝率の平均が76％であったことを指摘しており，ADHD は家族で伝達する可能性があることが示されてきた。

また，神経学的要因として脳の形態的異常や機能的異常が存在することを示した研究も数多くある。形態的異常については，ADHD の子どもは対照群の子どもに比べると前頭前野，線条体，小脳などが小さいことが指摘されている（たとえば，Valera et al., 2007 など）。また，機能的異常に関しては，ADHD 群は対照群に比べて前頭前野の機能不全が認められたことを明らかにした (Dickstein et al., 2006)。特に前頭前野はワーキングメモリと関連があると言われており，実際に ADHD の子どもはワーキングメモリの機能不全がみられることが示されている (Martinussen et al., 2005)。

(4) 併存疾患

ADHD には，さまざまな発達障害や精神疾患が併存することが知られている。ADHD の子どもの約20〜25％が限局性学習症 (LD) と診断され，ADHD と LD を示す子どもは問題を解くのが遅く不正確である一方，ADHD のみの子どもは問題を解くのが速く不正確であることが示されている (Tannock & Brown, 2000)。ウィレンズら (Wilens et al., 2002) によると DSM-Ⅲ-R に基づいて ADHD の診断を受けた4〜6歳（就学前）の子ども165名と7〜9歳（就学後）の子ども381名のうち，ADHD の診断のみだったのは就学前が25％，就学後が20％であった。さらに，併存疾患としては反抗挑発症（就学前：62％，就学後：59％），素行症（就学前：23％，就学後：15％），うつ病（就学前：42％，就学後：47％），双極性障害（就学前：26％，就学後18％），気分変調症（就学前：5％，就学後：5％），複数の不安障害（就学前：28％，就学後：33％），心的外傷後ストレス障害（就学前：5％，就学後：4％），双極性障害および素行症（就学前：10％，就学後：6％）がみられたことを報告している。

（5）経過と予後

DSM-5の診断基準にもあるとおり，不注意または多動性―衝動性の症状のいくつかは12歳以前に存在している。幼児期は多動性―衝動性の症状が多くみられるが，学齢期になると不注意の症状が目立ちはじめて多動の症状は少なくなり，成人期には不注意や落ち着きのなさ，衝動性が残っていることが多い（American Psychiatric Association, 2013）。

また，ADHDは中核症状である不注意，多動性―衝動性のほかにも，さまざまな社会的機能の障害がみられることがある。たとえば，ADHDの子どもは学業不振（Jensen et al., 1997），社会的スキルの欠如（Van der Oord et al., 2005）や攻撃的行動（Erhardt & Hinshaw, 1994）がみられることが多い。さらに，スティールら（Steele et al., 2006）は，ADHDの子どもを対象とした縦断研究をレビューし，ADHDの診断を受けた子どもは診断を受けていない子どもに比べて，青年期および成人期に留年，退学，物質乱用，逮捕，解雇などを経験することが有意に多いことを示している。

2　診断と評価

（1）診断・評価ガイドライン

日本で作成されたADHDの診断・治療ガイドライン（齊藤・渡部，2008）の中で，以下のような診断・評価ガイドラインが示されている。①発達障害者支援法に基づきADHDを発達障害と位置づける，②ADHDの診断・評価はDSM-Ⅳ-TRに準拠した診断アルゴリズムを遵守する，③DSM-Ⅳ-TRに準拠した「ADHDの臨床面接フォーム」を用いた半構造化面接を実施することを推奨する，④「ADHDの臨床面接フォーム」にある「診断・評価のまとめ」に併存障害の評価の結果を記入すべきである，⑤ADHD-RS，CBCLなど親や教師による評価尺度はADHDの診断評価のための有益な資料を与えてくれる，⑥ADHDの診断，治療方針の決定に全般的発達水準，学習機能や認知機能，人格傾向などを客観的に評価する心理検査を組み合わせて実施する，⑦併

存障害を診断するために「ADHD 併存障害診断・評価用オプション・フォーム」などを行うことが望ましい．⑧診断にあたってはさまざまな精神障害との鑑別診断にとりわけ注意を払う必要がある．⑨ADHD の確定診断に至る過程で，自閉スペクトラム症の特徴の出現に留意し続けるべきである．⑩ADHD を伴わない反応性アタッチメント障害，不安症，気分障害（うつ状態あるいは躁状態），解離症，統合失調症等の子どもが示す衝動性や不注意と混同しやすいので診断にあたって特に注意する必要がある．⑪ADHD 様症状を示す子どもの診断に際しては，知的発達の問題（ネグレクトの結果でもありうる），愛着の問題（反応性アタッチメント障害の症状を中心に），トラウマ関連症状，行為の問題などを総合的に評価し，虐待に関連する状態を鑑別する必要がある．⑫てんかん，脳腫瘍など広範な身体障害との鑑別が必要である．⑬ADHD の診断・評価における医学的・神経学的検査は，脳波検査，MRI ないし CT による脳画像診断，および一般的な血液検査が脳器質性疾患や他の身体疾患との鑑別のために必須である．⑭ADHD 児の理解のためには，ADHD 児の示す症状，対人交流の質と量，形成されつつある人格傾向などの横断的な評価と発達の時間軸に沿ったそれらの経過についての縦断的な評価を実施する．⑮成人期の ADHD に関する臨床的な研究は乏しく，現在のところ「成人期にも ADHD は存在する」としか言えないため，構造化された評価を基盤とした臨床的研究が必要である（詳細は齊藤・渡部，2008を参照のこと）。以上のように，ADHD の診断・評価を行う際には DSM に基づいた診断を行うことや，単一のアセスメントツールのみではなく面接や評価尺度，医学的検査などを用いて多角的に診断・評価をすることの重要性が指摘されている。

　ADHD-RS，CBCL など親や教師による評価尺度は診断評価のための有益な資料となる。また，ADHD の診断，治療方針を決定する際には全般的発達水準，学習機能や認知機能，人格傾向などを客観的に評価する心理検査を組み合わせる必要がある。以下の項では，日本において入手可能なアセスメントツールのうち，ADHD の症状そのものを評価することができる ADHD 評価スケールおよび Conners 3，ADHD の症状に限らず子どもの内在化問題や外在化問

題も評価することができる CBCL，全般的発達水準や認知機能を測定することができる WISC-Ⅳ を紹介する。

(2) ADHD 評価スケール

ADHD Rating Scale-Ⅳ（ADHD 評価スケールもしくは ADHD-RS-Ⅳ）は，デュポールら（Depaul et al., 1998）が作成した ADHD の症状を評価する尺度である。DSM-Ⅳ にある ADHD の診断基準に準拠し，18の症状について「ない，もしくはほとんどない：0」～「非常にしばしばある：3」の4件法で評価する。過去6ヶ月間の家庭における行動を保護者が評定する家庭版と，過去6ヶ月の学校における行動を教師が評価する学校版がある。

「不注意」，「多動性―衝動性」の各下位尺度と合計点について，男女別に5～7歳，8～10歳，11～13歳，14～18歳のカットオフスコアとその感度，特異度などが示されている。日本においては市川ら（Depaul, 1998=2008）が翻訳出版した ADHD 評価スケールを使用することができる。

(3) Conners 3

Conners Rating Scale はコナーズが作成した ADHD およびその関連障害を評価する尺度であり，2008年に第3版（Conners 3）が出版され，その日本語版は2011年に発売された（田中，2011）。医療，心理，教育分野において大学院レベルの教育を受けた専門家が使用することのできるアセスメントツールである。

Conners 3 には，保護者用（110項目），教師用（115項目），本人用（99項目，8～18歳対象）があり，「不注意」「多動性／衝動性」「学習の問題」「実行機能」「攻撃性」「友人／家族関係」の下位尺度からなる。また，DSM-Ⅳ-TR に準拠した「ADHD 不注意」「ADHD 多動性-衝動性」のほかにも「素行症（CD）」「反抗挑発症（ODD）」について評価することができる。

(4) Child Behavior Checklist（CBCL）

アッケンバック（Achenbach, 1991）が開発した子どもの行動を評価する尺度

であり，日本においても翻訳版が作成されている（井潤ら，2001）。CBCL には親評定（CBCL），教師評定（Teacher Report Form: TRF），青年を対象とした自己評定（Youth Self-Report Form: YSF）がある。「ひきこもり」「身体的訴え」「不安／抑うつ」「社会性の問題」「思考の問題」「注意の問題」「非行的行動」「攻撃的行動」の 8 つの下位尺度で構成されている。このうち，「ひきこもり」「身体的訴え」「不安／抑うつ」の 3 つを内向尺度，「非行的行動」「攻撃的行動」の 2 つを外向尺度として得点を算出することもできる。それぞれの下位尺度について正常域，境界域，臨床域を区分するためのカットオフポイントが設定されている。

（5）WISC-Ⅳ

WISC-Ⅳ（Wechsler Intelligence Scale for Children-Forth Edition）はウェクスラーが開発した子どもの認知能力を測定する検査である。日本版 WISC-Ⅳ では 5～16歳11ヶ月までの子どもを対象としており，10の基本検査と 5 の補助検査がある。基本検査の結果を用いて全般的な知的発達の水準を示す全検査 IQ と群指数を算出することができる。群指数は推理，理解，および概念化を用いる言語能力を評価する「言語理解指標」，知覚推理および知覚統合を評価する「知覚推理指標」，注意，集中，およびワーキングメモリを評価する「ワーキングメモリ指標」，認知処理および描写処理の速度を評価する「処理速度指標」の 4 つが算出される。

全検査 IQ と群指数は子どもの年齢集団の平均を100として 1 標準検査が15となる尺度で作成されている。ADHD の子どもと比較統制群の子どもの WISC-Ⅳ の結果を比較すると ADHD の子どもは知的機能では標準範囲に近い得点をとるものの，処理速度の群指数が有意に低いことが報告されている（日本版 WISC-Ⅳ 刊行委員会，2010）。

第6章 子どものADHD

3 治療・介入のエビデンス

(1) ADHDの子どもを対象とした治療効果の検討

　ADHDの子どもを対象としたランダム化比較試験（Randomized control trial；以下，RCT）のうち，代表的なものとしてアメリカで行われたMultimodal Treatment Study of Children with ADHD（MTA）があげられる。MTAでは579名のADHDの子どもを薬物療法群（メチルフェニデート等を処方），行動療法群（随伴性マネジメントや社会的スキル訓練，ペアレントトレーニング，教師コンサルテーション等を実施），薬物療法と行動療法の組み合わせ群（以下，組み合わせ群），地域ケア群（地域の医療機関やその他の支援機関による通常の援助）の4群に無作為に割りつけ，治療効果の比較を行った。治療は複数の施設で14ヶ月間実施されたが，行動療法の内容に関しては徐々にフェードアウトされた（手続きの詳細は，Wells et al., 2000を参照のこと）。その結果，治療終結直後の段階では薬物療法群と組み合わせ群は行動療法群や地域ケア群より有意に改善していた。また，いくつかの測度（攻撃的行動，内在化問題，社会的スキルなど）に関しては，組み合わせ群のみが行動療法群や地域ケア群よりも有意に改善していることが明らかとなった（The MTA Cooperative Group, 1999）。さらに，3年間のフォローアップ時点ではすべての群において治療前よりも改善が維持されていたものの，群ごとの差はみられなくなっていた（Jensen et al., 2007）。

　ファンデルオードら（Van der Oord et al., 2008）は，MTAに限らずRCTによってADHDの子どもに対する治療の効果を検討した26の研究についてメタ分析を行った。その結果，ADHDの症状，反抗や素行の症状については薬物療法のみと薬物療法・行動療法の組み合わせの方が行動療法のみの効果サイズより大きかった。社会的行動の効果サイズについては薬物療法，行動療法，両者の組み合わせすべてにおいて中程度であった。

表6-2 ADHDに対する介入におけるエビデンスのレベル

エビデンスのレベル	介入方法
レベル1 十分に確立されている	行動的ペアレントトレーニング クラスにおける行動的マネジメント 行動的仲間介入 行動的マネジメントを組み合わせた介入 課題整理トレーニング
レベル2 おそらく効果がある	さまざまなトレーニングの組み合わせ
レベル3 効果のある可能性がある	ニューロフィードバック・トレーニング
レベル4 試験段階にある	認知的トレーニング
レベル5 効果がない	社会的スキル訓練

出所：Evans et al., 2014より引用。

(2) エビデンスに基づく治療介入の選択

MTAをはじめとするRCTやRCTを対象としたメタ分析によって，メチルフェニデート等を用いた薬物療法の効果が高いことが示されてきた。しかし，薬物療法の効果が現れるのはADHDの子どもの約70～80％であることや（Rapport et al., 1994），薬物療法と行動的介入の組み合わせも高い治療効果が示されていることから，行動的介入が治療の選択肢となることも多いと考えられる。

アメリカ心理学会は，エビデンスに基づく心理療法を選定するための基準（Task Force Criteria）を発表し，この基準に基づいてさまざまな精神疾患についてエビデンスが確立された心理療法を示してきた。ペルハムら（Pelham et al., 1998）によると，Task Force Criteria（Lonigan et al., 1998）を用いてADHDの子どもに対する心理社会的介入の効果を検討したところ，十分に確立されている（well-established）という基準を満たしたのは，行動的ペアレントトレーニングおよびクラスにおける行動的マネジメントであった。その10年後，シルバーマンとヒンショウ（Silverman & Hinshaw, 2008）によってTask Force Criteria に基づいて ADHD の子どもに対する心理社会的介入の効果について再検討が行われ，行動的ペアレントトレーニングとクラスにおける行動的介入に加えて，レクリエーション場面で実施される行動的仲間介入も十分に確立されているという基準を満たしたことが示された（Pelham & Fabiano, 2008）。さらに，エバンスら（Evans et al., 2014）が ADHD に対する心理療法のエビデンスを更新し，行動的ペアレントトレーニング，クラスにおける行動的マネジメント，行動的仲間介入，行動的マネジメントを組み合わせた介入，課題整理トレーニングが十分に確立されたという基準を満たしているとされた（表6-2，第4章第1節も参照）。

（3）一事例実験デザインを用いた研究の知見

　ADHDの子どもを対象とした介入の中には一事例実験デザインを採用しているものも多く，メタ分析の分析対象とするのが難しい介入研究が多数存在していた。しかし，一事例実験デザインに適用可能なメタ分析がいくつか開発され，子どもの ADHD を対象としたさまざまな介入研究を用いてメタ分析を実施する試みが行われている。

　たとえば，ミラーとリー（Miller & Lee, 2013）は ADHD の子どもを対象として行動的介入を実施した82の研究について，機能的アセスメントに基づく介入と基づかない介入に分けて介入効果を比較したところ，効果サイズは機能的アセスメントに基づく介入の方が大きいことが明らかとなった。この研究結果は機能的アセスメントの有効性を示唆する有用な知見であり，RCT を実施するなどしてエビデンスを確立していく必要があるだろう。

4　ADHDを対象とした介入の概要

（1）行動的ペアレントトレーニング

　ペアレントトレーニングは ADHD の子どもをもつ保護者を対象として実施される。まず ADHD や行動理論の概要を説明した上で，①行動理論を用いた

介入方法（強化，トークンエコノミー，レスポンスコスト，タイムアウトなど）についての講義，②講義で習った方法を家庭で実際に試すホームワーク，③ホームワークについての話し合いで構成されることが多い（岩坂, 2012; Whitham, 1991 を参照のこと）。

たとえば，強化についてとりあげるセッションであれば，強化とは何かを説明した後に，それぞれの家庭で使用することのできる強化子を保護者に考えてもらう。次に強化したいターゲット行動を1つ選び，家庭でどのように強化をするのか計画を立てる。ホームワークでは家庭で計画通りに強化を実施してもらい，ホームワークシートに強化の内容や頻度，ターゲットとなっている行動の頻度を記録する。次回のセッションでホームワークの内容について話し合い，フィードバックが行われる。多くのペアレントトレーニングでは1回につき2時間程度のセッションを計10回ほど実施する。

近年は，標準的なペアレントトレーニングの内容を目的に合わせて修正した介入を実施し，その効果を検討する試みが行われている。たとえば，チャッコら（Chacko et al., 2009）は，ADHDの子どもをもつシングルマザーを対象に，標準的なペアレントトレーニングにインテーク面接などを通して参加への動機を高める手続きや，スタッフと子どものやりとりをモデリングする手続きを加えたStrategies to Enhance Positive Parenting（STEPP）プログラムを作成している。また，ファビアーノら（Fabiano et al., 2009）はADHDの子どもをもつ父親を対象として，父子間の代表的な遊びであるサッカーをする中で強化などの行動的技法を使用するCoaching Our Acting-out Children: Heightening Essential Skills（COACHES）の効果を検討している。いずれのプログラムも標準的なペアレントトレーニングを上回る効果が示されている。

（2）クラスにおける行動的マネジメント

クラスにおける行動的マネジメントではさまざまな行動的技法が用いられている。ここでは代表的な技法として先行子操作と随伴性マネジメントについて説明する。

先行子操作は，不適切な行動が生じるきっかけを取り除いたり，適切な行動が生じるきっかけを提示したりする方法である。特に学校場面においてはADHDの症状が学業に関連する課題不従事や離席という形で現れることから，こういった問題に先行子操作が用いられることが多い。たとえば，前に座っている子どもにちょっかいを出してしまうために課題に従事しない場合は，座席を一番前にすることで前の子にちょっかいを出すきっかけを取り除く。また，必要な教材を机の上に出していないために課題に従事しない場合は，机の上に出す物を視覚的に明示するなどして適切な行動が生じるきっかけとなるようにする。

　随伴性マネジメントは，ある行動に随伴する結果を操作することで当該行動を増加させたり低減させたりする方法である。多くの場合，適切な行動には賞賛する，パソコンの使用を許可するなどの特権を与える，ごほうびなど具体的な形のあるものを与えるという形で正の強化が用いられる。しかし，フィフナーら（Pfiffner et al., 1985）は，不注意や行動の問題を示す子どもを対象とした介入研究において，賞賛のみでは課題不従事行動を改善することが困難であることを示している。そのため，ADHDの子どもに対する随伴性マネジメントの多くは，トークンエコノミーやレスポンスコストを用いることが多い（表6-3）。

　随伴性マネジメントの中でADHDの子どもを対象によく使用されているのがデイリーレポートカード（Daily Report Card: 以下，DRC）である。これは，トークンエコノミーの技法を応用したものであり，それぞれの子どもの学校における目標行動を5個程度決めてその目標を達成できたかどうかをカードに記録する。その日の目標を達成すると家庭で強化子（ごほうび）をもらうことができ，さらに目標達成が累積していくと週ごとのごほうびも準備されている（手続きの詳細は岡田・山下（2011）を参照のこと）。

　ファビアーノら（Fabiano et al., 2010）は，特別支援教育の対象となっているADHDの児童をDRC群と通常の対応群に分けDRCの効果を検討したところ，ADHDの症状そのものは大きく変化しなかったものの，破壊的行動の低減や

表6-3 随伴性マネジメントで使用される技法

	定　義	具体例
正の強化	ある行動の後に好ましい事態や刺激が提示されることによって，その行動の生起頻度が増加すること。	課題を完成させたら， →ほめてもらえる（賞賛） →パソコンで遊べる（特権） →ごほうびをもらえる（具体物）
トークンエコノミー	適切な行動に随伴してシール，スタンプ，得点などのトークンが与えられ，トークンを一定数集めると好きなものや活動と交換することができる。	課題を完成させる度にシールがもらえ，シールを10枚集めると →パソコンで遊べる →ごほうびをもらえる
レスポンスコスト	不適切な行動に随伴してトークンを取り上げられる。トークンエコノミーと組み合わせて実施される。	授業中許可なく立ち歩いたので，シールを3枚取り上げられる。

学業達成に効果がみられたことを報告している。

（3）行動的仲間介入

　代表的な行動的仲間介入としてサマートリートメントプログラム（Summer Treatment Program: 以下，STP）があげられる。現在はさまざまな機関がSTPを実施しているが，そのほとんどはペルハムとホザ（Pelham & Hoza, 1996）が行ったSTPを参考に開発されている。ペルハムらのプログラムは9時間のプログラムを週に5回8週間にわたって，レクリエーション場面と教室場面において実施された。レクリエーション場面では，ごほうびを得ることができるポイントシステム（トークンエコノミー），タイムアウト，賞賛などの社会的強化，グループでの問題解決，スポーツスキルの指導，社会的スキル訓練（Social Skills Training: 以下，SST）が適用され，教室場面では個別に学習スキルを指導する中で，適切な行動が強化された。

　以上のようにSTPではさまざまな技法が用いられていたが，エバンスら（Evans et al., 2014）によるエビデンスの改訂において，これらのうちSSTが"効果なし"に分類された。これまでは行動的仲間介入の効果を場面（レクリエ

―ション場面や治療場面）で分類してエビデンスが検討されてきたが，エバンスらは新たに対象者で分類をする試みを行った。具体的には，仲間関係を向上させるスキルを直接子どもに指導するか，スキルを獲得させるための技法を周囲の成人に教えるかという分類をした。その結果，仲間介入では子どもに直接スキルを教える SST は効果が出ておらず，子どもがスキルを発揮できるように成人が随伴性をマネジメントする方が効果が高いことが指摘された。したがって，ADHD の子どもに社会的スキルを教えることができないのではなく，周囲の成人が随伴性マネジメントを実施することで社会的スキルの獲得を促すことができることを示している。

なお，行動的マネジメントを組み合わせた介入は，行動的ペアレントトレーニングとクラスにおける行動的マネジメント，行動的仲間介入のいずれかを組み合わせたものであり，代表的なものとして先述の MTA をあげることができる。

（4）課題整理トレーニング

与えられた課題を整理して遂行できるようにトレーニングを行うプログラムも開発されている。たとえば，アビコフら（Abikoff et al., 2013）は，RCT によって課題整理トレーニングの効果を検討した。小学 3 年生から 5 年生の ADHD の子どもを対象に教材を整理整頓し，課題の進み具合をチェックリストで確認し，時間を管理するための計画を立てるスキルについてクリニックでトレーニングした。適切にスキルを遂行できた場合にはごほうびが与えられた。

10週間から12週間このトレーニングを行った結果，課題整理トレーニングを受けた子どもはウェイティングリスト群の子どもに比べて課題の整理，学業達成，宿題の遂行，家族関係に有意な改善がみられた。

（5）機能的アセスメントに基づく介入

機能的アセスメントとは，問題行動を引き起こしたり維持したりする環境事象について情報を収集し，問題行動の機能（注目を獲得したい，難しい課題から逃

避したい，具体物を入手したいなど）を特定するアセスメント法である（Crone & Horner, 2003）。必要に応じて，関係者や本人に対する面接や行動観察などを実施して情報を収集する（Dupaul et al., 1997）。

　たとえば，アービンら（Ervin et al., 1998）は，ADHDの子ども2名に対して機能的アセスメントを実施した。1名は課題からの逃避として課題不従事行動が機能していると考えられたため，課題の負担を軽くするように工夫した。もう1名は，仲間からの注目を得る手段として課題不従事行動が機能していると考えられたため，仲間からの注目を減らし，注目獲得以外の行動に対して正の強化を与えた。その結果，2名とも課題従事行動が増加した。また，ボヤジャンら（Boyajian et al., 2001）は，ADHDが疑われる幼児3名に対して介入を実施した。1人目は教師から注目を獲得する手段として攻撃行動が機能していたため，適切な行動（「こっちに来て」と言うなど）に対して教師が注目を与えるようにした。2人目は好きなものを獲得する手段として攻撃行動が機能していたため，適切な行動（「それで遊んでいいですか？」と聞くなど）に対して好きなものを随伴させた。3人目は課題からの逃避として不従順行動が機能していたため，適切な行動（「休んでいいですか？」と聞くなど）に対して，課題の終了を随伴させた。その結果，3名全員の問題行動が低減し，適切な行動が増加した。

5　今後の展望

（1）エビデンスの確立に向けて

　ADHDの子どもに対する介入は1名から数名を対象とした一事例実験デザインを用いて研究が行われることが多く，グループデザインを採用してきた分野に比べるとRCTの実施とメタ分析による効果検討という点でエビデンスの確立が遅れている面がある。

　しかし近年，一事例実験デザインにも適用可能で簡単に効果サイズを算出することができる方法が開発されたことから（たとえば，Vannest et al., 2011），メタ分析を実施することが容易となり，一事例実験デザインにおいて積み重ねら

れてきた知見をエビデンスの確立に向けて活用できるようになってきた。

　ADHDの子どもを対象としたさまざまな研究において，RCTやメタ分析を実施した研究が増えれば，これまで分析対象となる機会が少なかった介入の効果についても検討していくことが可能となり，エビデンスをより確立していくことができるだろう。

（2）専門家の養成

　ADHDの有病率は決して低いものではなく，有病率から考えると学級に1人から2人は存在していることになる。ADHDの子どもが何らかの問題を抱えた場合にその問題が顕在化するのは学校場面であることが多いため，教師やスクールカウンセラーがADHDの子どもへの対応を担い，必要に応じて病院や発達障害者支援センターなどの専門機関に紹介することになる。

　したがって，教育，医療，療育にかかわる臨床心理の専門家はADHDとADHDに有効とされている行動的介入についてトレーニングを受けておく必要がある。しかし，臨床心理の専門家を養成する関係機関のうち，臨床児童心理学や行動的介入の専門的トレーニングを受けることができる機関は少ないのが現状である。今後は専門的な教育やトレーニングを受けることのできる機関および研修会等の機会を拡充することが求められるだろう。

文　献

Abikoff, H. B., Gallagher, R., Wells, K., Murray, D. W., Huang, L., Lu, F., & Petkova, E. (2013). Remediating organizational functioning in children with ADHD: Immediate and long-term effects from a randomized controlled trial. *Journal of Consulting and Clinical Psychology,* **81**, 113-128.

Achenbach, T. M. (1991). *Manual for child Behavior Checklist/4-18 and 1991 profile.* Burlington: University of Vermont Department of Psychiatry.

American Psychiatric Association (2013). *Diagnostic and statistical manual of mental disorders* (*5th ed.*). Arlington: American Psychiatric Association.（アメリカ精神医学会（編）高橋三郎・大野裕（監訳）(2014). DSM-5精神疾患の

診断・統計マニュアル　医学書院)
Boyajian, A. E., Dupaul, G. J., Handler, M. W., Eckert, T. L., & McGoey, K. E. (2001). The Use of Classroom-based Brief Functional Analyses with preschoolers At-risk for Attention Deficit Hyperactivity Disorder. *School Psychology Review*, **30**, 278-293.
Chacko, A., Wymbs, B. T., Wymbs, F. A., Pelham, W. E., Swanger-Gagne, M. S., Girio, E., Pirvics, L., Herbst, L., Guzzo, J., Phillips, C., & O'Connor, B. (2009). Enhancing traditional behavior parent training for single mothers of children with ADHD. *Journal of Clinical Child and Adolescent Psychology*, **38**, 206-218.
Crone, D. A., & Horner, R. H. (2003). *Building positive behavior support systems in schools: Functional behavioral assessment.* New York: Guilford Press. (クローン／ホーナー (著) 野呂文行・大久保賢一・佐藤美幸・三田地真実 (訳) (2013). スクールワイド PBS——学校全体で取り組むポジティブな行動支援　二瓶社)
Dickstein, S. G., Bannon, K., Castellanos, F. X., & Milham, M. P. (2006). The neural correlates of attention deficit hyperactivity disorder: an ALE meta-analysis. *Journal of Child Psychology and Psychiatry*, **47**, 1051-1062.
Dupaul, G. J., Eckert, T. L., & McGoey, K. E. (1997). Interventions for students with attention-deficit/hyperactivity disorder: One size does not fit all. *School Psychology Review*, **26**, 369-381.
Dupaul, G. J., Power, T. J., Anastopoulos, A. D., & Reid, R. (1998). *ADHD Scale-IV: Checklists, norms, and clinical interpretation.* New York: Guilford Press. (デュポール／パワー／アナストポウロス／リード (著) 市川宏伸・田中康雄 (監修) (2008). 診断・対応のための ADHD 評価スケール　ADHD-RS【DSM準拠】チェックリスト——標準値とその臨床的解釈　明石書店)
Erhardt, D., & Hinshaw, S. P. (1994). Initial sociometric impressions of attention-deficit hyperactivity disorder and comparison boys: Predictions form social behavior and nonbehavioral variables. *Journal of Consulting and Clinical Psychology*, **62**, 833-842.
Ervin, R. A., Dupaul, G. J., Kern, L., & Friman, P. C. (1998). Classroom-based functional and adjunctive assessments: Proactive approaches to intervention selection for adolescents with attention-deficit hyperactivity disorder. *Journal of Applied Behavior Analysis*, **31**, 65-78.

Evans, S. W., Owens, J. S., & Bunford, N. (2014). Evidence-based psychosocial treatments for children and adolescents with Attention-deficit/hyperactivity disorder. *Journal of Clinical Child and Adolescent Psychology*, 43, 527-551.

Fabiano, G. A., Chacko, A., Pelham Jr, W. E., Robb, J., Walker, K. S., Wymbs, F., Sastry, A. L., Flammer, L., Keenan, J. K., Visweswaraiah, H., Shulman, S., Herbst, L., & Pirvics, L. (2009). A comparison of behavioral parent training programs for fathers of children with attention-deficit/hyperactivity disorders. *Behavior Therapy*, 40, 190-204.

Fabiano, G. A., Vujnovic, R. K., Pelham, W. E., Waschbusch, D. A., Massetti, G. M., Pariseau, M. E., Naylor, J., Yu, J., Robins, M., Carnefix, T., Greiner, A. R., & Volker, M. (2010). Enhancing the effectiveness of special education programming for children with attention deficit hyperactivity disorder using a daily report card. *School Psychology Review*, 39, 219-239.

Faraone, S. V., Perlis, R. H., Doyle, A. E., Smoler, J. W., Gralnick, J. J., Holmgren, M. A., & Sklar, P. (2005). Molecular genetics of attention-deficit/hyperactivity disorder. *Biological Psychiatry*, 57, 1313-1323.

井澗知美・上林靖子・中田洋二郎・北道子・藤井浩子・倉本英彦・根岸敬矩・手塚光喜・岡田愛香・名取宏 (2001). Child Behavior Checklist/4-18 日本語版の開発 小児の精神と神経, 41, 243-252.

岩坂英巳 (2012). 困っている子をほめて育てるペアレントトレーニングガイドブック——活用のポイントと実践例 じほう

Jensen, P. S., Arnold, L. E., Swanson, J. M., Vitiello, B., Abikoff, H. B., Greenhill, L. L., Hechman, L., Hinshaw, S. P., Pelham, W., Wells, K. C., Conners, C. K., Elliott, G. R., Epstein, J. N., Hoza, B., March, J. S., Moline, B. S. G., Newcorn, J. H., Severe, J. B., Wigal, T., Gibsons, R. D., Hur, K. (2007). 3-Year follow-up of the NIMH MTA study. *Journal of the American Academy of Child and Adolescent Psychiatry*, 46, 989-1002.

Jensen, P. S., Martin, D., & Cantwell, D. P. (1997). Comorbidity in ADHD: Implications for research, practice and DSM-IV. *Journal of the American Academy of Child and Adolescent Psychiatry*, 36, 1065-1079.

Lonigan, G., Elbert, J. C., & Johnson, S. B. (1998). Empirically supported psychosocial interventions for children: An overview. *Journal of Clinical Child Psychology*, 27, 138-145.

Martinussen, R., Hayden, J., Hogg-Johnshon, S., & Tannnock, R. (2005). A meta-analysis of working memory impairments in children with attention-deficit/hyperactivity disorder. *Journal of the American Academy of Child and Adolescent Psychiatry,* 44, 377-384.

Miller, F. G., & Lee, D. L. (2013). Do functional behavioral assessments improve intervention effectiveness for students diagnosed with ADHD? A single-subject meta-analysis. *Journal of Behavioral Education,* 22, 253-282.

文部科学省（2012）．通常の学級に在籍する発達障害の可能性のある特別な教育的支援を必要とする児童生徒に関する調査結果について

日本版 WISC-Ⅳ 刊行委員会（訳編）（2010）．日本版 WISC-Ⅳ 知能検査——理論・解釈マニュアル　日本文化科学社

岡田俊・山下裕史朗（2011）．メチルフェニデート徐放剤を用いた ADHD の薬物療法と心理社会的治療　星和書店

Pelham, W. E. & Fabiano, G. A. (2008). Evidence-based psychosocial treatments for attention-deficit/hyperactivity disorder. *Journal of Clinical Child and Adolescent Psychology,* 37, 184-214.

Pelham, W. E. & Hoza, B. (1996). Intensive treatment: A summer treatment program for children with ADHD. In E. D. Hibbs & P. S. Jensen (Eds.), *Psychosocial treatments for child and adolescent disorders: Empirically based strategies for clinical practice.* Washington, DC: American Psychological Association, pp. 311-340.

Pelham, W. E., Wheeler, T., & Chronis, A. (1998). Empirically supported psychosocial treatments for attention deficit hyperactivity disorder. *Journal of Clinical Child Psychology,* 27, 190-205.

Pfiffner, L. J., Rosen, L. A., & O'Leary, S. G. (1985). The efficacy of an all-positive approach to classroom management. *Journal of Applied Behavior Analysis,* 18, 257-261.

Polanczyk, G., De Lima, M. S., Horta, B. L., Biederman, J., & Rohde, L. A. (2007). The worldwide prevalence of ADHD: A systematic review and metaregression analysis. *American Journal of Psychiatry,* 164, 942-948.

Rapport, M. D., Denney, C., Dupaul, G. J., & Gardner, M. J. (1994). Attention deficit disorder and methylphenidate: Normalization rates, clinical effectiveness, and response prediction in 76 children. *Journal of the American Academy of Child and Adolescent Psychiatry,* 33, 882-893.

齊藤万比古・渡部京太（2008）．注意欠如・多動性障害— ADHD —の診断治療ガイ

ドライン第3版　じほう

Silverman, W. K., & Hinshaw, S. P. (2008). The second special issue on evidence-based psychosocial treatments for children and adolescents: A 10-year update. *Journal of Clinical Child and Adolescent Psychology, 37*, 1-7.

Steele, M., Jensen, P. S., & Quinn, D. M. P. (2006). Remission versus response as the goal of therapy in ADHD: A new standard for the field? *Clinical Therapeutics, 28*, 1892-1907.

タンノック／ブラウン（著）田中康夫（監訳）(2011). Conners 3™ 日本語版マニュアル　金子書房

Tannock, R., & Brown, T. E. (2000). Attention-deficit disorders in children and adlescents. In T. E. Brown (Ed.), *Attention deficit disorders and comorbidities in children, adolescents, and adults*. Washington, DC: American Psychiatric Press, Inc, pp. 231-296.

The MTA Cooperative Group (1999). A 14-month randomized clinical trial of treatment strategies for attention-deficit/hyperactivity disorder. *Archives of General Psychiatry, 56*, 1073-1086.

Valera, E. M., Faraone, S. V., Murray, K. E., & Seidman, L. J. (2007). Meta-analysis of structural imaging findings in attention-deficit/hyperactivity disorder. *Biological Psychiatry, 61*, 1361-1369.

Van der Oord, S., Prins, P. J. M., Oosterlaan, J., Emmelkamp, P. M. G. (2008). Efficacy of methylphenidate, psychosocial treatments and their combination in school-aged children with ADHD: A meta-analysis, *Clinical Psychology Review, 28*, 783-800.

Van der Oord, S., Van der Meulen, E. M., Prins, P. J. M., Oosterlaan, J., Buitelaar, J. K., & Emmelkamp, P. M. G. (2005). A psychometric evaluation of the social skills rating system in children with attention deficit hyperactivity disorder. *Behavior Research and Therapy, 43*, 733-746.

Vannest, K. J., Parker, R. I., & Gonen, O. (2011). *Single Case Research: web based calculators for SCR analysis.* (*Version 1.0*) [Web-based application]. College Station, TX: Texas A & M University.

渡部京太 (2008). ADHDの長期予後　齊藤万比古・渡部京太（編）注意欠如・多動性障害— ADHD —の診断治療ガイドライン第3版　じほう, pp. 221-231.

Wells, K. C., Pelham, W. E., Kotkin, R. A., Hoza, B., Abikoff, H., Abramowitz, A., Arnold, L. E., Cantwell, D., Conners, C. K., Del Carmen, R., Elliot, G., Greenhill,

L. L., Hechtman, L., Hibbs, E., Hinshaw, S. P., Jensen, P. S., March, J., Swanson, J., & Schiller, E. (2000). Psychosocial treatment strategies in the MTA study: Rationale, methods, and critical issues in design and implementation. *Journal of Abnormal Child Psychology*, 28, 483-505.

Whitham, C. (1991). *Win the Whining War & Other Skirmishes: A Family Peace Plan*. CA: Perspective Publishing Glendale. (ウィッタム（著）上林靖子・中田洋二郎・藤井和子・井澗知美・北道子（訳）(2002). 読んで学べる ADHD のペアレントトレーニング——むずかしい子にやさしい子育て　明石書店)

Wilens, T. E., Biederman, J., Brown, S., Tanquay, S., Monuteaux, M. C., & Spencer, T. J. (2002) Psychiatric comorbidity and functioning in clinically referred preschool children and school-age youths with ADHD. *Journal of the American Academy of Child and Adolescent Psychiatry*, 41, 262-268.

第7章

子どもの ODD/CD

1 ODD/CD とは

　攻撃行動をはじめとする行為の問題は，行為者本人と周囲の双方の心理社会的適応に悪影響を与えやすい問題であることから（Perren & Alsaker, 2006; Underwood, 2002），問題解消のための研究が非常に盛んに行われている。そうした背景もあってか，児童青年期の問題の中でも，「十分に確立された治療法」と「おそらく効果がある治療法」の数が最も多い問題である（Eyberg, Nelson, & Boggs, 2008）。

　行為の問題は，DSM-5 における「秩序破壊的・衝動制御・素行症群」というカテゴリーの中でも，主に反抗挑発症（Oppositional Defiant Disorder: 以下，ODD）と素行症（Conduct Disorder: 以下，CD）という診断分類を用いて研究知見が積み重ねられている。

　本章では，まず，具体例として以下の事例を紹介し，その上で症状の特徴などについて解説をしていく。ODD/CD の特徴や代表的な治療法を整理することで，臨床心理学の専門家がどのような視点や支援法を用いて子どもの行為の問題に取り組んでいるのかを紹介する。

　あなたは，小学3年生男子のタケル君について，タケル君の母親から相談を受ける。

　タケル君は，生き物の死骸の絵を描くのが好きで，インターネットの動画サイトにアクセスしては残酷なシーンを好んで閲覧している。家庭のパソコ

ンに有害サイト閲覧ブロック機能をつけたところ，家で大暴れをして手がつけられず，「殺してやる！　どうせおれのことなんてどうでもいいんだろう！」と叫びながら壁をたたいたりするため，近隣の住民が警察に通報する事態に至る。

　学校では，感情のコントロールができず，自分の思いどおりにならないと近くにいる同学年以下の子をケガさせたり泣かせてしまう。担任がその都度注意をするが，キレてさらに手がつけられなくなる。大好きな養護教諭が対応をすると大泣きして「ごめんなさい，ごめんなさい」と謝るも，2分ほどするとケロッと泣き止んで「もう行っていい？」と聞いてくる。週1回来校するスクールカウンセラーから学校や家庭へは，「きちんとタケル君の気持ちを理解して受け入れてあげて。タケル君のすることを批判しないで，思いどおりにできる場を作ってあげて」とアドバイスがあった。そこで，保健室では基本的に自由に遊べることにするとタケル君に伝えると（ケガ人の処置中等は例外とする），それから数日は休み時間に保健室に来る。しかし，やがて保健室に来なくなり，教室で引き続き他の子とのトラブルの渦中にいるようになる。タケル君にケガをさせられたりその後も大声で脅されたりした同じクラスの女児は，タケル君が怖いと訴えて学校に来られなくなっている。

　そうした周囲への影響から喫緊の対応が必要であると思われるが，加配スタッフはつけられていない。WISC-Ⅳを実施したところ，言語理解＝89，知覚統合＝102，作動記憶＝100，処理速度＝97となり，知覚統合よりも言語理解がやや低いという結果であったものの，認知処理の顕著な困難やアンバランスは見出されなかった。また，タケル君自身が気分よく過ごしているときは，学業面，対人関係ともに問題が生じることはなく，発達障害等の診断はつけられていない。校長から養護教諭および担任へは，「同じクラス環境で過ごしていて他の子が同じ問題を起こしていない以上，タケル君が発達障害でないなら，この子の性格の問題としか思えない。繰り返し言って聞かせるしかない」と言われている。

　母親は対応に困り果てている。学校スタッフも，どう対応したらよいか困

第7章　子どものODD/CD

っている。

　このような状況で，どうすれば，タケル君とその周囲の人たちが感じている問題を解消できるだろうか。「本人の気持ちを受け入れてあげて」というスクールカウンセラーからのアドバイスは，少なくともタケル君の場合には問題の解消につながらなかった。校長が語った「性格の問題」という理解の仕方は，これまで何度繰り返してもタケル君の変化につながらなかった対応（言って聞かせる）しか生み出せなかった。

　スクールカウンセラーも校長も，これまで数多くの子どもたちを見てきたに違いない。それでも，一人の人間が経験できる事例数には限りがあり，どれほど経験を積んでも判断を誤る可能性は常につきまとう。さらに，経験年数の浅い支援者にとっては，経験を頼りにした判断や支援を行うことも難しい。それでも，タケル君の母親や学校スタッフからは，心理支援の専門家としての判断や技術が求められることになる。

　そこで役に立つのが，DSMを基準にして世界各国で蓄積されてきた，子どもの状態に関する基礎知識と支援技術である。タケル君の場合，発達障害の診断はつかなかったものの，ODDの診断が医師から報告された。ODDの基礎知識と支援技術を学ぶことで，タケル君のような子どもと出会った際に，経験の浅い支援者でも具体的な支援計画を立てられるようになる。次節では，ODDの特徴と診断基準について概説する。

2　特徴とDSM-5における診断基準

（1）症状の特徴と診断基準

　ODDの特徴は，怒りやイライラした気分，反抗的／挑戦的な行動，および執念深さが，頻繁かつ長期にわたって見られることである（表7-1）。反抗的行動自体は，特に2～3歳頃と思春期において多くの子どもに見られるため，「子どもが親の言うことを聞かない。感情のコントロールができない」と言わ

表7-1 ODDの診断基準

A. 怒りっぽく／易怒的な気分，口論好き／挑発的な行動，または執念深さなどの情緒・行動上の様式が少なくとも6ヶ月間は持続し，以下のカテゴリーのいずれか少なくとも4症状以上が，同胞以外の少なくとも1人以上の人物とのやりとりにおいて示される。

怒りっぽく／易怒的な気分
(1) しばしばかんしゃくを起こす。
(2) しばしば神経過敏またはいらいらさせられやすい。
(3) しばしば怒り，腹を立てる。

口論好き／挑発的行動
(4) しばしば権威ある人物や，または子どもや青年の場合では大人と，口論する。
(5) しばしば権威ある人の要求，または規則に従うことに積極的に反抗または拒否する。
(6) しばしば故意に人をいらだたせる。
(7) しばしば自分の失敗，または不作法を他人のせいにする。

執念深さ
(8) 過去6ヶ月間に少なくとも2回，意地悪で執念深かったことがある。

注：正常範囲の行動を症状とみなされる行動と区別するためには，これらの行動の持続性と頻度が用いられるべきである。5歳未満の子どもについては，他に特に記載がない場合は，ほとんど毎日，少なくとも6ヶ月間にわたって起こっている必要がある（基準A8）。5歳以上の子どもでは，他に特に記載がない場合，その行動は1週間に1回，少なくとも6ヶ月間にわたって起こっていなければならない（基準A8）。このような頻度の基準は，症状を定義する最小限の頻度を示す指針となるが，一方，その他の要因，たとえばその人の発達水準，性別，文化の基準に照らして，行動が，その頻度と強度で範囲を超えているかどうかについても考慮するべきである。

B. その行動上の障害は，その人の身近な環境（例：家族，同世代集団，仕事仲間）で本人や他者の苦痛と関連しているか，または社会的，学業的，職業的，または他の重要な領域における機能に否定的な影響を与えている。

C. その行動上の障害は，精神病性障害，物質使用障害，抑うつ障害，または双極性障害の経過中にのみ起こるものではない。同様に重篤気分調節症の基準は満たさない。

▶現在の重症度を特定せよ
軽度：症状は1つの状況に限局している（例：家庭，学校，仕事，友人関係）。
中等度：いくつかの症状が少なくとも2つの状況でみられる。
重度：いくつかの症状が3つ以上の状況でみられる。

出所：American Psychiatric Association, 2013＝2014より引用。

れても，それを何らかの介入が必要な問題だと考える人は少ないかもしれない。一方，身近にいる保護者はODDの特徴によって持続的なストレスを抱えることが多く（Solem, Christophersen, & Martinussen, 2011），子ども本人にとってもその後の心理社会的適応が悪化する可能性がある。そのため，子どもにODDの診断を下すかどうかは別として，早期の状態把握と具体的対応が必要となる。

一方，CDとは，他者の基本的人権や年齢相応の社会的規範，または規則を

第7章 子どものODD/CD

表7-2① CDの診断基準

A. 他者の基本的人権または年齢相応の主要な社会的規範または規則を侵害することが反復し持続する行動様式で、以下の15の基準のうち、どの基準群からでも少なくとも3つが過去12ヶ月の間に存在し、基準の少なくとも1つは過去6ヶ月の間に存在したことによって明らかとなる：
  人および動物に対する攻撃性
    (1)しばしば他人をいじめ、脅迫し、または威嚇する。
    (2)しばしば取っ組み合いの喧嘩を始める。
    (3)他人に重大な身体的危害を与えるような凶器を使用したことがある（例：バット、煉瓦、割れた瓶、ナイフ、銃）。
    (4)人に対して身体的に残酷であった。
    (5)動物に対して身体的に残酷であった。
    (6)被害者の面前での盗みをしたことがある（例：人に襲いかかる強盗、ひったくり、強奪、凶器を使っての強盗）。
    (7)性行為を強いたことがある。
  所有物の破壊
    (8)重大な損害を与えるために故意に放火したことがある。
    (9)故意に他人の所有物を破壊したことがある（放火以外で）。
  虚偽性や窃盗
    (10)他人の住居、建造物、または車に侵入したことがある。
    (11)物または好意を得たり、または義務を逃れるためしばしば嘘をつく（例：他人をだます）。
    (12)被害者の面前ではなく、多少価値のある物品を盗んだことがある（例：万引き、ただし破壊や侵入のないもの、文書偽造）。
  重大な規則違反
    (13)親の禁止にもかかわらず、しばしば夜間に外出する行為が13歳未満から始まる。
    (14)親または親代わりの人の家に住んでいる間に、一晩中、家を空けたことが少なくとも2回、または長期にわたって家に帰らないことが1回あった。
    (15)しばしば学校を怠ける行為が13歳未満から始まる。
B. その行動の障害は、臨床的に意味のある社会的、学業的、または職業的機能の障害を引き起こしている。
C. その人が18歳以上の場合、反社会性パーソナリティ障害の基準を満たさない。

出所：American Psychiatric Association, 2013＝2014 より引用。

侵害するという行動パターンが繰り返される状態像を指す（表7-2①、②）。ODDが過剰な怒り感情と攻撃行動によって特徴づけられるのに対して、CDでは攻撃行動や非行といった行動パターンが主な特徴となる。情動面での特徴としては、CDの診断基準には怒り感情のコントロール困難は含まれておらず、むしろ罪の意識や共感性といった向社会的情動の少なさが顕著となる。発症年齢によっても特徴が異なり、10歳になるまでにCDに特徴的な基準の1つ以上

表7-2②　CDの診断基準（続き）

▶いずれかを特定せよ
　小児期発症型：10歳になるまでに素行症に特徴的な基準の少なくとも１つの症状が発症。
　青年期発症型：10歳になるまでに素行症に特徴的な症状はまったく認められない。
　特定不能の発症年齢：素行症の基準は満たしているが，最初の症状の出現時期が10歳より前か後か判断するのに十分な情報がない。

▶該当すれば特定せよ
　向社会的な情動が限られている：この特定用語に適合するには，その人は過去12ヶ月にわたって持続的に下記の特徴の２つ以上をさまざまな対人関係や状況で示したことがなければならない。これらの特徴は，この期間を通じてその人の典型的な対人関係と情動的機能の様式を反映しており，いくつかの状況でたまたま起こるだけのものではない。このため，この特定用語の基準を評価するためには，複数の情報源が必要になる。本人の自己報告に加え，長い期間にわたって本人をよく知っていた人物の報告を考慮する必要がある（例：親，教師，仕事仲間，拡大家族，同世代の友人）。
　後悔または罪責感の欠如：何か間違ったことをしたときに悪かったまたは罪責感を感じない（逮捕されたり，および／または刑罰に直面した場合だけ後悔することを除く）。自分の行為の否定的な結果に関する心配を全般的に欠いている。たとえば誰かを傷つけた後で後悔しないし，規則を破った結果を気にしない。
　冷淡――共感の欠如：他者の感情を無視し配慮することがない。その人は冷淡で無関心な人とされる。自分の行為が他者に相当な害を与えるようなときでも，その人は他者に対してよりも自分自身に与える効果をより心配しているようである。
　自分の振る舞いを気にしない：学校，仕事，その他の重要な活動でまずい，問題のある振る舞いを心配しない。期待されていることが明らかなときでもうまくやるのに必要な努力をすることがなく，典型的には自分のまずい振る舞いについて他者を非難する。
　感情の浅薄さまたは欠如：浅薄で不誠実で表面的な方法（例：示される情動とは相反する行為，情動をすばやく"入れたり""切ったり"切り替えることができる）以外では，他者に気持ちを表現したり情動を示さないか，情動の表現は利益のために用いられる（例：他者を操ったり威嚇するために情動が表現される）。

▶現在の重症度を特定せよ
　軽度：診断を下すのに必要な素行上の問題はあっても，わずかに超える数であり，素行上の問題は他者に比較的小さな害を及ぼしている（例：嘘をつくこと，怠学，許可なく夜遅くまで外出する，その他の規則違反）。
　中等度：素行上の問題の数とその他者への影響は，軽度と重度で特定されるものの中間である（例：被害者が面前ではない盗み，器物破損など）。
　重度：診断を下すに必要な数を大きく超える素行上の問題が多くあり，または素行上の問題が他者にかなりの被害を引き起こす（例：強制的な性行為，身体的に残酷な行為，凶器の使用，被害者の面前での盗み，器物破損および家宅侵入）。

出所：American Psychiatric Association, 2013＝2014 より引用。

表7-3 ODD/CD の有病率（%）

対象児の年齢		ODD		CD	
		男子	女子	男子	女子
Ashenafi (2001)	5～15	6.0	6.0	4.0	6.0
Ford (2003)	5～15	3.2	1.4	2.1	0.8
Kroes (2001)	6～8	13.3	9.4	15.2	9.3
Zwirs (2007)	6～10	13.0	9.0	7.0	0.0
Sugawara et al. (1999)	7～9	7.0	5.3	3.5	3.5
Simonoff (1997)	8～10	1.9	2.3	4.5	2.1
Costello (2003)	9～16	3.1	2.1	4.2	1.2
Angold (2002)	9～17	2.4	1.2	8.0	2.9
Andres (1999)	10	4.9	2.5	3.2	0.5
Cohen (1993)	10～13	14.2	10.4	16.0	3.8
Simonoff (1997)	11～13	4.1	3.5	4.7	2.3
Simonoff (1997)	14～16	5.8	3.3	9.0	4.8
Cohen (1993)	14～16	15.4	15.6	15.8	9.2
Romano (2001)	14～17	3.6	2.8	9.3	3.8
Lewinsohn (1993)	14～18	1.5	0.5	0.9	0.3
West (2003)	15	3.4	4.7	14.0	2.9
Cohen (1993)	17～20	12.2	12.5	9.5	7.1

がみられる「小児期発症型」において心理社会的適応が低下しやすいことが知られている（American Psychiatric Association, 2013）。

(2) 有病率と併発症状

　ODD/CD の診断基準にあてはまる子どもは、どの程度いるのだろうか？ODD/CD の有病率を算出した疫学調査の結果を、表7-3に示す。研究によって対象児の年齢や有病率推定値に差がみられるが、ODD の有病率はおよそ0.5～15.6%、CD の有病率はおよそ0.0～16.0%となっている。

　我が国における疫学調査は Sugawara ら（1999）が7～9歳の児童を対象として実施しており、ODD の有病率が男子7.0%、女子5.3%、CD の有病率が男女共に3.5%と報告している。公立小学校の児童数が一学級あたり34名で男女半々ずつと仮定すると、ODD の診断基準にあてはまるほどの反抗的行動を示す子どもが一学級につき約2名（男子1.2名、女子0.9名）、CD の診断基準にあ

てはまるほどの攻撃的行動や非行を示す子どもが一学級につき約1名（男子0.6名，女子0.6名）ほど在籍している可能性がある。

また，ODD/CDは怒り感情や攻撃行動を主な行動特徴としているものの，抑うつや不安などの問題を同時に抱えやすいことが知られている（Polier et al., 2012）。つまり，子どもが示す暴力的な行動は，怒り感情をベースとした攻撃行動である可能性がある一方で，抑うつや不安をベースとした回避（防衛）行動である可能性もある。ODD/CDの子どもの支援にあたる際には，「この子自身はどんなことに困っているのか？」という視点も欠かせない。

（3）発達的経路と予後

ODD/CDはそもそも，改善を目指すべき問題なのだろうか？　バークら（Burke et al., 2014）は，行為の問題を主訴としてクリニックを受診した7～12歳の子どもを対象として，対象者が24歳になるまでの心理社会的適応の追跡調査を行った。その結果，7～12歳の学齢期に多くのODD症状を示す子どもほど，大人になってからの友人関係，恋愛関係，親との関係がうまくいっていないことが多く，仕事を紹介してくれる人がいない傾向がみられた。また，学齢期のCD症状は，大人になってからの職場での問題や母親との関係悪化，学業達成度の低下，暴力行為との関連がみられた。このように，子どものODD/CDはその後の心理社会的適応を阻害する可能性があることが知られている。さらに，犯罪行為のリスク要因となる反社会性パーソナリティ障害の診断基準として，「15歳までにCDの診断基準を満たしている」という点が含まれていることからも（American Psychiatric Association, 2013），CDと後の社会適応不全との密接なつながりがうかがえる。

そのため，子どもの反抗的行動や攻撃行動がエスカレートしてきたと感じた場合には，問題が大きくなる前の早い段階で対応することが重要である。ローバーら（Loeber et al., 1993）は，攻撃行動・反社会的行動の形成に関する研究知見を整理し，攻撃行動や反社会的行動が発展していく経路をモデル化した（図7-1）。彼らはこのモデルをもとに，軽微な反抗が徐々にエスカレートし

第7章　子どものODD/CD

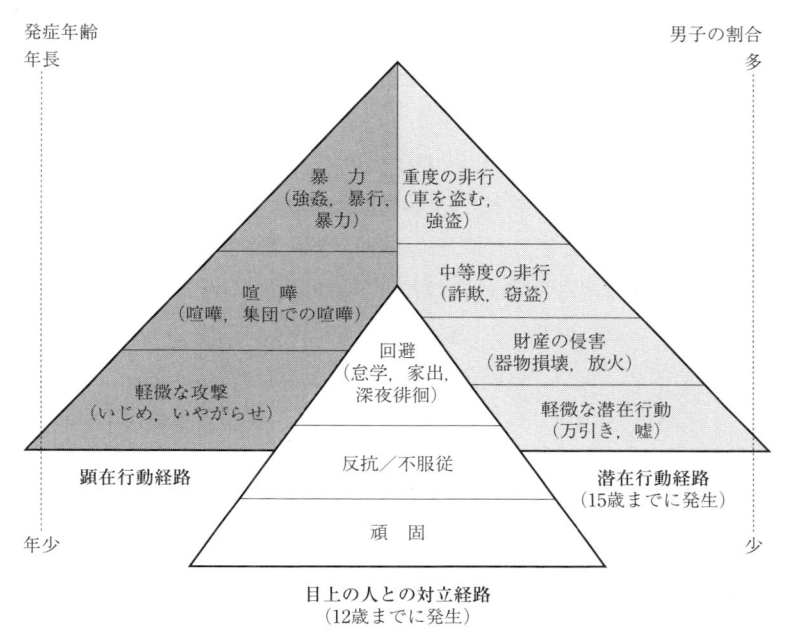

```
発症年齢                                          男子の割合
年長                                              多

                    暴　力        重度の非行
                   (強姦,暴行,    (車を盗む,
                    暴力)           強盗)

                                  中等度の非行
                喧　嘩              (詐欺,窃盗)
              (喧嘩,集団での喧嘩)
                              回避      財産の侵害
                             (怠学,家出, (器物損壊,放火)
          軽微な攻撃            深夜徘徊)
         (いじめ,いやがらせ)              軽微な潜在行動
                                        (万引き,嘘)

         顕在行動経路                      潜在行動経路
                          反抗／不服従    (15歳までに発生)

年少                          頑　固                 少

                      目上の人との対立経路
                        (12歳までに発生)
```

図7-1　攻撃行動・反社会的行動が発展する複数の経路
出所：Loeber et al., 1993を著者が翻訳，一部改変．

て手に負えないほどの反抗や非行へと発展していくという，攻撃行動・反社会的行動の発達経路を提唱している．また，ODDの診断を受けた子どもが必ずCDに発展するわけではないものの，CDの診断を受けた子どものほとんどが以前にODDの診断基準を満たすということが報告されている（Loeber et al., 1991）．ローバーらは，こうした知見と，CD治療の有効性の低さをふまえて，比較的改善の見通しが立てやすいODD段階での治療の重要性を主張している．

　以上のようなODD/CDの発達的経路や，さまざまなリスク要因（例：保護者からのかかわり方）に関する基礎知識は，ODD/CDの子どもの支援の基盤となるアセスメントを行うときに必要不可欠となる（McMahon & Frick, 2005）．

3 アセスメント

　一般的に，ODD/CD をはじめとする外在化問題（externalizing problems）のアセスメントにおいては，複数の情報源を活用した評定が推奨されている。それは，ODD については親の方が多くの症状を報告し，CD については子ども本人の方が多くの症状を報告するなど（Romano et al., 2001），アセスメントの手法や回答者によって得られやすい情報が異なるためである。以下に，ODD/CD の評価に用いられるアセスメント法をまとめる。

（1）面接法
　心理支援の多くは，面接法をはじめとする直接的コミュニケーションによって行われている。面接法には，子どもや保護者の様子を直接観察したり質問をしたりすることで膨大な情報が得られる上に，即時に支援に移行できるといったメリットがある。また，何らかの理由で保護者が質問紙に回答できない場合でも（例：保護者自身の読み書き能力が限定されている），面接法であれば質問形式を工夫することで対応可能である。一方，面接者の判断のみで行われる（構造化されていない）面接法では，把握すべき情報が把握されなかったり，不十分な情報に基づいて診断が行われてしまう可能性もある。以下に，情報の抜け落ちの少ない「手堅い」面接を行うための構造化された面接法を紹介する。

① KSADS-PL（Kiddie Schedule for Affective Disorders and Schizophrenia-Present and Lifetime version）
　DSM-Ⅲ および DSM-Ⅳ の診断基準に基づく半構造化面接法である SADS（Schedule for Affective Disorders and Schizophrenia）を，6～18歳の子どものアセスメント用に改訂したもの。ODD/CD だけでなく，大うつ病性障害や注意欠陥・多動性障害（DSM-5 では注意欠如・多動性障害）などさまざまな精神疾患のアセスメントが可能になっており，十分な信頼性と妥当性が確認されている

第7章　子どものODD/CD

(Birmaher et al., 2009; Kaufman et al., 1997)。面接時間は1～2時間程度で，児童期の子どものアセスメントを行う際には保護者面接からはじめ，対象児が青年期以降であれば子ども本人への面接も並行して行う。子どもと保護者の面接結果が異なる（例：子どもは「自分は攻撃行動をしていない」と言うが，保護者は「うちの子は攻撃的だ」と言う）場合には，両者の報告の違いを面接で話題にあげるなど，臨床家の専門的判断が求められる。日本語版は公刊されていないが，英語版はインターネット上で取得可能（www.kasp.org/Documents/ksads-pl.pdf）。

② DISC-Ⅳ（Diagnostic Interview Schedule for Children Version Ⅳ）（Shaffer, Fisher, Lucas, Dulcan, & Schwab-Stone, 2000）

6～17歳の子どもを対象として行う，DSM-Ⅳの診断基準に基づく構造化面接法。診断基準となる症状の該当数，診断の有無，重症度などを評定するもので，コンピュータを用いた評定フォーマットが用意されている。KSADS-PLと同様，ODD/CDに限らずさまざまな精神疾患のアセスメントが可能で，十分な信頼性と妥当性が確認されている（Jewell et al., 2004）。面接者マニュアルはインターネット上で取得可能（http://www.cdc.gov/nchs/data/nhanes/limited_access/interviewer_manual.pdf）。

（2）質問紙法

質問紙を用いてアセスメントを行う際には，質問紙の評定値のみでは診断が確定できないという点に留意したい。一方で，複数の回答者からの回答が得られれば，現在の行動や症状を短時間で幅広く把握することが可能となり，治療・支援計画に直結する情報がスピーディーに得られる。これは質問紙法の大きな強みである。以下に，ODD/CDに関連する質問紙尺度の具体例をあげる。

① ASEBA（Achenbach System of Empirically Based Assessment）
18ヶ月～60歳以上の対象者の情動や行動等の問題を広く評定する質問紙尺度。

その中でも、4～18歳を対象とした保護者評定用のCBCL（Child Behavior Checklist）、5～18歳を対象とした教師評定用のTRF（Teacher Report Form）、11～18歳を対象とした子ども本人評定用のYSR（Youth Self Report）がある。子どもの生活に関する約40個の質問と、症状・問題行動に関する113個の質問から構成されており、評定にかかる時間はおよそ10～30分とされている。不安抑うつ、攻撃的行動、注意の問題など9つの下位尺度があり、各尺度得点は年齢群別（4～10歳、11～18歳）および性別にプロフィール化される。十分な信頼性と妥当性が繰り返し確認されていることもあって（Flanagan, 2005）、90以上の言語に翻訳されるなど、世界で最も広く利用されている行動評定尺度の1つである。日本語版も公刊されている。

② SDQ（the Strengths and Difficulties Questionnaire）（Goodman, 1997）

3～16歳の子どもの行動困難を把握する質問紙尺度で、保護者評定用と教師評定用がある。対象児が11～16歳である場合は、自己評定用も利用可能である。25個の質問項目から構成され、「情緒」「行為」「多動・不注意」「仲間関係」「向社会性」の5領域および総困難得点（合計得点）が算出される。各領域について支援の必要性の程度を「Low Need」「Some Need」「High Need」に分類可能であることに加えて、25項目と項目数が少なく回答負担が小さい、各領域の得点が計算しやすい、ポジティブな質問項目も含まれているため回答しやすいなどの特長もある。信頼性と妥当性の高さが確認されており（Moriwaki & Kamio, 2014）、日本語版も公刊されている。

③ ODBI（Oppositional Defiant Behavior Inventory）（Harada et al., 2004）

6～15歳の子どもにおけるODDの症状評価のための母親評定用質問紙尺度。ODDはADHDとの併存率が高く、ODDの症状評価に用いられる尺度にはADHDの症状が含まれているものも少なくない。そのような中で、ODBIは、ADHDの症状を質問項目に含まないためODDの行動特徴が評定値に反映されやすくなっているなど、十分な信頼性と妥当性が確認されている。また、保

護者が回答しやすい質問項目で構成されていることや，ODD の診断有無の判断材料となるカットオフポイントが明示されていることから，臨床支援と研究のいずれにおいても有用性が高い。日本国内で開発されて世界に発信された，数少ない質問紙尺度である。

④ BASC-2（Behavior Assessment System for Children-2nd edition）（Reynolds & Kamphaus, 2004）

ASEBA 同様，2～25歳の対象者の情動や行動等の問題を広く評定する質問紙尺度。保護者評定用（2歳以上），教師評定用（2歳以上），そして自己評定用（6歳以上）が用意されており，複数の情報源に回答を求めることが望ましい。十分な信頼性と妥当性が繰り返し確認されており（Stein, 2007），世界的にも広く用いられている。日本語版は公刊されていない。

（3）行動観察法

子どもは保護者からの指示にどう反応しているか，問題行動はどのように収束するか，適応行動に保護者はどう反応しているかといった点を，保護者から報告を受けるだけでなく直接観察できると，より具体的な支援計画が立てやすくなる。特に，主な問題行動（主訴）が，万引きなどの事後的に知ることが多い行動ではなく，子どもから親への反抗や攻撃行動といった直接観察できる行動である場合，行動観察法から有益な情報が得られやすい。

- DB-DOS（Disruptive Behavior Diagnostic Observation Schedule）（Wakschlag et al., 2008a; Wakschlag et al., 2008b）

未就学児における ODD/CD や ADHD のアセスメントにおいて保護者への聞き取りに加えて行われる，構造化された行動観察法。面接室や観察室にて，保護者とのやりとりや検査者とのやりとりなどを観察し，21の行動コードにて評定を行い，「行動制御（Behavioral Regulation）」と「怒り感情の調整（Anger Modulation）」の2領域に分けて得点化する。一般的に対象児が低年齢であるほ

ど行動が未分化であり、さまざまなアセスメント法での行動領域の分類が安定しない中、DB-DOS は行動領域（因子構造）が安定している数少ないアセスメント法である。日本語版は公刊されていない。

（4）その他のアセスメント法

その他として日本版 Vineland-Ⅱ 適応行動尺度や KABC-Ⅱ、ウェクスラー式知能検査などがある。ここではウェクスラー式について以下に概説する。

・ウェクスラー式知能検査

幼児用の WPPSI（Wechsler Preschool and Primary Scale of Intelligence）、児童青年用の WISC（Wechsler Intelligence Scale for Children）、成人用の WAIS（Wechsler Adult Intelligence Scale）がある。WISC の第4版である WISC-Ⅳ では、「言語理解（Verbal Comprehension）」「知覚統合（Perceptual Reasoning）」「作動記憶（Working Memory）」「処理速度（Processing Speed）」の4領域が数値化され、それらを統合して IQ が算出される。ODD/CD の子どもはそうでない子よりも言語スキルが低い傾向にあり、これがコミュニケーションの問題等につながっている可能性があるため（Pihl, Vant, & Assaad, 2003）、WISC-Ⅳ などの検査を通して言語スキルを把握することがある。

4 支援の背景となる代表的なモデルと支援法

（1）「反社会的行動の生態学的モデル」と「マルチシステミックセラピー」

子どもの問題行動が発展・維持するメカニズムを理解し、具体的支援につなげていくためには、子どもの生物学的な特徴や知的能力、認知機能といった個々の子どもの特性だけでなく、家庭環境や仲間関係、学校での学習環境、地域社会の特性など、子どもを取り巻く環境にも目を向けた、総合的な判断が必要となる。特に、行動は自然に発生する環境で観察される場合にのみ十分理解される、ということを念頭に置いたアセスメントと支援が重要である。このよ

第 7 章　子どもの ODD/CD

近隣と地域社会の特性
著しい無秩序と犯罪のサブカルチャー
高い流動性近隣や教会などからの支援が乏しい

仲間関係
非行仲間との付き合い
乏しい対人関係スキル
社会性の高い仲間との付き合いが少ない

個々の子どもの特性
低い言語スキル　精神医学的症候
反社会的行動を肯定する態度
他人に悪意ある意図を読み取る認知的バイアス

反社会的行動
行為の問題
非行　物質使用

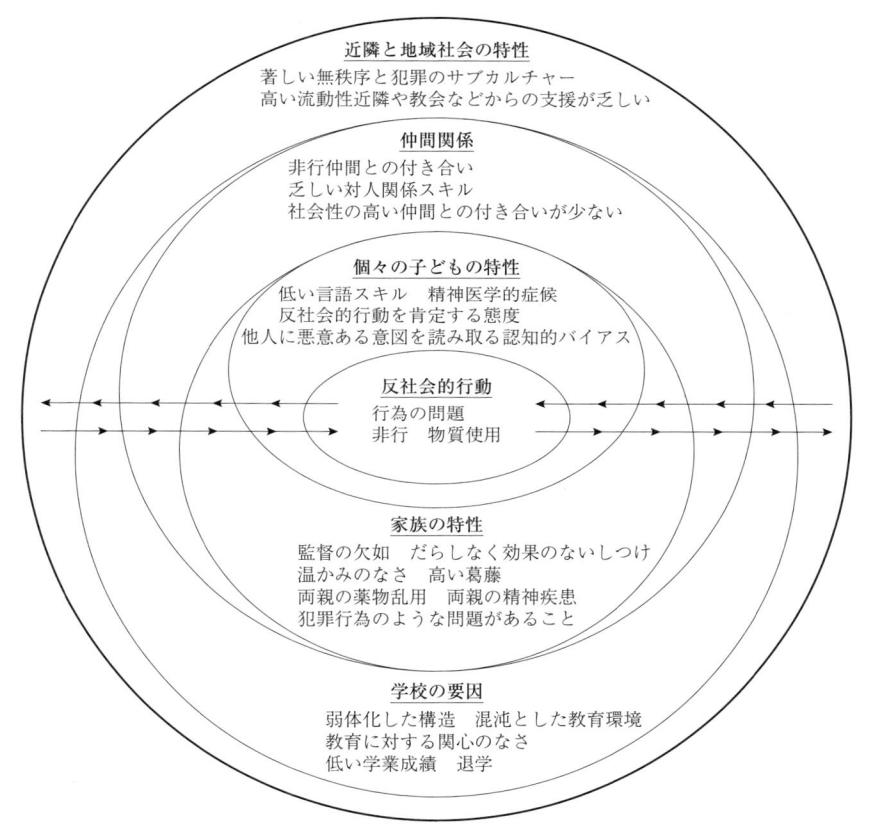

家族の特性
監督の欠如　だらしなく効果のないしつけ
温かみのなさ　高い葛藤
両親の薬物乱用　両親の精神疾患
犯罪行為のような問題があること

学校の要因
弱体化した構造　混沌とした教育環境
教育に対する関心のなさ
低い学業成績　退学

図 7-2　子どもの反社会的行動とさまざまな要因とのつながり

出所：Henggeler et al., 1998=2008 より作成。

うな，行動理解の生態学的妥当性を強調する考え方は，「生態学的モデル」と呼ばれている。生態学的モデルに基づいてアセスメントを行う際に評価のポイントとなる要因とそのつながりを図式化したものが，図 7-2 である (Henggeler et al., 1998=2008)。子どもの反社会的行動は，個々の子どもの特性から直接的な影響を受けながらも，その影響性は，家族や仲間関係，学校，地域社会といった生活の文脈の中で生じている。つまり，子どもの攻撃行動や反社会的

203

第Ⅱ部　臨床児童心理学の展開

行動を理解する際には，単一の要因だけに焦点を当てるのではなく，さまざまな要因の相互作用性・全体性を念頭に置いたアセスメントや支援が必要となる。

反社会的行動に影響する要因の相互作用性・全体性を前提にして体系化された支援法として，マルチシステミックセラピー（Henggeler, Schoenwald, Borduin, Rowland, & Cunningham, 1998）がある。マルチシステミックセラピーでは，特定の治療技法を開発したりその実施マニュアルを作成するよりも，支援を行う上での9つの原則を示すことで，クライエントの生活の文脈に合った支援を提供することを目指している。9つの原則には，「介入は現在に焦点を当て，行動志向型とし，具体的で明確に定義された問題を標的にする」「介入は家族の毎日もしくは毎週の努力を求めるように計画される」「介入効果は複数の視点から継続的に評価され，サービス提供者は結果が成功するまで障壁を克服する責任を負っている」などが含まれ，子ども本人への介入よりも先に家族や学校への具体的介入を行うことが強調される。攻撃行動・反社会的行動を主な問題行動とする事例のケースマネジメントや治療原則を学ぶのに適した支援法である。

（2）「応用行動分析モデル」と「ペアレントトレーニング（親訓練）」

学習心理学・行動分析学をベースに行動の発生と維持のメカニズムを理解するやり方は，「応用行動分析モデル」と呼ばれ，ODD/CD の支援においても非常に重要な位置を占めている。

基本的な考え方としては，"問題行動"とされる行動も適応行動と呼ばれる行動も，その行動によって得られるメリットがあるからこそ維持されると考える。行動の直後に発生するメリットは，後々やってくるメリットよりも影響力が大きいため，「頭ではわかっているのについやってしまう，どうしてもできない」という状態に陥ることがある。あるいは，本人の自覚なしに環境の影響を受けて行動が維持されることもあるため，「理由なんてないけど，何となく」と行動の原因が見つからず対処ができないという事態に出あうこともある。そのようなときに，たとえば「子が1人で遊んでいる→親が子に背を向けて家事

をする→子が妹を泣かせる→親が来て事情を聴くまたは叱る→子が謝る→親が家事をはじめる→子が1人で遊ぶ→親が家事を続ける→子が1人で遊び続ける→親が家事を続ける→子が再び妹を泣かせる→親が来て叱る→子が言い訳をする→親がさらに子を説得する（納得させようとする）または謝らせようとする→子がさらに言い訳をする」といった出来事の連鎖を把握し，問題行動によって起きた環境変化に着目することで，なぜ他の行動ではなくその問題行動をするのかという点を理解する（上記の例では，妹を泣かせたり言い訳をするといった"問題行動"をした直後にのみ，親からかかわってもらえているのかもしれない）。応用行動分析モデルでは，①面接や質問紙尺度などを用いた間接的アセスメントと②直接観察によるアセスメントの2つを合わせて「機能的アセスメント（functional assessment）」，③機能的アセスメントの結果から導かれる介入を行ってみて効果を確かめるプロセスを「機能分析（functional analysis）」と呼ぶ（Alberto & Troutman, 1999）。教師や保護者といった子どもの周りにいる人物ができる有効かつ具体的な取り組みを探るために，出来事を具体的に理解することを重んじている。

　応用行動分析モデルに基づいて実施されるODD/CDの代表的な支援法としては，ペアレントトレーニング（親訓練），不従順児への支援（Forehand & Long, 2002），親子相互交流療法（Parent-Child Interaction Therapy: PCIT）があげられる。ペアレントトレーニングや不従順児への支援では，座学や演習，ホームワークなどを通して，子どもの適応行動を増加させて不適応行動を減少させるための具体的対応方法を保護者自身が習得する。たとえば，親訓練オレゴンモデル（Patterson et al., 1975）では，子どもが問題行動を起こす理由を見極めるための行動記録の取り方や，子どもを褒めるタイミング，ご褒美の適切な使い方，子どもが問題行動を起こした瞬間の対応などを話題にあげて，子どもや家庭にとって無理なくできる支援方法をオーダーメイドで組み立てていく。また，保護者が取り組みの成果を実感しやすくなるよう，子どもの行動の記録を定期的にとるなどの工夫を行う。取り組みの成果が記録にあらわれていないときには，支援者の見立てが誤っていた可能性を考慮して，支援方法を再検討

することもできる。支援に要する時間は家庭のニーズによって異なるが，対面式セッションと電話セッションを組み合わせて，支援終結に至るまでの総面接時間は1家庭あたり平均17時間程度であると報告されている（Patterson et al., 1982）。親子相互交流療法では，親子の遊び場面を活用して治療者から保護者へ直接指示やフィードバックが与えられるため，具体的な対応をその場で学んですぐに子どもとの交流に活かすことができる。

　このように，数多くの介入プログラムが，子どものODD/CDに対する有効性を報告している。対象となる子どもが若年であっても適用可能であることと家庭や学校での具体的な取り組みが導かれやすいことが，最も大きな特長である。

（3）「社会的情報処理モデル」と「問題解決スキル訓練」

　人が他者とやりとりをするときには，相手の様子や自分に向けた行動，自分自身の価値観やその場での対人交流の目標，身体の状態など，さまざまな情報を処理して，どのような行動をとるかを決定する。このように，外部（ときには自分自身の内部）から入力した情報を処理して行動を出力するという観点から攻撃行動や反社会的行動を示す子どもの個人特性を理解しようとするモデルの1つに，「社会的情報処理モデル」（Crick & Dodge, 1994）（図7-3）がある。このモデルでは，対人行動は6つの認知処理の結果として実行されると仮定する。「1．手がかりの符号化」と「2．手がかりの解釈」では，敵意的帰属バイアス（hostile attribution bias）と呼ばれる他人に悪意ある意図を読み取る認知処理が発生することで，強い怒り感情を経験し，攻撃行動に至ることがある。また，過剰な怒り感情を経験しなくても，「3．目標の明確化」から「6．行動の実行」までの間に何らかの偏った認知処理が行われると，攻撃行動や回避行動に至りやすい。そこで，このモデルでは，攻撃行動を主な問題行動とする子どもは6つの認知処理のどこかで偏った処理を行っているのではないかと仮定し，各認知処理のトレーニングを行うことで対人行動のセルフコントロールを目指す。子ども自身の能動的な意思決定に主眼を置くモデルである。

第7章 子どものODD/CD

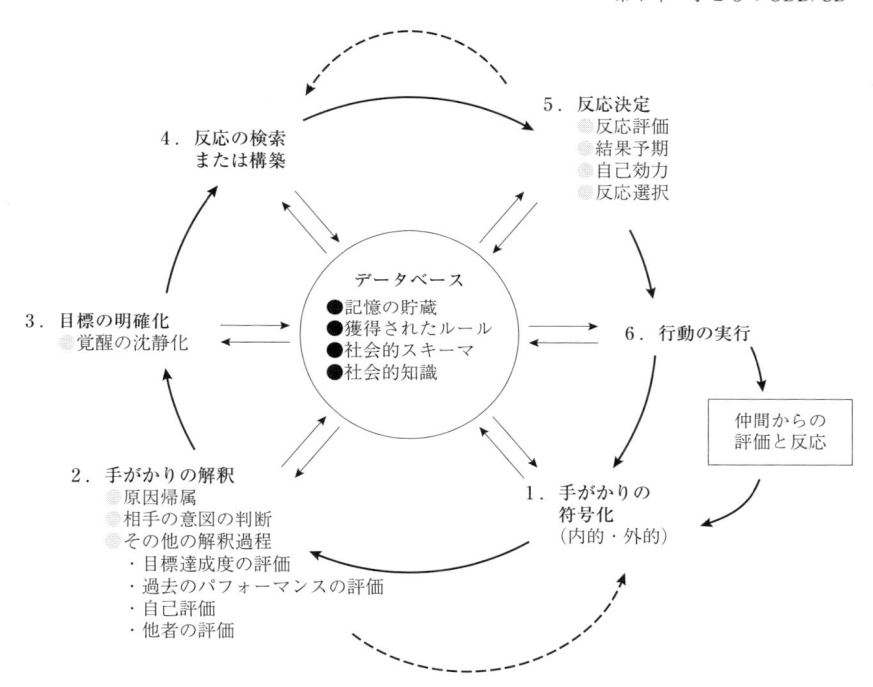

図7-3 子どもの社会適応における社会的情報処理モデル

（図中）
- 1. 手がかりの符号化（内的・外的）
- 2. 手がかりの解釈
  - ●原因帰属
  - ●相手の意図の判断
  - ●その他の解釈過程
    ・目標達成度の評価
    ・過去のパフォーマンスの評価
    ・自己評価
    ・他者の評価
- 3. 目標の明確化
  - ●覚醒の沈静化
- 4. 反応の検索または構築
- 5. 反応決定
  - ●反応評価
  - ●結果予期
  - ●自己効力
  - ●反応選択
- 6. 行動の実行
- データベース
  - ●記憶の貯蔵
  - ●獲得されたルール
  - ●社会的スキーマ
  - ●社会的知識
- 仲間からの評価と反応

出所：Crick & Dodge, 1994より著者作成。

　社会的情報処理モデルをはじめとする意思決定モデルをベースとして行われる支援には，問題解決スキル訓練（Kazdin, 2010）や怒りコントロール訓練などがあり，行動のセルフコントロールを目指す技法として定着している。状況を把握する，解決策をリストアップする，各解決策の効果を予測する，実行して相手の反応や解決策の結果を確かめるといった一連の流れをトレーニングすることで，対人行動の自己学習を促すことができる。子ども本人が認知処理をとおして行動をセルフコントロールすることを目指すやり方であるため，年齢が高い子どもの支援で活用されることが多い。

5 ODD/CD に対して推奨される支援方針

　ODD/CD に対する支援とその効果に関するエビデンスをまとめたアイバーグら（Eyberg et al., 2008）によると，質の高い複数の研究によって ODD/CD に対する支援効果が実証され「十分に確立された治療法」に分類された治療法は1件，「おそらく効果がある治療法」に分類された治療法は14件であった。各治療法の対象年齢を一覧したものが，表7-4である。

　未就学児の ODD/CD に対しては，ペアレントトレーニングや不従順児への支援，親子相互交流療法など，保護者への介入が第一選択肢となる（Eyberg et al., 2008）。「Triple P レベル4」は，攻撃行動・反社会的行動が非常に多い子どもへのかかわり方を保護者が学ぶプログラムで，ペアレントトレーニングが基本要素となる。「Triple P レベル5」は，家庭内コミュニケーションの改善や保護者自身のストレス対処をサポートするプログラムである。親訓練オレゴンモデルは，ODD/CD に対する唯一の「十分に確立された治療法」であり，対象年齢も3～15歳と幅広い。

　小中学生の ODD/CD に対しては，問題解決スキル訓練や怒りコントロール訓練といった子どものセルフコントロールを促進する介入が効果を示すようになる。リラクセーションや認知再構成法，問題解決スキル訓練，主張性訓練といった認知行動的アプローチを中心として，子どもの対処スキルを高める介入が行われている。時間と内容がマニュアル化された介入プログラムが多く，通常学級時間を利用することで学校教育でも取り入れることができる。ただし，授業時間の確保には多大な労力がかかるため，実施校の実情に合わせて全1～6回程度の介入プログラムに再構成するなどの工夫が必要となる（たとえば，高橋・小関・嶋田，2010）。

　保護者と子どもの双方を介入対象とした治療法は，主に小学校高学年以上の子どもに対して用いられている。マルチシステミックセラピーでは子ども本人への介入よりも保護者への介入が優先されること，里親ケアによる多元的療法

表7-4 子どものODD/CDに対する実証に基づく治療法の主な参加者と対象児の年齢

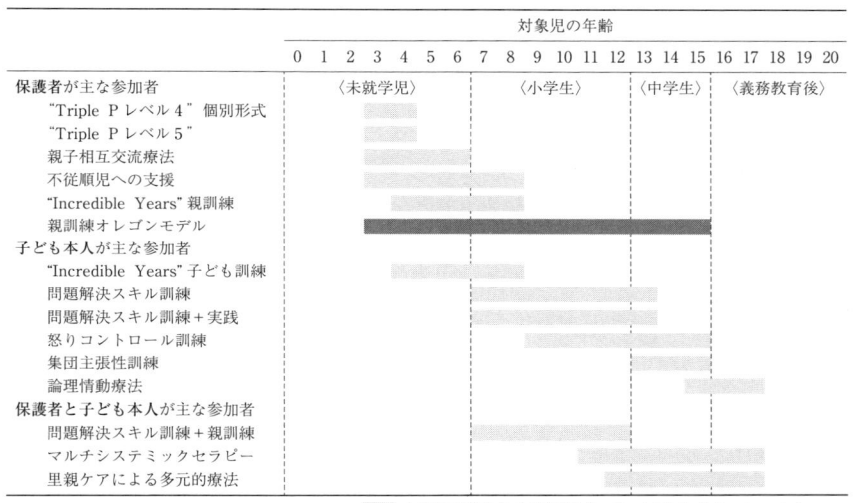

	対象児の年齢			
	〈未就学児〉	〈小学生〉	〈中学生〉	〈義務教育後〉
	0 1 2 3 4 5 6 7 8 9 10 11 12 13 14 15 16 17 18 19 20			
保護者が主な参加者				
"Triple P レベル4" 個別形式	▒▒▒			
"Triple P レベル5"	▒▒▒			
親子相互交流療法	▒▒▒▒▒			
不従順児への支援	▒▒▒▒▒			
"Incredible Years" 親訓練	▒▒▒▒▒			
親訓練オレゴンモデル	████████████████			
子ども本人が主な参加者				
"Incredible Years" 子ども訓練	▒▒▒▒			
問題解決スキル訓練		▒▒▒▒▒		
問題解決スキル訓練＋実践		▒▒▒▒▒		
怒りコントロール訓練		▒▒▒▒▒▒		
集団主張性訓練		▒▒▒		
論理情動療法			▒▒▒	
保護者と子ども本人が主な参加者				
問題解決スキル訓練＋親訓練		▒▒▒▒		
マルチシステミックセラピー		▒▒▒▒▒▒▒		
里親ケアによる多元的療法		▒▒▒▒▒▒▒▒		

■ 十分に確立された治療法（well-established treatments）
▒ おそらく効果がある治療法（probably-efficacious treatments）

出所：Eyberg et al., 2008を参考に，著者が作成。

では主に里親の支援を行うことなどを考慮すると，介入の主軸となるのは子どもの周囲にいる大人への介入であり，子ども本人への介入は有効な補助手段として実施されているといえる。

6 日本国内での代表的な取り組み

非行行動を主な行動特徴とするCDに対しては，医療機関での外来治療，入院治療，児童相談所による介入，地域保健機関による訪問支援，地域連携，児童自立支援施設による介入，一般少年院での介入，医療少年院での介入などが行われている（齊藤，2013）。各機関での介入に共通している点は，単独機関での介入よりも多機関連携が強調されている点と，支援効果の実証的検証までには至っていない点である。言い換えると，特定の心理療法の効果検証よりも，多機関連携が必要不可欠となるほど問題行動が重症化・慢性化した状態のクラ

イエントに対して，生活基盤の確立をはじめとした基礎的支援に力が注がれている段階である。

一方，ODD に対しては，支援効果の検証が少しずつはじめられている。アイバーグら（Eyberg et al., 2008）が提案した支援方針と合致する形で ODD への支援を提供しているのは，藤沢ら（Fujisawa et al., 2011）による Triple P の取り組みである。彼らは，クリニックまたは3歳児健診にて問題行動の多さと養育困難の訴えがあった親子（ODD/CD の診断は受けていない）に介入プログラムを紹介し，参加希望者に対して集団形式の Triple P レベル4を実施した。その結果，質問紙尺度 SDQ の「行為」得点の減少，母親の抑うつ気分の緩和，養育への自信の向上といった効果が認められた。3歳児健診などの通常行われている支援サービスの枠組みの中にエビデンスに基づく支援を導入し，その実用性を証明しているという点で，今後のモデルとなりうる取り組みである。

学校教育現場では，中学校での通常授業時間を用いた問題解決スキル訓練プログラムの実施報告がある。たとえば，高橋ら（2010）は，学級単位での問題解決スキル訓練プログラムを構成し，1回50分，全6回の介入を行った。その結果，「解決策をリストアップする」「各解決策の効果を予測する」といった認知処理の改善がみられた。参加生徒全体においては攻撃行動の明確な減少は認められなかったものの，攻撃行動とそれに伴う対人トラブルがクラス内で特に多い生徒として教師からあげられた10名については，介入を通して攻撃行動が減少していた。こうした取り組みでは，多くの場合，対象者は ODD/CD の診断を受けておらず，一般的なレベルの攻撃行動を示す（または攻撃行動を示さない）生徒であることから，子どもの攻撃行動がエスカレートする前の一次予防的な介入であるといえる。

その他，自閉スペクトラム症（ASD）や ADHD の診断を受けている子どもの反抗的行動や非行行動について，一事例の治療経過をもとに支援効果を報告する事例研究が積み重ねられている。

7　今後の展開

　ODD/CDへの支援は日本国内のさまざまな施設ですでに行われているものの，その効果に関するデータ収集の取り組みが少ないという点は，今後解消されるべき問題点としてあげられる。日々行っている支援の効果が実感され，引き継がれ，広がっていくようにするためには，質的事例研究だけでなく，対照試験などの実験デザインによる実証データの収集と情報発信が求められる。

　データ収集の取り組みが少ないという現状が，なぜ"問題"なのだろうか？その理由は，データ収集が行われないことで，支援の客観的評価ができなくなるため，支援内容改善の機会が限られてしまうためである。臨床現場で日々刻々行われている支援の振り返りと改善判断に加えて，「クライエントと密にかかわって全力で支援をしているからこそ，子どもや支援内容に思い入れができて，判断を誤ることがあるかもしれない」という謙虚な姿勢で客観的データによる評価を取り入れることは，よりよい支援体制の確立のために必要不可欠である。

　しかしながら，日本国内におけるCDに対する支援の現状をふまえると，支援効果の客観的データを体系的に収集して情報発信をするためには，各施設との研究協力体制の構築や職員の採用・研修など，越えなければならないハードルが多いように思われる。比較的改善の見通しが立てやすいODD段階での治療の重要性が指摘されていることからも（Loeber et al., 1991），まずは日本国内におけるODDに対する治療および一次予防的介入の効果を実証していくことが重要である。

文　献

　Alberto, P. A. & Troutman, A. C. (1999). *Applied behavior analysis for teachers* (*5th ed.*). Upper Saddle River, NJ: Prentice-Hall, Inc.（アルバート，P. A.・トルートマン，A. C.（著）佐久間徹・谷晋二・大野裕史（監訳）(2004)．はじめ

ての応用行動分析　二瓶社)

American Psychiatric Association (2013). *Diagnostic and statistical manual of mental disorders: DSM-5* (5th ed.). Arlington: American Psychiatric Publishing, Inc. (アメリカ精神医学会 (編) 高橋三郎・大野裕 (監訳) (2014). DSM-5 精神疾患の診断・統計マニュアル　医学書院)

Birmaher, B., Ehmann, M., Axelson, D. A., Goldstein, B. I., Monk, K., Kalas, C., … Brent, D. A. (2009). Schedule for Affective Disorders and Schizophrenia for school-age children (K-SADS-PL) for the assessment of preschool children-A preliminary psychometric study. *Journal of Psychiatric Research,* **43**(7), 680-686. doi: 10.1016/j.jpsychires.2008.10.003

Burke, J. D., Rowe, R., & Boylan, K. (2014). Functional outcomes of child and adolescent oppositional defiant disorder symptoms in young adult men. *Journal of Child Psychology and Psychiatry,* **55**(3), 264-272. doi: 10.1111/jcpp.12150

Crick, N. R., & Dodge, K. A. (1994). A review and reformulation of social information-processing mechanisms in children's social adjustment. *Psychological Bulletin,* **115**(1), 74-101. doi: 10.1037/0033-2909.115.1.74

Eyberg, S. M., Nelson, M. M., & Boggs, S. R. (2008). Evidence-based psychosocial treatments for children and adolescents with disruptive behavior. *Journal of Clinical Child & Adolescent Psychology,* **37**(1), 215-237. doi: 10.1080/15374410701820117

Flanagan, R. (2005). Review of the Achenbach System of Empirically Based Assessment. In R. A. Spies & B. S. Plake (Eds.), *The sixteenth mental health measurements yearbook.*

Forehand, R., & Long, N. (2002). *Parenting the strong-willed child* (2nd ed.). New York: McGraw-Hill.

Fujiwara, T., Kato, N., & Sanders, M. R. (2011). Effectiveness of group positive parenting program (Triple P) in changing child behavior, parenting style, and parental adjustment: An intervention study in Japan. [Article]. *Journal of Child and Family Studies,* **20**(6), 804-813. doi: 10.1007/s10826-011-9448-1

Goodman, R. (1997). The Strengths and Difficulties Questionnaire: A research note. *Journal of Child Psychology and Psychiatry,* **38**(5), 581-586. doi: 10.1111/j.1469-7610.1997.tb01545.x

Harada, Y., Saitoh, K., Iida, J., Sakuma, A., Iwasaka, H., Imai, J., … Amano, N.

(2004). The reliability and validity of the oppositional defiant behavior inventory. *European Child & Adolescent Psychiatry,* **13**(3), 185-190. doi: 10.1007/s00787-004-0376-0

Henggeler, S. W., Schoenwald, S. K., Borduin, C. M., Rowland, M. D., & Cunningham, P. B. (1998). *Multisystemic treatment of antisocial behavior in children and adolescents.* New York: Guilford Press. (ヘンゲラー, S. W./ショーエンワルド, S. K./ボルディン, C. M./ローランド, M. D./カニンガム, P. B. (著) 吉川和男 (監訳) (2008). 児童・青年の反社会的行動に対するマルチシステミックセラピー (MST) 星和書店)

Jewell, J., Handwerk, M., Almquist, J., & Lucas, C. (2004). Comparing the validity of clinician-generated diagnosis of conduct disorder to the Diagnostic Interview Schedule for Children. *Journal of Clinical Child and Adolescent Psychology,* **33**(3), 536-546. doi: 10.1207/s15374424jccp3303_11

Kaufman, J., Birmaher, B., Brent, D., & Rao, U. (1997). Schedule for Affective Disorders and Schizophrenia for School-Age Children-Present and Lifetime version (K-SADS-PL): Initial reliability and validity data. *Journal of the American Academy of Child & Adolescent Psychiatry,* **36**(7), 980-988.

Kazdin, A. E. (2010). Problem-solving skills training and parent management training for oppositiona defiant disorder and conduct disorder. In J. R. Weisz & A. E. Kazdin (Eds.), *Evidence-based psychotherapies for children and adolescents* (2nd ed.). New York: Guilford Press, pp. 211-226.

Loeber, R., Lahey, B. B., & Thomas, C. (1991). Diagnostic conundrum of oppositional defiant disorder and conduct disorder. *Journal of Abnormal Psychology,* **100**(3), 379-390. doi: 10.1037/0021-843x.100.3.379

Loeber, R., Wung, P., Keenan, K., & Giroux, B. (1993). Developmental pathways in disruptive child behavior. *Development and Psychopathology,* **5**(1-2), 103-133. doi: 10.1017/s0954579400004296

McMahon, R. J., & Frick, P. J. (2005). Evidence-based assessment of conduct problems in children and adolescents. *Journal of Clinical Child and Adolescent Psychology,* **34**(3), 477-505. doi: 10.1207/s15374424jccp3403_6

Moriwaki, A., & Kamio, Y. (2014). Normative data and psychometric properties of the Strengths and Difficulties Questionnaire among Japanese school-aged children. *Child and Adolescent Psychiatry and Mental Health,* **8**. doi: 10.1186/1753-2000-8-1

Patterson, G. R., Chamberlain, P., & Reid, J. B. (1982). A comparative evaluation of a parent-training program. *Behavior Therapy*, 13, 638-650.

Patterson, G. R., Reid, J. B., Jones, R. R., & Conger, R. E. (1975). *A social learning theory approach to family intervention: Families with aggressive children (Vol 1)*. Eugene: Castalia.

Perren, S., & Alsaker, F. D. (2006). Social behavior and peer relationships of victims, bully-victims, and bullies in kindergarten. *Journal of Child Psychology and Psychiatry*, 47(1), 45-57. doi: 10.1111/j.1469-7610.2005.01445.x

Pihl, R. O., Vant, J., & Assaad, J.-M. (2003). Neuropsychological and neuroendocrine factors. In C. A. Essau (Ed.), *Conduct and oppositional defiant disorders: Epidemiology, risk factors, and treatment*. Mahwah: Lawrence Erlbaum Associates Publishers, pp. 163-189.

Polier, G. G., Vloet, T. D., Herpertz-Dahlmann, B., Laurens, K. R., & Hodgins, S. (2012). Comorbidity of conduct disorder symptoms and internalising problems in children: Investigating a community and a clinical sample. *European Child & Adolescent Psychiatry*, 21(1), 31-38. doi: 10.1007/s00787-011-0229-6

Reynolds, C. R., & Kamphaus, R. W. (2004). *BASC-2: Behavior assessment system for children (2nd ed.)*. Upper Saddle River, NJ: Pearson Education, Inc.

Romano, E., Tremblay, R. E., Vitaro, F., Zoccolillo, M., & Pagani, L. (2001). Prevalence of psychiatric diagnoses and the role of perceived impairment: Findings from an adolescent community sample. *Journal of Child Psychology and Psychiatry*, 42(4), 451-461. doi: 10.1111/1469-7610.00739

Shaffer, D., Fisher, P., Lucas, C. P., Dulcan, M. K., & Schwab-Stone, M. E. (2000). NIMH Diagnostic Interview Schedule for Children Version IV (NIMH DISC-IV): Description, differences from previous versions, and reliability of some common diagnoses. *Journal of the American Academy of Child & Adolescent Psychiatry*, 39(1), 28-38. doi: 10.1097/00004583-200001000-00014

Solem, M. B., Christophersen, K. A., & Martinussen, M. (2011). Predicting parenting stress: Children's behavioural problems and parents' coping. *Infant and Child Development*, 20(2), 162-180. doi: 10.1002/icd.681

Stein, S. (2007). Review of the Behavior Assessment System for Children-Second Edition. In R. A. Spies, K. F. Geisinger & B. S. Plake (Eds.), *The seventeenth mental measurements yearbook*. Lincoln: The University of Nebraska Press.

Sugawara, M., Mukai, T., Kitamura, T., Toda, M. A., Shima, S., Tomoda, A., ⋯ Ando, A. (1999). Psychiatric disorders among Japanese children. *Journal of the American Academy of Child & Adolescent Psychiatry*, 38(4), 444-452. doi: 10.1097/00004583-199904000-00018

Underwood, M. K. (2002). Sticks and stones and social exclusion: Aggression among girls and boys. In P. K. Smith & C. H. Hart (Eds.), *Blackwell handbook of childhood social development*. Malden: Blackwell Publishing, pp. 533-548.

Wakschlag, L. S., Briggs-Gowan, M. J., Hill, C., Danis, B., Leventhal, B. L., Keenan, K., ⋯ Carter, A. S. (2008a). Observational assessment of preschool disruptive behavior, Part II: Validity of the Disruptive Behavior Diagnostic Observation Schedule (DB-DOS). *Journal of the American Academy of Child & Adolescent Psychiatry*, 47(6), 632-641. doi: 10.1097/CHI.0b013e31816c5c10

Wakschlag, L. S., Hill, C., Carter, A. S., Danis, B., Egger, H. L., Keenan, K., ⋯ Briggs-Gowan, M. J. (2008b). Observational assessment of preschool disruptive behavior, Part I: Reliability of the Disruptive Behavior Diagnostic Observation Schedule (DB-DOS). *Journal of the American Academy of Child & Adolescent Psychiatry*, 47(6), 622-631. doi: 10.1097/CHI.0b013e31816c5bdb

第8章

子どもの不安症

1 不安症の臨床的特徴

(1) 子どもの不安症とは

　不安症／不安障害（anxiety disorders）は，恐怖や不安が極度に高まり，日常生活に支障をきたすことを特徴とする疾患群である。古くは「不安神経症」と呼ばれ，病態そのものは多くの心理臨床家にとってなじみの深いものである。これまでの不安症研究は成人を対象としたものがほとんどであり，「子どもの不安症」という観点から研究が行われるようになったのは比較的最近のことである。その理由として，不安反応は通常の発達の過程で一時的に多くの子どもにみられるものであり，成長の過程でいずれは落ち着いていくものだと考えられてきたため，治療の対象とする必要性が認識されてこなかった（Ialongo et al., 1994）。実際，成長の一過程で不安が高まったものの，その後自然な経過の中で不安を乗り越えていく子どもは多い。

　しかし，最近の研究では，こうした子どもの中に，成長の過程でよくなるどころか，悪化の一途をたどり，その後，より重篤な疾患を抱えるようになる者が存在することが明らかになっている（Costello et al., 2003）。こうした事例では，専門家の助けなしには改善が難しく，深刻な日常生活上の機能障害が起こるため，単に時間が解決するのを待つという方法をとるのではなく，積極的な介入を行うことが必要となる。一般に，若年期に発症する不安症は，成人期で初めて発症したものと比べて予後が悪いだけでなく，学業上の不利益や社会的・情緒的発達にも二次的な影響をもたらすため（Albano, Chorpita, & Barlow,

2003)，早期に発見し適切な援助を行うことが大切である。

アメリカ精神医学会（American Psychiatric Association: APA）は2013年5月にDSM-5（APA, 2013）を出版し，不安症群の診断においてもDSM-Ⅳ-TR（アメリカ精神医学会，2002）からいくつかの改訂を行った。そのうち，最も大きな変化は，強迫症（Obsessive-Compulsive Disorder: OCD），心的外傷後ストレス障害（Post-Traumatic Stress Disorder: PTSD），および急性ストレス障害（Acute Stress Disorder: ASD）が不安症群から除外された点である。これらの障害は，DSM-Ⅳにおける不安症の中でも単純な恐怖反応だけでは説明がつきにくく，成り立ちが異なることが指摘されていたことから（Friedman et al., 2011; Mataix-Cols, Pertusa, & Leckman, 2007），改訂によって不安症というカテゴリーの特徴がより際立った。逆に，新たに不安症群に加わった疾患としては，これまでの研究（たとえばBlack & Uhde, 1995）で社交不安症（Social Anxiety Disorder/Social Phobia: SP）との関連が深いことが示されてきた選択性緘黙（Selective Mutism: SM）があげられる。このほか，分離不安症（Separation Anxiety Disorder: SAD）はDSM-Ⅳにおいては「通常，幼児期，小児期または青年期に初めて診断される疾患」のカテゴリーに含められていたが，DSM-5ではこのカテゴリーが用いられなくなったため，不安症のセクションに入っている。

表8-1は不安症に含まれる疾患の特徴をまとめたものである。ここに示したもののほかに，物質・医薬品誘発性不安症（Substance/Medication-Induced Anxiety Disorder）と他の医学的疾患による不安症（Anxiety Disorder Due to Another Medical Condition），他の特定される不安症（Other Specified Anxiety Disorder），および特定不能の不安症（Unspecified Anxiety Disorder）が含まれる。

子どもの不安症群は，症状の発現の仕方が大人とは異なることが知られている。たとえば，子どもは認知発達が不完全な分，不安を誘発する考えを特定することが難しく，代わりに身体症状が多く現れる。また，行動的には泣く，親にしがみつく，かんしゃくを起こすなどの方法で不安が表現されることが多い。頻度としては低いが，反抗的な行動として現れることもある。その診断や治療においても，単に大人の基準や治療法を子どもに適用するだけでは十分な効果

第 8 章 子どもの不安症

表 8-1 DSM-5 における不安症とその特徴

診　断	不安・恐怖の特徴	よくある訴えや考えの例
分離不安症	愛着をもっている人と引き離されてしまうのではないかと不安を感じる	「学校に行っている間に，お母さんが交通事故で死んでしまったらどうしよう」
選択性緘黙	他の状況では話しているのに，話すことが期待される特定の社会的な場面では一貫して言葉を発しない	「家できょうだいとしゃべるのは気にならないが，知らない人がいるところでは緊張して話せない」
限局性恐怖症	飛行，高所，動物，注射，血液など，特定のものに過剰な恐怖を感じる	「注射が何より怖いので，病院に行くのも嫌だし，おばあちゃんのお見舞いにも行けない」
社交不安症 (社交恐怖)	人前で注目されたり，恥ずかしい思いをするかもしれないと不安を感じる	「何か変なことをしたり言ったりして，友だちから嫌われるのが嫌だ。気を遣いすぎて，学校に行って帰ってくるだけでぐったりしてしまう」
パニック症	突然に強い恐怖や身体症状が起こる発作を体験し，再度発作が起こるのではないかという不安が続いてしまう	「学校でテストを受けているとき，心臓がどきどきして嫌な汗が出て，死ぬかと思った。もう学校には行きたくない」
広場恐怖症	逃げるに逃げられない，または助けが得られない場所や状況にいることで不安を感じる	「急に気分が悪くなり，人前で吐いてしまうのが怖いので，人ごみには行きたくない」
全般不安症	日常のさまざまな領域で過剰な心配をもつ	「テストで悪い点数を取ってしまうかもしれない」「テレビ番組で見た子どものように，病気になって死んでしまうかもしれない」

出所：笹川，2011．pp.167 より一部改変。

が得られにくいため，年齢や発達段階に合わせた配慮を行うことが必要である。

（2）有病率・併発率

　諸外国においては，子どもの不安症に関する大規模な有病率調査が実施されており，不安症は世界中で最も有病率の高い精神疾患の1つであることが示されている（たとえば Merikangas et al., 2010）。表8-2は，世界各地における不安症の発症率をまとめたものである。おおむね10％前後という報告が多いが，

表 8-2 世界各国における子どもの不安症の有病率

研　究	実施国	参加者の年齢	サンプル数	有病率
Wittchen et al. (1998)	ドイツ	14～24	3,021	14.4%（生涯）
Essau et al. (2000)	ドイツ	12～17	1,035	18.6%（生涯）
Verhulst et al. (1997)	オランダ	13～18	780	10.5%（6ヶ月）
Fergusson et al. (1993)	ニュージーランド	15	965	10.8%（6ヶ月）
Lewinsohn et al. (1993)	アメリカ	14～18	1,710	8.8%（生涯）
Shaffer et al. (1996)	アメリカ	9～17	1,285	13.0%（6ヶ月）
Costello et al. (1996)	アメリカ	9～13	4,500	5.7%（3ヶ月）
Merikangas et al. (2010)	アメリカ	13～18	10,123	31.9%（生涯）
Breton et al. (1999)	カナダ	6～14	2,400	9.1%（6ヶ月）

出所：著者が作成。

　最新のデータでは生涯有病率が31.9％との調査もある（Merikangas et al., 2010）。我が国におけるデータとしては，子どもによる報告と親による報告を合わせて41.2％という時点有病率が報告されているが（Sugawara et al., 1999），この研究では診断面接を実施する際に支障度や重症度の基準が加味されておらず，諸外国の調査と比べるとサンプル数も限られているため，値に偏りがあった可能性もある。

　不安症の発症率には男女差があり，どの不安症においても女児の方が男児よりも有病率が高い（Lewinsohn et al., 1998）。しかし，このような結果がなぜ起こるのかに関しては，明確な理由は導かれていない。遺伝的要因やホルモンバランスの影響などで，男女の間で不安の体験率に差があるという解釈以外にも，文化社会的な背景の中で性役割として女児の方が不安を訴えやすいことが指摘されている（McLean & Anderson, 2009）。

　不安症は他の疾患の併発率が非常に高いことでも知られている。不安症同士の併発だけでなく，抑うつ障害や外在化問題，物質使用（Lewinsohn et al., 1997）のほか，睡眠障害（Alfano, Ginsburg, & Kingery, 2007）などの身体疾患とも関連することが示されている。一般に，不安症は抑うつ障害に先んじて発症

する一方（Strauss et al., 1988），外在化問題のある子どもは行動上の問題を起こして周囲から叱責されることが多いため，不安症が二次的障害として生じやすい。不安症に別の疾患が合併すると，治療がより困難になるため，早期に適切なアセスメントと治療を行うことが重要である。

（3）発達的経路

　不安症の発症年齢には発達的な順番があることが知られている（APA, 2013）。分離不安症や選択性緘黙は発達の早期から出現しやすい。これらの症状が自然の経過とともに消失した後にも，不安は形を変え，限局性恐怖症や社交不安症として発現することがある。パニック症や広場恐怖症，全般不安症は，不安の対象がより抽象的になるため，一定の認知発達が進んでから発現することが多く，発症年齢という観点からは他の疾患よりも後発である。早期の不安症は後に他の不安症を発症するリスク因子となることも知られている（Pine et al., 1998）。

　時間経過とともに不安症がどう変化していくかをみた研究においては，3～4年の期間をおいた追跡調査で81.7%の子どもが当初の診断基準を満たさなくなると報告されている（Last et al., 1996）。しかし，その後別の精神疾患を発症するリスクは精神疾患の既往のない子どもよりも高く，29.8%が新たに何らかの診断基準を満たすようになる。同様に，1年の期間をおいて2度の調査を実施したエッソーら（Essau, Conradt, & Petermann, 2002）でも，不安症の基準を満たした子どものうち，2度目の調査時にも不安症と診断されたのは22.6%であったが，診断を満たさなくなった者は全体の41.9%であり，それ以外の子どもは何らかの精神疾患をもち続けることが明らかにされた。また，特に臨床患者においては，診断が安定してみられたという報告もあり，中でも限局性恐怖症と社交不安症の安定性が高かったことが示されている（Carballo et al., 2010）。先のエッソーら（2002）の調査においては，1年間のあいだに専門家の援助を受けたか否かについても調査を行っているが，生活支障度の高さに比して受診率は低く，新たに不安症を発症したケースでは8.3%，2度とも診断を満たしたケースでも21.4%に過ぎなかったことが示されている。こうしたデータから，

罹患期間を少しでも短くするためにも,子どもの不安症に関する認知度を高めていくことが課題である様子が伺える。

2 アセスメント

　症状のアセスメントは適切な介入方針を立てる上で最も重要なプロセスである。子どもの不安症に対するアセスメント法は大きく面接法,質問紙法,および観察法の3つに分けることができる。我が国において,すべての方法が十分な信頼性と妥当性をもって確立されているとは言い難いが,効果的なアセスメントのためには,幅広いアセスメント技法を組み合わせて用いることが望ましい。以下では,それぞれのカテゴリーにおいて,国内外で比較的高頻度で用いられているものを中心に紹介していく。

(1) 面接法

　面接法は,子どもに直接,あるいは子どものことをよく知っている大人(保護者など)に対して,口頭で質問する形で症状の有無を明らかにしていくものである。特に,診断を行うことを目的とする際には,スタンダードな質問項目が定められている構造化面接法や半構造化面接法が用いられやすい。現状,子どもを対象としたアセスメントとして,日本で十分な標準化手続きを経たものはないが,ここでは代表的な面接として,The Anxiety Disorders Interview Schedule for DSM-IV: Child/Parent Version (ADIS for DSM-IV: C/P) (Silverman & Albano, 1996) と Mini International Neuropsychiatric Interview for Children and Adolescents (MINI-KID) (Sheehan et al., 1998) の2つをとりあげる。

① ADIS for DSM-IV: C/P
　7〜17歳の子どもを対象に,不安症と,関連する症状を診断する目的で使用される半構造化面接である。子ども評定版と親評定版が開発されており,いず

れの版においても得られた情報をもとに，臨床家が子どもの対人関係や学校生活，家庭での様子や全般的な生活支障度を0-8の尺度で評定するClinician Severity Rating Scale（CRS）が用いられる。また，疾患ごとにも不安と回避の度合いをCRSで評価することによって，重症度の評定を行うことができる。本邦において，ADISは石川・下津・佐藤（2008）の短期集団認知行動療法の効果評定に用いられているが，正式な日本語版の標準化は行われていない。

② MINI-KID

6～17歳の子どもを対象に，不安症だけでなく，DSM-ⅣとICD-10における24の疾患のスクリーニングのために用いられる。ADIS-Ⅳと比べると情報量という点では制限されるが，簡便であり，短時間で実施可能なため，広く普及している。信頼性と妥当性を調べた研究（Sheehan et al., 2010）では，同じく子どもを対象とした構造化面接であるK-SADSとの間に高い一致率が見いだされており，感度や特異度も良好な値を示した。MINI-KIDにも親評定版と子ども評定版が存在するが，両者の一致率も十分に高かったことが示されている。日本では，成人版のMINIの標準化を行った大坪ら（Otsubo et al., 2005）が小児・青年用の翻訳を行っている。日本版MINI-KIDに関しては，有賀ら（Ariga et al., 2008）や傳田（2008）による使用の報告がある。

（2）質問紙法

子どもの不安症状を測定する目的で，現状最も多く用いられているのが質問紙法である。質問紙法では，あらかじめ準備したいくつかの質問項目に対する反応から，子どもの不安の強さを査定する。面接法と同様に，自己評定と他者評定の2つの形式が用いられるが，不安は主観的な体験であるため，一般には子ども自身による報告の方が，症状の深刻度をより正確に反映すると考えられている（Cantwell et al., 1997）。しかし，子どもと周囲の人間の評定のずれそれ自体に，見立てにつながる貴重な情報が含まれることがあるため（De Los Reyes & Kazdin, 2005），一つの情報源に頼るのではなく，複数の対象から得ら

れた情報を立体的に組み合わせて評価を行うことが望ましい。以下では，質問紙法による代表的なアセスメントを紹介する。

① State-Trait Anxiety Inventory for Children (STAIC) (Speilberger, 1973; 曽我，1983)

　我が国で用いられる尺度の中では最も広く普及している不安尺度の1つであり，曽我 (1983) によって小学4～6年生を対象に日本語版の標準化が行われている。成人用の STAI 同様，STAIC は日常生活における安定的な不安の高さを示す「特性不安」と，測定時点での状況依存性の不安を測定する「状態不安」を分けて得点化する点が特徴的である。特性不安，状態不安ともに20項目3件法で構成される。

② Children's Form of the Manifest Anxiety Scale (CMAS) (Castaneda, McCandless, & Palermo, 1956; 坂本，1966; 1989)

　STAIC と並び，日本において子どもの不安を測定する尺度として古くから用いられてきた尺度であり，坂本 (1989) によって日本の子どもの標準化データが報告されている。適用範囲は小学4年生から中学3年生までとされており，成人版の MAS と同じく，虚偽尺度（L得点）の測定が行われる。海外ではその後，RCMAS (Reynolds & Richmond, 1978) および RCMAS-2 (Reynolds & Richmond, 2008) が開発され，6歳以上の子どもを対象に，従来の不安得点と虚偽尺度得点以外に，身体的不安や心配，社交不安などの下位因子得点が算出できるようになった。

③ Spence Children's Anxiety Scale (SCAS) (Spence, 1998; 石川・大田・坂野，2001)

　STAIC や CMAS が一般的な不安を測定していたのに対して，SCAS は DSM における不安症の症状を測定する目的で作られた尺度であり，世界各国で翻訳され用いられている。44項目4件法で構成されるが，このうち不安得点

の算出に用いられる項目は38項目であり，残りは尺度に対するネガティブな反応を減らすためのダミー項目である。日本語版は石川ら（2001）によって作成されており，十分な信頼性と妥当性を有することが確認されている（Ishikawa, Sato, & Sasagawa, 2009）。また，親が子どもの不安症状を測定する目的で，Spence Children's Anxiety Scale for Parents（SCAS-P: Nautaet al., 2004; Ishikawa et al., 2014）も作られている。

④ Multidimensional Anxiety Scale for Children（MASC）（March, Parker, Sullivan, Stallings, & Conners, 1997; 安藤, 2008）

8～19歳の児童青年期の不安症状を測定することを目的に，39項目4件法で測定される。安藤（2008）が12～15歳の子どもを対象に行った日本語版MASCの調査では，原版同様に「身体症状」「危機回避」「社会不安」「分離不安・パニック」の4因子構造が見いだされており，信頼性と妥当性を有することが示されている。2012年に出版されたMASC 2（March, 2012）では項目数が50項目まで増やされ，子どもの自己評定版に加えて親評定用のものも作成された。

⑤ Fear Survey Schedule for Children-Revised（FSSC-R）（Ollendick, 1983）

FSSC-Rは特定の対象や状況に対する子どもの不安を測定する尺度として開発されたものであり，原版のFSSC（Scherer & Nakamura, 1968）のスコアリングを3件法に簡略化する形で作られた，80項目の尺度である。欧米では非常に使用頻度の高い尺度であり，2014年には短縮版（FSSC-R-SF）の作成も行われている（Muris et al., 2014）。本邦においてはFSSC-Rを改訂したFSSC-Ⅱ（Gullone & King, 1992）の日本語版が発表されている（市井・根建, 1997）。FSSC-R，FSSC-R-SF，FSSC-Ⅱのいずれにおいても「死や危険に対する恐怖」「未知のものに対する恐怖」「失敗と批判に対する恐怖」「動物に対する恐怖」および「医療に対する恐怖」という5因子構造が確認されている。

⑥ Child Behavior Checklist（CBCL）（Achenbach, 1991；井澗ら，2001；戸ヶ崎・坂野，1998）

　不安症の症状評価に特化したものではないが，子どもの症状を他者評定で測定する際に広く用いられる尺度である。4～18歳の子どもについて，親が評定するCBCL以外に，11歳以上の子どもが自己評定をするYouth Self Report（YSR），教師評定によるTeacher Rating Form（TRF）も存在する。また，2～3歳の子どもの評定を行う幼児用，19歳以上を対象とした成人用も準備されている。不安・抑うつはひきこもりや身体的訴えとともに内在化問題の因子に分類されており，それ以外に非行的行動・攻撃的行動の外面化問題の因子や，社会性，思考，注意の問題を測定することができる。

（3）行動観察法

　諸外国においては不安症の行動的指標として，不安刺激に対する反応を行動観察する方法が用いられる。こうした方法はBehavior Avoidance Test（BAT），もしくはBehavior Approach Testと呼ばれる。不安や回避を誘発するような場面を実験室内に設定し，脅威刺激に慣れるまでの時間や，刺激との間に置く物理的な距離などの行動指標を測定する。その中核はあくまで顕在的な行動の測定にあるが，一般には主観的な不安の指標（SUDなど）についても尋ね，生理的指標とも組み合わせて用いることができる。

　BATを用いた測定の例として，特定の恐怖症を対象としたハミルトンとキング（Hamilton & King 1991）や社交不安症を対象としたコンプトンら（Compton et al., 2001）があげられる。我が国においてはこのように定型化された方法はないが，プレイルームでの行動観察が臨床に応用される例は多く存在する。また，行動抑制（behavioral inhibition）研究などで用いられるストレンジ・シチュエーション法によって，子どもの新奇な場面に対する反応を測定することもある。その他，家での様子のビデオ撮影や，学校場面における観察なども，子どもの不安症状の程度を測定する方法として有用である。

（4）その他のアセスメント

不安症状そのものを測定する尺度以外にも，不安を引き起こす認知を測定する尺度や，不安症の背景に共通して存在するリスク因子である不安感受性を測定する尺度が開発されている。以下では，特に日本の子どもにおける標準化データが存在するものを紹介する。

① 児童用自己陳述尺度（CSSS: Children's Self-Statement Scale）（石川・坂野，2005）

不安な場面に遭遇したときに，個人の中に自然と浮かんでくる児童の自己陳述を測定するために作成された尺度である。「ポジティブ自己陳述」と「ネガティブ自己陳述」の2因子40項目から構成され，4件法で評定される。日本の児童生徒を対象に予備調査を実施し，その自由記述から項目を作成しているため，我が国の子どもの現状に即した測定が可能である。

② 児童用認知の誤り尺度（CCES: Children's Cognitive Error Scale）（石川・坂野，2003）

子どもの認知の誤りを測定する自己記入式，20項目4件法の尺度である。小学校4～6年生を対象に標準化されており，不安を喚起するような場面を提示しながら，その場面の解釈を問う形式をとる。CSSSと同様に，海外の尺度の翻訳ではなく，日本の児童および教師の自由記述から項目を収集しているため，生態学的妥当性が高く，信頼性や妥当性についても良好な値を示している。

③ 子ども用不安感受性尺度（CASI: Childhood Anxiety Sensitivity Index）（Silverman et al., 1991; Taylor & Cox, 1998; Muris, 2002; 井上・坂野，2003）

不安の身体症状に対する過敏性や，症状がもたらすネガティブな結果に対する信念である不安感受性を測定する尺度である。シルバーマンら（Silverman et al., 1991）によって18項目版が作成されたのち，テイラーとコックス（Taylor & Cox, 1998）およびムリス（Muris, 2002）によって改訂版（CASI-R）が発表さ

れている。日本では井上・坂野（2003）がムリス（2002）による31項目のCASI-Rの標準化を行っている。因子分析の結果，日本語版では23項目まで項目数が絞られているものの，原版と同様の4因子構造が得られ，信頼性と妥当性が確認されている。その後，シルバーマンら（Silverman et al., 1991）による18項目版のCASIについても，井上・笹川・佐藤・嶋田（2006）によって標準化が行われている。

3　不安症に対する介入

不安症に対しては，さまざまな心理的介入の有効性が示されている。ここでは，治療の主たる構成要素の特徴について述べるとともに，それぞれの要素を組み合わせて作成された治療パッケージの内容について解説する。

（1）心理教育

不安は必ずしも不適応な感情ではなく，適度な量の不安はパフォーマンスの向上につながることが示されている。また，不安は動機づけにもつながり，短期間に危険の回避を可能にする自己防御のためのメカニズムである。しかし，ある水準を超えると，不安のために身動きがとれない状況が起こり，そのことが日常生活上のさまざまな困難を引き起こす。心理教育においては，こうした情報の提供を通じて，不安という感情のノーマライゼーションを行い，治療の目標を明確にすることを第一の目標とする。その上で，不安を低減するための方略に関する基礎理論について教示し，治療に対する動機づけを高めていく。

認知行動療法では，あらゆる疾患の治療を行うにあたって，クライエントがその治療の背景にある理論を理解していることを大切にする。背景理論を理解することで，きちんとした同意のもと治療が進められるだけでなく，治療終結後にもクライエントが自らを治療者として，治療で得た効果を維持していくことができるからである。しかし，子どもの治療においては，必ずしも子ども自身が自らの病態や治療機序について理解できるとは限らない。そこで，心理教

育の対象は本人だけでなく，保護者や教師など，周りの大人にも広げられる。ここでの心理教育の目的は，子どもが治療で得た効果を長く維持できるような環境を，周囲の大人が整えることにある。親に対する介入としての心理教育については，ペアレントトレーニングの項で詳述する。

（2）エクスポージャー法

　エクスポージャーは，不安症の治療において最も効果が高いことが示されている，代表的な構成要素である。マウラー（Mowrer, 1947）は負の強化の理論の中で，不安や恐怖からの回避や逃避が不安を強め，回避を強化することを示している。そこで，不安を誘発する刺激にあえてさらすことによって，不安反応の弱化を目指すのがエクスポージャーである。

　エクスポージャーの手順としては，はじめに不安を誘発する刺激を特定し，それぞれの刺激によって喚起される不安の程度を評価した上で，その得点順に並べた不安階層表の作成を行う。そして，比較的不安度の低いものから順番に馴化の手続きを行っていく。特に子どもの場合，本人の困り感が希薄で大人ほど治療に対する動機づけが高くないことも多いことから，自己効力感を高めて課題にうまく取り組むことができるよう，難易度の低いものからアプローチすることが推奨される。馴化の手続きを実施する際には，後述するリラクセーション法を併用した系統的脱感作法が用いられることもあるが，リラクセーション法の併用によって効果を高めるというよりも，ラポールの形成を促進したり，取り組みやすくするための工夫として用いられることが多い（Morris, 2004）。

（3）認知再構成法

　認知発達が不完全な子どもにおいても，不安症を抱える大人と同様に，不安を維持する認知が生じることが示されている（たとえば石川・坂野，2003）。このような認知を変容し，考えのレパートリーを増やすことによって，不安症状の改善を図るための技法を，認知再構成法と総称する。

　成人の場合，思考記録表を用いて認知再構成を行うことがあるが，子どもの

場合は証拠を探したり，反証したりという一連の論理的プロセスが難しい場合があるため，代わりにセラピストとのやりとりの中でポジティブな認知を探していく方法をとることが多い。また，吹き出しを用いるなど，視覚的な呈示方法を工夫することによって，抽象的な理解が困難な子どもに対しても認知的な介入を可能にしている。

（4）社会的スキル訓練（Social Skills Training: SST）

対人関係を円滑にするための技術を教えるSSTは，古くから子どもの不安症に対する治療法として注目されてきた。成人の不安症において社会的スキルの欠損がみられるかについては諸説あるが（Alden & Taylor, 2004），児童青年期の子どもは発達の途上にあるため，社会的スキルが完成されていることが少なく，特に社交不安症の治療に特化した多くの治療パッケージにおいて，SSTが用いられている。

我が国においても，佐藤・佐藤・高山（1998）が引っ込み思案児に対するSSTを実施しており，学級単位での取り組みでもSSTが用いられることは多い。近年では，子どもの社交不安症においても，社会的スキルの欠損はみられないとする報告があるが（たとえばCartwright-Hatton, Tschernitz, & Gomersall, 2005），依然多くのSSTプログラムが効果をあげており（たとえばSpence, Donovan, & Brechman-Toussaint, 2000），重要な治療要素の1つであり続けている。

（5）リラクセーション訓練

不安症の子どもは過緊張の状態が長く続き，自律神経系のバランスが崩れていることが多いため，リラクセーション訓練を行うことで心身のバランスを整えることを目指す。代表的なものに，呼吸を用いる方法や漸進的筋弛緩法などがある。

呼吸法においては，緊張状態のときに起こりがちな浅い胸呼吸から，意識的に深い腹式呼吸をさせることで，不安の軽減を狙う。漸進的筋弛緩法において

は，特定の筋肉群を一度緊張させることによって，力を抜いたときとの落差を明確にし，リラックス状態をよりわかりやすく味わえるようにする。子どものプログラムならではの工夫として，さまざまな動物になりきってポーズをとるといった比喩が用いられることがある（たとえば Rapee, Spence, Cobham, & Wignall, 2000）。こうした手続きは，子どもにわかりやすく教示をするためのものであると同時に，楽しみながら取り組めるための仕掛けでもある。

（6）ペアレントトレーニング（親訓練）

子どもにとって，成長の過程で親から受ける影響の大きさは絶大であり，不安症の発症と維持においても例外ではない。発症に関しては，遺伝的な素因が伝達されるだけでなく，日々の生活の中で親がさまざまな不安誘発刺激を避けて生活したり，「危ない」というメッセージを直接的・間接的に出し続けることによって，子ども自身も不安刺激に対する恐怖反応を学習していく。また，維持に関しては，子どもが不安に感じる刺激を親が過剰に取り除いたり，不安を一時的に低減する回避的な対処を手助けしたりすることで，子どもが不安場面にさらされる機会が損なわれ，不安反応が修正されないことがある。

ペアレントトレーニングでは，このような影響に関する情報提供を行い，親が子どもの治療者として振る舞えるように援助することを通じて，家庭内で不安を低減するための環境を整えていく。特に対象となる子どもが年少の場合，子ども自身に積極的な働きかけを行うことが難しいため，周囲の環境調整を行うことで症状の改善を図っていく。

（7）パッケージ治療

諸外国においては，上述した治療技法を組み合わせて，不安症に対する治療パッケージが組まれている。パッケージ治療の利点としては，短時間で効率的に標準的な治療要素を提供することができるため，効果があがりやすい点があげられる。集団治療で行われる場合と，個人療法として提供される場合があるが，同じ治療パッケージを提供の方法を変えて個人と集団のどちらにも適用で

きることもある。集団で実施する際には，統一された治療要素で十分な効果を得るために，集団に含まれる対象者の問題がある程度等質である必要がある。一方，個人療法の場合には，対象者に合わせた適用が可能となるため，治療パッケージの一部を飛ばしたり，必要に応じて特定の要素に通常よりも長い時間をかけたりなどの調整を行える。いずれの形式の場合にも，標準的な治療要素をただなぞるのではなく，参加者に機能する提示の仕方を工夫することが求められる。以下に主要な治療パッケージを2つ紹介する。

① Coping Cat (Kendall et al., 1990)

　学童期の子どもを対象に，不安への対処を教えていくプログラムである。日本では市井らによって翻訳されている（ケンドール，2000）。全16～20セッションで構成されるが，はじめの8セッションで基礎理論の習得を行い，残りのセッションで習得したスキルの練習と定着を図る。治療内容としては，心理教育，リラクセーション法，認知再構成法，エクスポージャー，問題解決訓練および自己強化が用いられる。個人プログラムとして開発されているが，後に集団プログラムとしての使用が可能な Coping Koala (Dadds et al., 1997) が開発されている。

　近年開始された子どもの不安症に対する大規模なランダム化対照試験に，Child/Adolescent Anxiety Multimodal Study (CAMS) (Walkup et al., 2008) がある。この研究は多施設研究であり，全米の6ヶ所の施設において，薬物治療と Coping Cat に基づく認知行動療法，および両者を組み合わせた治療をプラセボと比較している。ウォーカップら (Walkup et al., 2008) による初期段階のデータでは，いずれの治療もプラセボよりも効果が高く，薬物治療と認知行動法を組み合わせた治療が最も効果が高いことが示されている。

② FRIENDS プログラム (Barrett, Lowry-Webster, & Turner, 1999 a, b)

　当初は不安症の早期介入・予防プログラムとして開発されたが，近年ではうつ病に対しても効果があることが確認され，ゴールドスタンダードとして用い

られている。典型的には10セッション＋2回のブースターセッションで構成される。集団形式で行われるため，学校等の教育現場での実施がしやすくなっている。4〜7歳，8〜11歳，12〜15歳，16歳以上と全部で4つのバージョンがある。対象とする年代によって内容にも違いがあるが，主たる構成要素としては心理教育やリラクセーション法，認知再構成法やスキル訓練などが用いられる。WHOが唯一推奨している不安症に対する予防プログラムであり，世界各国で翻訳され，その効果が実証されている。

4　我が国における実践例

日本における子どもの不安症に対する認知行動療法の実践例は多くないが，近年効果に関するデータ報告が行われはじめたプログラムに，石川・下津・佐藤（2008）による"いっちゃが教室"がある。このプログラムは，日本の児童生徒のために開発された不安症に対する短期の集団療法である。①心理教育，②感情への気づき，③状況と認知の区別，④〜⑤認知再構成法，⑥不安階層表の作成，⑦エクスポージャー，⑧まとめという全8セッション（1セッションあたり60〜90分）で構成されている。自己評定尺度における被験者内効果サイズは治療直後で$d=1.28$，3ヶ月後のフォローアップにおける効果サイズは$d=1.56$と報告されており，欧米で開発された同様のプログラムとの比較においても高い値を示している（Ishikawa et al., 2012）。個人療法に応用された際の治療効果も良好であるが，他児の観察学習などの集団の相互作用が期待できないため，親に対する心理教育を効果的に行うことで，行動が般化される環境を作ることが重要であると報告されている（川端ら，2013）。また，不安だけでなく，うつを併発している子どもにも有効であったことが示されている（石川・元村，2012）。

5　今後の展望

　日本における子どもの不安症の研究は始まったばかりであるが，我が国においても有望なプログラムの開発が進んでいる。不安症には文化差があることが指摘されているが，現時点でのエビデンスは，諸外国で不安症に有用であることが確認されている技法が，我が国の子どもの不安症も十分に治療可能であることを示している。

　一方で，日本における子どもの不安症に対する認知行動療法は未だ十分に知られておらず，普及のためには疾患そのものの認知度を向上させていく必要がある。このため，治療パッケージの開発はもとより，いかに日本の文化の中で受け入れやすい治療構造を作っていくかなど，システムの整備も含めて議論をしていく必要がある。

文　献

Achenbach, T. M. (1991). *Integrative guide for the 1991 CBCL/4-18, YSR, and TRF profiles.* Burlington: University of Vermont, Department of Psychiatry.

Albano, A. M., Chorpita, B. F., & Barlow, D. H. (2003). Childhood anxiety disorders. In E. J. Mash & R. A. Barkley (Eds.), *Child Psychopathology (2nd ed.).* New York: Guilford Press, pp. 279-329.

Alden, L. E., & Taylor, C. T. (2004). Interpersonal processes in social phobia. *Clinical Psychology Review,* 24, 857-882.

Alfano, C. A., Ginsburg, G. S., & Kingery, J. N. (2007). Sleep-related problems among children and adolescents with anxiety disorders. *Journal of the American Academy of Child and Adolescent Psychiatry,* 46, 224-232.

アメリカ精神医学会（著）高橋三郎・大野裕・染矢俊幸（訳）(2002). DSM-Ⅳ-TR　精神疾患の診断・統計マニュアル新訂版　医学書院

American Psychiatric Association (2013). *Diagnostic and statistical manual of mental disorders (5th ed.).* Washington, D C: American Psychiatric Publishing.

安藤美華代 (2008). 日本語版 Multidimensional Anxiety Scale for Children の信頼

性・妥当性に関する検討　岡山大学大学院教育学研究科研究集録, 139, 35-42.
Ariga, M., Uehara, T., Takeuchi, K., Ishige, Y., Nakano, R., & Mikuni, M. (2008). Trauma exposure and posttraumatic stress disorder in delinquent female adolescents. *Journal of Child Psychology and Psychiatry*, 49, 79-87.
Barrett, P. M., Lowry-Webster, H. M., & Turner, C. M. (1999a). *Friends for children participant workbook*. Brisbane: Australian Academic Press.
Barrett, P. M., Lowry-Webster, H. M., & Turner, C. M. (1999b). *Friends for children group leader manual*. Brisbane: Australian Academic Press.
Black, B., & Uhde, T. W. (1995). Psychiatric characteristics of children with selective mutism: A pilot study. *Journal of the American Academy of Child and Adolescent Psychiatry*, 34, 847-856.
Breton, J. J., Bergeron, L., Valla, J. P., Berthiaume, C., Gaudet, N., Lambert, J., St. Georges, M., Houde, L., & Lèpine, S. (1999). Quebec child mental health survey: Prevalence of DSM-III-R mental health disorders. *Journal of Child Psychology and Psychiatry*, 40, 375-384.
Cantwell, D. P., Lewinsohn, P. M., Rohde, P., & Seeley, J. R. (1997). Correspondence between adolescent report and parent report of psychiatric diagnostic data. *Journal of the American Academy of Child and Adolescent Psychiatry*, 36, 610-619.
Carballo, J. J., Baca-Garcia, E., Blanco, C., Perez-Rodriguez, M. M., Jimenez-Arriero, M. A., Artes-Rodriguez, A. A., Group for the Study of Evolution of Diagnosis (SED), Rynn, M., Shaffer, D., & Oquendo, M. A. (2010). Stability of childhood anxiety disorder diagnoses: A follow-up naturalistic study in psychiatric care. *European Child and Adolescent Psychiatry*, 19, 395-403.
Cartwright-Hatton, S., Tschernitz, N., & Gomersall, H. (2005). Social anxiety in children: Social skills deficit, or cognitive distortion? *Behaviour Research and Therapy*, 43, 131-141.
Castaneda, A., McCandless, B. R., & Palermo, D. S. (1956). The children's form of the Manifest Anxiety Scale. *Child Development*, 27, 317-326.
Compton, S. N., Grant, P. J., Chrisman, A. K., Gammon, P. J., Brown, V. L., & March, J. S. (2001). Sertraline in children and adolescents with social anxiety disorder: An open trial. *Journal of the American Academy of Child and Adolescent Psychiatry*, 40, 564-571.
Costello, E. J., Angold, A., Burns, B. J., Stangl, D. K., Tweed, D. L., Erkanli, A., &

Worthman, C. M. (1996). The Great Smoky Mountains Study of youth: Goals, design, methods, and the prevalence of DSM-III-R disorders. *Archives of General Psychiatry*, 53, 1129-1136.

Costello, E. J., Mustillo, S., Erkanli, A., Keeler, G., & Angold, A. (2003). Prevalence and development of psychiatric disorders in childhood and adolescence. *Archives of General Psychiatry*, 60, 837-844.

Dadds, M. R., Spence, S. H., Holland, D. E., Barrett, P. M., & Laurens, K. R. (1997). Prevention and early intervention for anxiety disorders: A controlled trial. *Journal of Consulting and Clinical Psychology*, 65, 627-635.

De Los Reyes, A., & Kazdin, A. E. (2005). Informant discrepancies in the assessment of childhood psychopathology: A critical review, theoretical framework, and recommendations for further study. *Psychological Bulletin*, 131, 483-509.

傳田健三 (2008). 児童・青年期の気分障害の診断学―― MINI-KID を用いた疫学調査から 児童青年精神医学とその近接領域, 49, 282-292.

Essau, C. A., Conradt, J., & Petermann, F. (2000). Frequency, comorbidity, and psychosocial impairment of social phobia and social fears in adolescents. *Journal of Anxiety Disorders*, 14, 263-279.

Essau, C. A., Conradt, J., & Petermann, F. (2002). Course and outcome of anxiety disorders in adolescents. *Journal of Anxiety Disorders*, 16, 67-81.

Fergusson, D. M., Horwood, L. J., & Lynskey, M. T. (1993). Prevalence and comorbidity of DSM-III-R diagnoses in a birth cohort of 15 year olds. *Journal of the American Academy of Child and Adolescent Psychiatry*, 32, 1127-1134.

Friedman, M. J., Resick, P. A., Bryant, R. A., Strain, J., Horowitz, M., & Spiegel, D. (2011). Classification of trauma and stressor-related disorders in DSM-5. *Depression and Anxiety*, 28, 737-749.

Gullone, E., & King, N. J. (1992). Psychometric evaluation of a Revised Fear Survey for Children and Adolescents. *Journal of Child Psychology and Psychiatry*, 33, 987-998.

Hamilton, D. I., & King, N. J. (1991). Reliability of a behavioral avoidance test for the assessment of dog phobic children. *Psychological Reports*, 69, 18.

Ialongo, N., Edelsohn, G., Werthamer-Larsson, L., Crockett, L., & Kellam, S. (1994). The significance of self-reported anxious symptoms in first-grade children. *Journal of Abnormal Child Psychology, 22*, 441-445.

市井雅哉・根建金男 (1997). 児童の恐怖調査票の標準化 日本教育心理学会第39回総会発表論文集, 547.

井上敦子・坂野雄二 (2003). 子ども用不安感受性尺度 (CASI-R) 日本語版作成の試み 日本行動療法学会第29回大会発表論集, 102-103.

井上敦子・笹川智子・佐藤寛・嶋田洋徳 (2006). Childhood Anxiety Sensitivity Index 日本語版作成の試み 日本行動療法学会第32回大会発表論文集, 352-353.

石川信一・元村直靖 (2012). 心理士による児童青年のうつ病性障害に対する認知行動療法の実施――3事例の報告 行動療法研究, 38, 203-213.

Ishikawa, S., Motomura, N., Kawabata, Y., Tanaka, H., Shimotsu, S., Sato, Y., & Ollendick T. H. (2012). Cognitive behavioural therapy for Japanese children and adolescents with anxiety disorders: A pilotstudy. *Behavioural and Cognitive Psychotherapy, 40*, 271-285.

石川信一・大田亮介・坂野雄二 (2001). 日本語版 SCAS (スペンス児童用不安尺度) 作成の試み 早稲田臨床心理学研究, 1, 75-84.

石川信一・坂野雄二 (2003). 児童における認知の誤りと不安の関連について――児童用認知の誤り尺度 (Children's Cognitive Error Scale) の開発と特性不安の関連の検討 行動療法研究, 29, 145-157.

石川信一・坂野雄二 (2005). 児童における自己陳述と不安症状の関連 行動療法研究, 31, 45-57.

Ishikawa, S., Sato, H., & Sasagawa, S. (2009). Anxiety disorder symptoms in Japanese children and adolesents. *Journal of Anxiety Disorders, 23*, 104-111.

Ishikawa, S., Shimotsu, S., Ono, T., Sasagawa, S., Kondo-Ikemura, K., Sakano, Y., & Spence, S. H. (2014). A parental report of children's anxiety symptoms in Japan. *Child Psychiatry and Human Development, 45*, 306-317.

石川信一・下津咲絵・佐藤容子 (2008). 児童の不安障害に対する短期集団認知行動療法 精神科治療学, 23, 1481-1490.

井澗知美・上林靖子・中田洋二郎・北道子・藤井浩子・倉本英彦・根岸敬矩・手塚光喜・岡田愛香・名取宏 (2001). Child Behavior Checklist/4-18 日本語版の開発 小児の精神と神経, 41, 243-252.

川端康雄・元村直靖・本村暁子・原祐子・二宮ひとみ・石川信一・田中英高・米田博 (2013). 不安障害を有する児童に対し認知行動療法を用いて有効であった1例 心身医学, 53, 71.

ケンドール, P. C. (著) 市井雅哉 (監訳) (2000). コーピングキャット・ワークブッ

ク&ノート　岩崎学術出版社

Kendall, P. C., Kane, M., Howard, B., & Siqueland, L. (1990). *Cognitive-behavioral treatment of anxious children: Treatment manual*. Unpublished manuscript, Temple University, Philadelphia, Pennsylvania.

Last, C. G., Perrin, S., Hersen, M., & Kazdin, A. E. (1996). A prospective study of childhood anxiety disorders. *Journal of the American Academy of Child and Adolescent Psychiatry*, **35**, 1502-1510.

Lewinsohn, P. M., Gotlib, I. H., Lewinsohn, M., Seeley, J. R., & Allen, N. B. (1998). Gender differences in anxiety disorders and anxiety symptoms in adolescents. *Journal of Abnormal Psychology*, **107**, 109-117.

Lewinsohn, P. M., Hops, H., Roberts, R. E., Seeley, J. R., & Andrews, J. A. (1993). Adolescent psychopathology: I. Prevalence and incidence of depression and other DSM-III-R disorders in high school students. *Journal of Abnormal Psychology*, **102**, 133-144.

Lewinsohn, P. M., Zinbarg, R., Seeley, J. R., Lewinsohn, M., & Sack, W. H. (1997). Lifetime comorbidity among anxiety disorders and between anxiety disorders and other mental disorders in adolescents. *Journal of Anxiety Disorders*, **11**, 377-394.

March, J. S. (2012). *Multidimensional Anxiety Scale for Children, 2nd edition*. North Tonawanda: Multi-Health Systems Inc.

March, J. S., Parker, J. D. A., Sullivan, K., Stallings, P., & Conners, C. K. (1997). The Multidimensional Anxiety Scale for Children (MASC): Factor structure, reliability, and validity. *Journal of the American Academy of Child and Adolescent Psychiatry*, **36**, 554-565.

Mataix-Cols, D., Pertusa, A., & Leckman, J. F. (2007). Issues for DSM-V: How should obsessive-compulsive and related disorders be classified? *American Journal of Psychiatry*, **164**, 1313-1314.

McLean, C. P., & Anderson, E. R. (2009). Brave men and timid women? A review of the gender differences in fear and anxiety. *Clinical Psychology Review*, **29**, 496-505.

Merikangas, K. R., He, J. P., Burstein, M., Swanson, S. A., Avenevoli, S., Cui, L., Benjet, C., Georgiades, K., & Swendsen, J. (2010). Lifetime prevalence of mental disorders in U.S. adolescents: Results from the National Comorbidity Survey Replication-Adolescent Supplement (NCS-A). *Journal of the Ameri-*

can *Academy of Child and Adolescent Psychiatry*, **49**, 980-989.
Morris, T. L. (2004). Treatment of social phobia in children and adolescents. In P. M. Barrett & T. H. Ollendick (Eds.), *Handbook of interventions that work with children and adolescents: Prevention and treatment*. Chichester: John Wiley & Sons, pp. 171-186.
Mowrer, O. H. (1947). On the dual nature of learning: A reinterpretation of "conditioning" and "problem-solving". *Harvard Educational Review*, **17**, 102-148.
Muris, P. (2002). An expanded childhood anxiety sensitivity index: Its factor structure, reliability, and validity in a non-clinical adolescent sample. *Behaviour Research and Therapy*, **40**, 299-311.
Muris, P., Ollendick, T. H., Roelofs, J., & Austin, K. (2014). The short Form of the Fear Survey Schedule for Children-Revised (FSSC-R-SF): An efficient, reliable, and valid seale for measuring fear in children and adolescents. *Journal of Anxiety Disorders*, **28**, 957-965.
Nauta, M. H., Scholing, A., Rapee, R. M., Abbott, M., Spence, S. H., & Waters, A. (2004). A parent-report measure of children's anxiety: Psychometric properties and comparison with child-report in a clinic and normal sample. *Behaviour Research and Therapy*, **42**, 813-839.
Ollendick, T. H. (1983). Reliability and validity of the revised fear survey schedule for children (FSSC-R). *Behaviour Research and Therapy*, **21**, 685-692.
Otsubo, T., Tanaka, K., Koda, R., Shinoda, J., Sano, N., Tanaka, S., Aoyama, H., Mimura, M., & Kamijima, K. (2005). Reliability and validity of Japanese version of the Mini-International Neuropsychiatric Interview. *Psychiatry and Clinical Neurosciences*, **59**, 517-526.
Pine, D. S., Cohen, P., Gurley, D., Brook, J., & Ma, Y. (1998). The risk for early-adulthood anxiety and depressive disorders in adolescents with anxiety and depressive disorders. *Archives of General Psychiatry*, **55**, 56-64.
Rapee, R. M., Spence, S. H., Cobham, V., & Wignall, A. (2000). *Helping your anxious child*. Oakland: New Harbinger Publications.
Reynolds, C., & Richmond, B. O. (1978). What I think and feel: A revised measure of children's manifest anxiety. *Journal of Abnormal Child Psychology*, **6**, 271-280.

Reynolds, C. R., & Richmond, B. O. (2008). *Revised Children's Manifest Anxiety Scale, Second Edition*. Los Angeles: Western Psychological Services.

坂本龍生 (1966). 児童用不安尺度の構成 高知大学学術研究報告, 人文科学, **14**, 161-166.

坂本龍生 (1989). 日本版児童用顕在性不安検査CMAS使用手引き 三京房

笹川智子 (2011). 子どもの不安障害 黒沢幸子・金山健一 (編) チャートでわかるカウンセリング・テクニックで高める「教師力」第2巻 気になる子と関わるカウンセリング, pp. 166-167.

佐藤正二・佐藤容子・高山巌 (1998). 引っ込み思案児の社会的スキル訓練――長期維持効果の検討 行動療法研究, **24**, 71-83.

Scherer, M. W., & Nakamura, C. Y. (1968). A Fear Survey Schedule for Children (FSS-FC): A factor-analytical comparison with manifest anxiety (CMAS). *Behaviour Research and Therapy*, **6**, 173-182.

Shaffer, D., Fisher, P., Dulcan, M. K., Davies, M., Piacentini, J., Schwab-Stone, M. E., Lahey, B. B., Bourdon, K., Jensen, P. S., Bird, H. R., Canino, G., & Regier, D. A. (1996). The NIMH diagnostic interview schedule for children 2.3 (Disc-2.3): Description, acceptability, prevalence rates, and performance in the MECA Study. *Journal of the American Academy of Child and Adolescent Psychiatry*, **35**, 865-877.

Sheehan, D. V., Lecrubier, Y., Sheehan, K. H., Amorim, P., Janavs, J., Weiler, E., Hergueta, T., Baker, R., & Dunbar, G. C. (1998). The Mini-International Neuropsychiatric Interview (M. I. N. I.): The development and validation of a structured diagnostic psychiatric interview for DSM-IV and ICD-10. *Journal of Clinical Psychiatry*, **59** (Suppl 20), 22-33.

Sheehan, D. V., Sheehan, K. H., Shytle, R. D., Janavs, J., Bannon, Y., Rogers, J. E., Milo, K. M., Stock, S. L., & Wilkinson, B. (2010). Reliability and validity of the Mini International Neuropsychiatric Interview for Children and Adolescents (MINI-KID). *Journal of Clinical Psychiatry*, **71**, 313-326.

Silverman, W. K., Fleisig, W., Rabian, B., & Petersen, R. A. (1991). Childhood Anxiety Sensitivity Index. *Journal of Clinical Child Psychology*, **20**, 162-168.

Silverman, W. K., & Albano, A. M. (1996). *Anxiety Disorders Interview Schedule for DCM-IV, Child and Parent Versions*. San Antonio: Psychological Corporation/Graywind Publications.

曽我祥子 (1983). 日本版STAIC標準化の研究 心理学研究, 54, 215-221.

Speilberger, C. D. (1973). *Manual for the State-Trait Anxiety Inventory for Children.* Palo Alto: Consulting Psychologists Press.

Spence, S. H. (1998). A measure of anxiety symptoms among children. *Behaviour Research and Therapy,* 36, 545-566.

Spence, S. H., Donovan, C., & Brechman-Toussaint, M. (2000). The treatment of childhood social phobia: The effectiveness of a social skills training-based, cognitive-behavioural intervention, with and without parental involvement. *Journal of Child Psychology and Psychiatry,* 41, 713-126.

Strauss, C. C., Last, C. G., Hersen, M., & Kazdin, A. E. (1988). Association between anxiety and depression in children and adolescents with anxiety disorders. *Journal of Abnormal Child Psychology,* 16, 57-68.

Sugawara, M., Mukai, T., Kitamura, T., Toda, M. A., Shima, S., Tomoda, A., Koizumi, T., Watanabe, K., & Ando, A. (1999). Psychiatric disorders among Japanese children. *Journal of the American Academy of Child and Adolescent Psychiatry,* 38, 444-452.

戸ヶ崎泰子・坂野雄二 (1998). 児童期・思春期の問題行動の評価——Child Behavior Checklist (CBCL) 日本版による診断と評価 精神科診断学, 9, 235-245.

Taylor, S., & Cox, B. J. (1998). Anxiety sensitivity: Multiple dimensions and hierarchic structure. *Behaviour Research and Therapy,* 36, 37-51.

Verhulst, F. C., van der Ende, J., Ferdinand, R. F., & Kasius, M. C. (1997). The prevalence of DSM-III-R diagnoses in a national sample of Dutch adolescents. *Archives of General Psychiatry,* 54, 329-336.

Walkup, J. T., Albano, A. M., Piacentini, J., Birmaher, B., Compton, S. N., Sherrill, J. T., Ginsburg, G. S., Rynn, M. A., McCracken, J., Waslick, B., Iyengar, S., March, J. S., & Kendall, P. C. (2008). Cognitive behavioral therapy, sertraline, or a combination in childhood anxiety. *New England Journal of Medicine,* 26, 2753-2766.

Wittchen, H. U., Nelson, C. B., & Lachner, G. (1998). Prevalence of mental disorders and psychosocial impairments in adolescents and young adults. *Psychological Medicine,* 28, 109-126.

第9章

子どものうつ病

　我が国において子どものうつ病が社会的に注目されるようになったのは，2000年代中盤になってからと比較的最近のことである。それ以前にも精神医学の分野を中心に子どものうつ病が論じられる機会はあったが（たとえば，村田，1993），専門家による学術的議論に限られていた。ところが，傳田ら（2004）や佐藤ら（2006）による大規模調査において我が国における子どものうつ病の実態が報告されはじめたことに伴い，この問題が社会的にもクローズアップされるようになった。こうした初期の大規模調査は質問紙を用いたものであったため，子どものうつ病の有病率を推定する上では限界があった。しかしながら，近年になってより厳密で構造化された診断面接法を用いた調査（傳田，2008; 佐藤ら，2008）が行われ，我が国における子どものうつ病の実態が明らかにされることとなった。

　本章では，子どものうつ病とその関連障害である抑うつ障害群（depressive disorders）について概説する。また，子どもの抑うつ障害群に対するエビデンスに基づく心理療法を，具体的な臨床研究の成果とともに紹介する。

1　子どものうつ病と抑うつ障害群とは

　うつ病とその関連障害は，これまでのDSM-Ⅳ-TR（APA, 2000）では双極性障害などと同じ「気分障害」というカテゴリーに含まれていた。しかしながら，DSM-5（APA, 2013）においては双極性障害とは別のカテゴリーに分離されることになり，「抑うつ障害群」という新しいカテゴリーのもとでまとめられている。抑うつ障害群の精神疾患は，悲しみ，イライラ，活動性の減退，食

欲減退，睡眠の問題などに代表される抑うつ症状が，一定期間以上まとまって起きるという特徴をもつ。

抑うつ障害群には，うつ病，持続性抑うつ障害，重篤気分調節症，月経前不快気分障害などが含まれる[(1)]。このうち，重篤気分調節症と月経前不快気分障害はDSM-5から新たに抑うつ障害群に加わった診断である。本章で紹介する子どもの抑うつ障害群に関する研究の多くはうつ病と持続性抑うつ障害に関連するものであり，重篤気分調節症と月経前不快気分障害に関する研究は限られている点に留意する必要がある。

DSM-5の抑うつ障害群に含まれる代表的な精神疾患の診断基準について，以下に解説する。

（1）うつ病

うつ病は"major depressive disorder"の訳語である。DSM-Ⅳ-TRまでは「大うつ病性障害」の訳語が用いられてきたが，DSM-5日本語版の出版に伴って訳語が改められることとなった（日本精神神経学会精神科病名検討連絡会，2014）。DSM-5において診断基準そのものに大きな変更は行われていない。ただし，DSM-Ⅳ-TRまでは死別反応（親しい人との死別に伴う抑うつ症状であり，DSM-Ⅳでは2ヶ月以内に回復するとされていた）をうつ病から除外する規定が存在したが，DSM-5ではこの規定が削除されることとなった。

DSM-5におけるうつ病の診断基準を表9-1に示す。うつ病は9つの症状によって特徴づけられるが，その中核となる症状が「抑うつ気分」と「興味・喜びの喪失」である。抑うつ気分か興味・喜びの喪失のいずれかを含む計5つ以上の症状が2週間以上認められることが，うつ病の診断の条件となる。ただし，児童・青年の場合にはイライラした気分や怒りやすい気分を，抑うつ気分の代わりの症状として認めることができる。子どもは成人に比べて感情表現の発達が十分に成熟していないため，しばしば抑うつ気分をイライラした気分や怒りやすい気分として表現することがあるためである。

こうした抑うつ症状の一定のまとまりを「抑うつエピソード」と呼ぶが，抑

第9章 子どものうつ病

表9-1 うつ病の診断基準

A. 以下の症状のうち5つ（またはそれ以上）が同じ2週間の間に存在し，病前の機能から変化を起こしている。これらの症状のうち少なくとも1つは(1)抑うつ気分，または(2)興味または喜びの喪失である。

　注：明らかに他の医学的疾患に起因する症状は含まない。

(1) その人自身の言葉（例：悲しみ，空虚感，または絶望を感じる）か，他者の観察（例：涙を流しているように見える）によって示される，ほとんど1日中，ほとんど毎日の抑うつ気分

　注：子どもや青年では易怒的な気分もありうる。

(2) ほとんど1日中，ほとんど毎日の，すべて，またはほとんどすべての活動における興味または喜びの著しい減退（その人の説明，または他者の観察によって示される）

(3) 食事療法をしていないのに，有意な体重の減少，または体重の増加（例：1ヵ月で体重の5％以上の変化），またはほとんど毎日の食欲の減退または増加

　注：子どもの場合，期待される体重増加がみられないことも考慮せよ。

(4) ほとんど毎日の不眠または過眠

(5) ほとんど毎日の精神運動焦燥または制止（他者によって観察可能で，ただ単に落ち着きがないとか，のろくなったという主観的感覚ではないもの）

(6) ほとんど毎日の疲労感，または気力の減退

(7) ほとんど毎日の無価値観，または過剰であるか不適切な罪責感（妄想的であることもある。単に自分をとがめること，または病気になったことに対する罪悪感ではない）

(8) 思考力や集中力の減退，または決断困難がほとんど毎日認められる（その人自身の言明による，または他者によって観察される）

(9) 死についての反復思考（死の恐怖だけでない），特別な計画はないが反復的な自殺念慮，または自殺企図，または自殺するためのはっきりとした計画

B. その症状は，臨床的に意味のある苦痛，または社会的，職業的，または他の重要な領域における機能障害を引き起こしている。

C. そのエピソードは物質の生理学的作用，または他の医学的疾患によるものではない。

　注：基準A～Cにより抑うつエピソードが構成される。

　注：重大な喪失（例：親しい者との死別，経済的破綻，災害による損失，重篤な医学的疾患・障害）への反応は，基準Aに記載したような強い悲しみ，喪失の反芻，不眠，食欲不振，体重減少を含むことがあり，抑うつエピソードに類似している場合がある。これらの症状は，喪失に際し生じることは理解可能で，適切なものであるかもしれないが，重大な喪失に対する正常な反応に加えて，抑うつエピソードの存在も入念に検討すべきである。その決定には，喪失についてどのように苦痛を表現するかという点に関して，各個人の生活史や文化的規範に基づいて，臨床的な判断を実行することが不可欠である。

D. 抑うつエピソードは，統合失調感情障害，統合失調症，統合失調症様障害，妄想性障害，または他の特定および特定不能の統合失調症スペクトラム障害および他の精神病性障害群によってはうまく説明されない。

E. 躁病エピソード，または軽躁病エピソードが存在したことがない。

　注：躁病様または軽躁病様のエピソードのすべてが物質誘発性のものである場合，または他の医学的疾患の生理学的作用に起因する場合は，この除外は適応されない。

出所：American Psychiatric Association, 2013 = 2014 より引用。

表9-2 青年期におけるうつ病の症状の出現頻度

	うつ病あり (N=16)	うつ病なし (N=312)
抑うつ気分	31.3%	3.8%
興味・喜びの減退	68.8%	7.7%
食欲・体重の増減	56.3%	20.8%
不眠・過眠	43.8%	21.5%
焦燥・精神運動制止	50.0%	12.5%
易疲労性	75.0%	8.7%
無価値感・罪責感	68.8%	12.2%
集中・決断困難	50.0%	5.1%
自殺念慮	31.3%	2.6%
自殺企図*	18.8%	1.9%

注:自殺企図については既往歴のある割合を示している。
出所:佐藤ら,2008を一部改変。

うつエピソードは臨床的にみて意味のある機能障害を生じていなければならない。また,抑うつエピソードはあくまでも"エピソード(症状の出現)"であることから,症状が出現する前と明確に区別できる必要がある。すなわち,もともと楽しいことへの関心を示さない性格であったり疲れやすい体質であったとしても,それをうつ病の症状とはみなさない。加えて,うつ病と診断するためには躁病や軽躁病のエピソードの既往がないことを確認しなければならない。(軽)躁病エピソードの既往が認められる場合には双極性障害(いわゆる躁うつ病)が疑われ,治療方針も大きく異なってくる。

佐藤ら(2008)は12〜14歳の一般青年を対象とした面接調査において,うつ病の9つの症状の出現頻度を明らかにしている(表9-2)。広義のうつ病(気分変調性障害,小うつ病を含む)の診断基準を満たす青年は,うつ病ではない青年と比較するとうつ病のすべての症状の出現頻度が統計的に有意に高かった。中でも「易疲労性」「興味・喜びの減退」「無価値感・罪責感」といった症状の出現頻度は70%前後とかなり高いことがわかる。このうち「興味・喜びの減退」はうつ病の中核症状の1つであるが,もう1つの中核症状である抑うつ気分の出現頻度は30%ほどにすぎない。"うつ病"は一般的に落ち込んで悲しみに暮れているイメージをもたれがちであるが,若年者のうつ病ではこのような典型

第9章　子どものうつ病

表9-3　持続性抑うつ障害（気分変調症）の診断基準

> この障害はDSM-Ⅳで定義された慢性の大うつ病性障害と気分変調性障害を統合したものである。
> A．抑うつ気分がほとんど1日中存在し，それのない日よりもある日のほうが多く，その人自身の言明または他者の観察によって示され，少なくても2年以上続いている。
> 　　注：子どもや青年では，気分は易怒的であることもあり，また期間は少なくとも1年間はなければならない。
> B．抑うつの間，以下のうち2つ（またはそれ以上）が存在すること：
> 　(1)食欲の減退または増加
> 　(2)不眠または過眠
> 　(3)気力の減退または疲労感
> 　(4)自尊心の低下
> 　(5)集中力の低下または決断困難
> 　(6)絶望感
> C．この症状の2年の期間中（子どもや青年については1年間），一度に2ヵ月を超える期間，基準AおよびBの症状がなかったことがない。
> D．2年の間，うつ病の基準を持続的に満たしているかもしれない。
> E．躁病エピソードまたは軽躁病エピソードが存在したことは一度もなく，また，気分循環性障害の基準を満たしたこともない。
> F．障害は，持続性の統合失調感情障害，統合失調症，統合失調症様障害，妄想性障害，他の特定される，または特定不能の統合失調症スペクトラム障害やその他の精神病性障害ではうまく説明されない。
> G．症状は，物質（例：乱用薬物，医薬品），または他の医学的疾患（例：甲状腺機能低下症）の生理学的作用によるものではない。
> H．症状は，臨床的に意味のある苦痛，または社会的，職業的，または他の重要な領域における機能障害を引き起こしている。
> 　　注：抑うつエピソードの基準には持続性抑うつ障害（気分変調症）の症状リストにない4つの症状が含まれるため，ごく少数の人で，抑うつ症状が2年以上持続しながら持続性抑うつ障害の基準を満たさないこともありうる。現在の疾患エピソード中のある時点で，抑うつエピソードを完全に満たせれば，うつ病という診断名がつけられるべきである。そうでない場合には，他の特定される，または特定不能の抑うつ障害と診断される。

出所：American Psychiatric Association, 2013＝2014 より引用。

的なイメージにあてはまる人は3割ほどしかいないことになる。子どものうつ病ではむしろ興味・喜びの減退を示す割合が圧倒的に高く，「以前楽しめていたことが楽しめなくなってしまう」というイメージの方が現実に近いといえる。

（2）持続性抑うつ障害

　持続性抑うつ障害（persistent depressive disorder）は，DSM-Ⅳ-TRまで「気分変調性障害」と呼ばれていた疾患に慢性の大うつ病性障害を統合する形で改変が加えられた診断基準である（表9-3）。この疾患は抑うつ症状が2年

以上にわたって慢性的に続くという特徴をもつが，児童・青年においては診断に必要な症状の継続期間が短縮され，「1年以上」となる。

DSM-Ⅳ-TR に基づいた研究によれば，青年期の気分変調性障害の基本的な特徴は成人とよく似ており，うつ病（大うつ病性障害）に比べると症状は軽症であるが長期化しやすい（Fonagy et al., 2015）。ただし，大うつ病性障害と気分変調性障害の基準を同時に満たす状態（二重うつ病，double depression）では生活上の機能が大きく損なわれやすく，抑うつ障害群全体の中でも特に問題が重篤化しやすい（Karlsson et al., 2007）。

DSM において大うつ病性障害と気分変調性障害は長らく別の診断として存在し続けてきたが，子どもの気分変調性障害は大うつ病性障害の前駆状態であるとする研究（Kovacs et al., 1994）や，両者の心理学的背景に違いは認められないとする研究（Dinya et al., 2012）が報告されており，心理療法についても両者は同じ治療法が適用されている（Curry, 2014）。

（3）重篤気分調節症

重篤気分調節症（disruptive mood dysregulation disorder）は DSM-5 において新たに追加された診断基準である（表9-4）。重篤気分調節症の診断基準が新たに設けられた背景には，双極性障害の診断を受ける子どもが激増したことがある。20年ほどの間にアメリカにおいて双極性障害の診断を受ける児童・青年は5倍に増加し，子どもの双極性障害が過剰診断されているという指摘がなされるようになった（Leibenluft, 2011）。この過剰診断を防ぐため，DSM-5で新たに設けられた診断基準が重篤気分調節症である。重篤気分調節症の特徴は10歳以前にはじまる激しいかんしゃく発作の繰り返しと慢性的な怒りであるが，このような特徴をもつ子どもは長期的には双極性障害よりもうつ病との関連が強いことが明らかにされたことによって（Brotman et al., 2006），重篤気分調節症は DSM-5 で抑うつ障害群に含まれることとなった。

しかしながら，重篤気分調節症の診断基準には批判も多い。DSM-5 の診断基準に基づくフィールドトライアルにおいて重篤気分調節症の評定者間信頼性

表9-4 重篤気分調節症の診断基準

A．言語的（例：激しい暴言）および／または行動的に（例：人物や器物に対する物理的攻撃）表出される，激しい繰り返しのかんしゃく発作があり，状況やきっかけに比べて，強さまたは持続時間が著しく逸脱している。
B．かんしゃく発作は発達の水準にそぐわない。
C．かんしゃく発作は，平均して，週に3回以上起こる。
D．かんしゃく発作の間欠期の気分は，ほとんど1日中，ほとんど毎日にわたる，持続的な易怒性，または怒りであり，それは他者から観察可能である（例：両親，教師，友人）。
E．基準A～Dは12ヶ月以上持続している。その期間中，基準A～Dのすべての症状が存在しない期間が連続3ヶ月以上続くことはない。
F．基準AとDは，少なくとも3つの場面（すなわち，家庭，学校，友人関係）のうち2つ以上で存在し，少なくとも1つの場面で顕著である。
G．この診断は，6歳以下または18歳以上で，初めて診断すべきではない。
H．病歴または観察によれば，基準A～Eの出現は10歳以前である。
I．躁病または軽躁病エピソードの基準を持続期間を除いて完全に満たす，はっきりとした期間が1日以上続いたことがない。
　注：非常に好ましい出来事またはその期待に際して生じるような，発達面からみてふさわしい気分の高揚は，躁病または軽躁病の症状とみなすべきではない。
J．これらの行動は，うつ病のエピソード中にのみ起こるものではなく，また，他の精神疾患（例：自閉スペクトラム症，心的外傷後ストレス障害，分離不安症，持続性抑うつ障害（気分変調症）ではうまく説明されない。
　注：この診断は反抗挑発症，間欠爆発症，双極性障害とは併存しないが，うつ病，注意欠如・多動症，素行症，物質使用障害を含む他のものとは併存可能である。病状が重篤気分調節症と反抗挑発症の両方の診断基準を満たす場合は，重篤気分調節症の診断のみを下すべきである。躁病または軽躁病エピソードの既往がある場合は，重篤気分調節症と診断されるべきではない。
K．症状は，物質の生理学的作用や，他の医学的疾患または神経学的疾患によるものではない。

出所：American Psychiatric Association, 2013＝2014 より引用。

は低いことが明らかにされており（$\kappa = .25$），診断基準としての信頼性に関する評価が確立されているとは言いがたい（Freedman et al., 2012）。また，重篤気分調節症は抑うつ障害群に含まれる精神疾患よりも反抗挑発症との親和性が高いとする報告もなされているなど（Axelson et al., 2012; Copeland et al., 2013），検討されるべき課題が多く残されている疾病概念である。

（4）月経前不快気分障害

月経前不快気分障害（premenstrual dysphoric disorder）は，DSM-Ⅳ-TR までは正式な診断基準ではなく巻末の付録である「今後の研究の基準案と軸」で

表9-5 月経前不快気分障害の診断基準

A．ほとんどの月経周期において，月経開始前最終週に少なくとも5つの症状が認められ，月経開始数日以内に軽快し始め，月経終了後の週には最小限になるか消失する。 B．以下の症状のうち1つまたはそれ以上が存在する。 　(1)著しい感情の不安定性（例：気分変動：突然悲しくなる，または涙もろくなる，または拒絶に対する敏感さの亢進） 　(2)著しいいらだたしさ，怒り，または対人関係の摩擦の増加 　(3)著しい抑うつ気分，絶望感，または自己批判的思考 　(4)著しい不安，緊張，および／または"高ぶっている"とか"いらだっている"という感覚 C．さらに，以下の症状のうち1つ（またはそれ以上）が存在し，上記基準Bの症状と合わせると，症状は5つ以上になる。 　(1)通常の活動（例：仕事，学校，友人，趣味）における興味の減退 　(2)集中困難の自覚 　(3)倦怠感，易疲労性，または気力の著しい欠如 　(4)食欲の著しい変化，過食，または特定の食物への渇望 　(5)過眠または不眠 　(6)圧倒される，または制御不能という感じ 　(7)他の身体症状，例えば，乳房の圧痛または腫脹，関節痛または筋肉痛，"膨らんでいる"感覚，体重増加 　　注：基準A～Cの症状は，先行する1年間のほとんどの月経周期で満たされてなければならない。 D．症状は，臨床的に意味のある苦痛をもたらしたり，仕事，学校，通常の社会活動または他者との関係を妨げたりする（例：社会活動の回避：仕事，学校，または家庭における生産性や能率の低下） E．この障害は，他の障害，例えばうつ病，パニック症，持続性抑うつ障害（気分変調症），またはパーソナリティ障害の単なる症状の増悪ではない（これらの障害はいずれも併存する可能性はあるが）。 F．基準Aは，2回以上の症状周期にわたり，前方視的に行われる毎日の評価により確認される（注：診断は，この確認に先立ち，暫定的に下されてもよい）。 G．症状は，物質（例：乱用薬物，医薬品，その他の治療）や，他の医学的疾患（例：甲状腺機能亢進症）の生理学的作用によるものではない。

出所：American Psychiatric Association, 2013＝2014より引用。

言及されていた試験的な診断であったが，DSM-5からは正式な診断基準として昇格することとなった（表9-5）。月経前不快気分障害は，月経周期に伴って生起・消失する不快気分を中心とした幅広い症状によって機能不全を引き起こす疾患である。月経前不快気分障害の好発期は20代後半であるとされているが（Robinson & Swindle, 2000），初潮が開始する思春期・青年期にはすでに発症が認められ（Steiner et al., 2011），特に中等度から重度の月経困難症を抱えている女子に見られやすい（Issa et al., 2010）。青年期の月経前不快気分障害につい

ては重篤気分調節症と同様に研究の蓄積が少ないことから，臨床場面では成人における知見が援用される場合も多い（Rapkin & Mikacich, 2013）。

2　有病率

　コステロら（Costello et al., 2006）のメタ分析によると，抑うつ障害群全体での有病率は児童期（13歳未満）で2.8%，青年期（13〜18歳）で5.6%と推定されている。日本国内で行われた有病率調査においては，9〜13歳の4.2%（傳田，2008），および12〜14歳の4.9%（佐藤ら，2008）の割合で抑うつ障害群に含まれる子どもが存在することが報告されている。また，上記いずれの報告においても年齢の高い子どもの方が年齢の低い子どもよりも有病率が高く，女子の方が男子よりも有病率が高いことが明らかにされている。ただし，これらの調査はいずれもDSM-Ⅳ-TR以前の診断基準に基づき実施されたものであるため，DSM-5において新たに追加された重篤気分調節症や月経前不快気分障害は含まないことを留意する必要がある。

　重篤気分調節症の有病率調査は限られているが，コープランドら（Copeland et al., 2013）のレビューでは2〜17歳における有病率は0.8〜3.3%の範囲にあることが報告されている。重篤気分調節症は就学前の児童において有病率が高く，男子の方が女子よりも有病率が高いとされており，これは上述の抑うつ障害群全体での傾向とは逆になっていることがわかる。

　月経前不快気分障害の青年期以前における有病率についても実態は明らかでない点が多いが，14〜24歳の女性における有病率は5.8%であるとされている（Wittchen et al., 2002）。また，18〜30歳の女性のうち5.8%が月経前不快気分障害の診断基準を満たすという報告もあることから（Rojnic Kuzman & Hotujac, 2007），青年期女子における有病率もおおむね同程度であると推測される。

3 アセスメント

　子どものうつ病のアセスメントは面接法と質問紙法に大別される。面接法によるアセスメントの主要な目的はうつ病の診断である。Schedule for Affective Disorders and Schizophrenia for School-Aged Children (K-SADS) (Chambers et al., 1985) は，子どものうつ病の診断のために国際的に最も広く用いられている半構造化面接であるが，日本の子どものうつ病に対する適用例は報告されていない。Anxiety Disorders Interview Schedule for DSM-IV-Child version (ADIS-C) (Silverman & Albano, 1996) は子どもの不安症の診断に用いられる半構造化面接であるが，うつ病の診断に関するサブパートをもつ。ADIS-C には日本語版が作成されており，日本の子どもを対象にうつ病の診断面接として用いた調査実績がある（佐藤ら，2008）。Mini-International Neuropsychiatric Interview の子ども版 (MINI-KID) (Sheehan et al., 1998) は，子どもの精神疾患の診断に用いる簡易構造化面接であり，こちらも日本の子どもに適用した報告がある（傳田，2008）。

　一方で，質問紙を用いたアセスメントの主要な目的はうつ病のスクリーニングや治療効果の判定である。Children's Depression Inventory (CDI) (Kovacs, 1985) は子どものうつ病のアセスメントとして世界で最も頻繁に用いられている自記式質問紙であり，真志田ら（2009）によって日本語版が作成されている[3]。日本では同じく自記式の質問紙である Depression Self-Rating Scale for Children (DSRS) (Birleson, 1981) が最もよく使用されている。DSRS の日本語版は村田ら（1996）によって作成されている[4]。中学生以上を対象とした場合には成人向けの自記式質問紙である Center for Epidemiological Studies Depression Scale (CES-D) (Radloff, 1977) の日本語版（島ら，1985）[5]も使用可能である。CDI，DSRS，CES-D はいずれも日本の子どもを対象としたうつ病の判別精度を検討した研究がなされており，どの質問紙を用いてもある程度適切な判別が可能であることが明らかにされている（佐藤ら，2009）。

質問紙法には上述のような自記式の尺度のほかに、臨床家評定による尺度も用いられる。Children's Depression Rating Scale-Rivised (CDRS-R: Poznanski & Mokros, 1996) は子どものうつ病の症状を臨床家が評価する尺度であり、海外の多くの臨床試験においては自記式質問紙ではなくCDRS-Rが主要な効果指標として用いられている。日本語版は傳田ら (2012) によって作成されており、評価精度も高いことが報告されている。

4 エビデンスに基づく心理療法

アメリカ心理学会第53部会（臨床児童青年心理学部会：Society of Clinical Child and Adolescent Psychology, SCCAP）は、2008年に子どもの心理療法のエビデンスについて包括的にまとめた特集を機関誌に掲載している（第4章を参照）。デイビッド=ファードンとカズロウ（David-Ferdon & Kaslow, 2008）はSCCAPの提唱するエビデンス評価基準に基づいたレビューを行い、子どものうつ病に対して有効性の実証された心理療法を「児童期」と「青年期」の2つの発達段階ごとに展望している。この展望論文によれば、児童期のうつ病に対しては認知行動療法が、青年期のうつ病に対しては認知行動療法と対人関係療法が「十分に確立されている（well-established）」心理療法であると評価されている。

この項では、子どもの心理療法に対して最もエビデンスが得られている認知行動療法と対人関係療法を中心として、以下に解説を述べる。

(1) 認知行動療法

児童期のうつ病に対する認知行動療法の代表的な治療モジュールが、スターク（Stark, K. D.）らによって開発された"ACTION"である（Stark et al., 2008）。このプログラムは当初は"Self-Control Therapy"と呼ばれ（Stark et al., 1987）、レーム（Rehm, 1977）のセルフコントロールモデルを児童に適用した認知行動療法プログラムであった。その後、児童期の女子に焦点を当てたプログラムとして発展し、名称も"ACTION"へと改められた。主要な介入要素として感情

に関する心理教育，コーピングスキル訓練，問題解決訓練，認知再構成法が含まれ，45〜75分×20セッションの小グループ形式（2〜5名）で実施される。

　スタークら（Stark et al., 2010）はうつ病の診断（大うつ病，気分変調性障害など）を満たす9〜13歳の女子159名を対象としたランダム化比較試験を行った。ACTIONに基づく認知行動療法を受けた対象者の寛解率（80%）は，最小限の治療関与しか行わなかった対象者の寛解率（47%）を大きく上回っており，児童期の女子のうつ病に対するACTIONの有効性が認められた。

　青年期のうつ病を対象とした認知行動療法の治療モジュールは，ベック（Beck, A. T.）のうつ病の認知療法とルウィンソン（Lewinsohn, P. M.）のうつ病の行動療法に基づいて開発されたものが多い。その中でも，クラーク（Clarke, G.）らの米国オレゴン州を拠点としたグループによって開発された"Adolescent Coping with Depression Course（CWD-A）"は，青年期のうつ病に対して最も有効性が実証された代表的なプログラムの1つである（Clarke et al., 1990）。クラークはルウィンソンの弟子にあたるため，CWD-Aにもルウィンソンのうつ病の行動療法の影響が反映されている。CWD-Aは高度に構造化された集団認知行動療法プログラムであり，行動活性化，社会的スキル訓練，リラクセーション，認知再構成法，問題解決訓練といった介入要素が含まれ，16セッションのグループ形式（4〜8名）で実施される。

　CWD-Aの有効性は2つのランダム化比較試験によって検証されている。ルウィンソンら（Lewinsohn et al., 1990）はうつ病の診断基準（大うつ病，小うつ病など）に該当する14〜18歳の対象者59名によるランダム化比較試験を行い，CWD-Aによる認知行動療法を受けた条件と待機条件の比較を行っている。その結果，認知行動療法を受けた条件では寛解率が43%（親も治療に参加した場合は48%），待機条件では5%であり，認知行動療法の効果が示された。さらに，クラークら（Clarke et al., 1999）はほぼ同じ内容のランダム化比較試験を，より大規模な対象者において実施した。うつ病の診断（大うつ病，気分変調症）を満たす14〜18歳の対象者96名が参加したこの効果研究において，CWD-Aを受けた対象者の寛解率は65%（親も参加した場合は69%）であり，待機条件の寛

解率（48％）に比べて十分な改善を示していた。ただしこれら一連の研究において，親も治療に参加した条件については子どものみが参加した条件との間に統計的な有意差は認められておらず，必ずしも親を治療に導入する必要はないことが示唆された。

　青年期のうつ病を対象とした認知行動療法のもう1つの代表的モジュールが，うつ病の認知療法の創始者であるベックの教え子であるブレント（Brent, D. A.）を中心とした米国ペンシルベニア州を拠点とする研究グループによって開発されたものである（Brent & Poling, 1997）。ブレントらのプログラムは基本的にはベックの認知療法に基づいており，青年期の大うつ病患者を対象とした12〜16セッションからなる個別認知行動療法プログラムである。主な介入要素は認知再構成法，問題解決訓練，感情制御，社会的スキル訓練であり，CWD-Aに比べると構造化の度合いは小さい。

　ブレントら（Brent et al., 1997）はこの認知行動療法プログラムの有効性を検討するために，13〜18歳のうつ病（大うつ病）患者107名を対象としたランダム化比較試験を実施している。ブレントらの効果研究では認知行動療法を他の2つの心理療法（システム行動家族療法，支持的療法）と比較しているが，うつ病の寛解率は認知行動療法で60％，システム行動家族療法で38％，支持的療法で39％となっており，認知行動療法はこれらの他の心理療法と比較してもより優れた治療効果が認められることが明らかにされている。

（2）対人関係療法

　対人関係療法はクラーマンら（Klerman et al., 1984）によって開発されたうつ病の心理療法である。本来はうつ病の成人に向けた治療法としてその有効性が確立されていたが，マフソンら（Mufson et al., 2004）によって青年期向けの"Interpersonal Psychotherapy for Depressed Adolescents（IPT-A）"として改変された。IPT-Aは12セッションの個別対人関係療法であり，青年期のうつ病に対して認知行動療法と並ぶ心理療法の第一選択肢とされている（David-Ferdon & Kaslow, 2008）。

マフソンら（Mufson et al., 1999）は48名のうつ病（大うつ病）の青年を対象としたランダム化比較試験によってIPT-Aの有効性を検証している。IPT-Aを受けた対象者では回復率[6]が75.0％であったのに対し、臨床的モニタリングのみを実施した対象者の回復率は45.8％にとどまった。加えて、マフソンら（2004）は63名のうつ病（大うつ病、気分変調症など）の青年を対象としたIPT-Aの2回目のランダム化比較試験を行い、IPT-Aと通常のスクールカウンセリングを比較している。この効果研究ではハミルトンうつ病評価尺度の得点に基づいた分析がなされているが、IPT-Aを受ける条件では通常のスクールカウンセリングを受ける条件よりも抑うつ症状の得点が大きく低下していた。

以上のように、個別対人関係療法プログラムであるIPT-Aは青年期のうつ病に有効であることが示されているが、集団形式で実施された対人関係療法にも個別形式と同等の効果が認められることが報告されている（Rossello et al., 2008）。また、青年期のうつ病に対する対人関係療法と認知行動療法の有効性を直接比較したランダム化比較試験も存在するが、効果は同等であるとする研究（Rossello & Bernal, 1999）と認知行動療法の効果が優れているとする研究（Rossello et al., 2008）があり、結論は一貫していない。

（3）その他の有望な心理療法

アタッチメント家族療法（attachment-based family therapy）は、うつ病と自殺リスクを併せもつ青年のために開発された新しい治療技法である。この治療法はアタッチメント理論に基づく家族療法であり、親子間の信頼を高めて愛着の問題を解消する治療法である。愛着の問題が改善されれば、子どもにとって家族が安全基地の役割を果たすようになり、子どもは適応的な行動をとることができるようになる。ダイアモンドら（Diamond et al., 2002）は13～17歳のうつ病（大うつ病）の青年32名を対象としたランダム化比較試験を行い、アタッチメント家族療法を受けた対象者の寛解率（81％）が待機条件の対象者の寛解率（47％）を大幅に上回ることを示している。また、Diamond et al.（2010）は12～17歳の自殺リスクの高い66名の青年を、アタッチメント家族療法を受ける

条件と通常のケアを受ける条件に割りつけたランダム化比較試験を実施している。その結果，アタッチメント家族療法による治療を提供された条件では，通常のケアを提供された条件に比べてより多くの対象者が臨床的なレベルの抑うつ症状を示さなくなっていた。アタッチメント家族療法はデイビッド＝ファードンとカズロウ（David-Ferdon & Kaslow, 2008）のレビューの時点では「試験段階にある（experimental）」治療法に位置づけられていたが，着実にエビデンスを積み重ねたことによって，有望な心理療法として注目されるようになった（Curry, 2014）。

　アクセプタンス＆コミットメント・セラピー（Acceptance and Commitment Therapy: ACT）は新しい世代の認知行動療法として注目を集めている治療法であるが（熊野, 2012），抑うつ症状の強い青年を対象としたランダム化比較試験が報告されている。ヘイズら（Hayes et al., 2011）は12〜18歳の抑うつ症状の強い青年38名にACTに基づいた治療を実施し，通常のケアによる治療と比較している。ただし，「通常のケア」とされる治療の実際の内容はマニュアルに基づく認知行動療法であり，実質的にACTと従来型の認知行動療法の比較が行われたことになる。本研究の結果，抑うつ症状の改善については従来型の認知行動療法よりもACTの効果が上回ることを示すデータが得られており，予備的な効果研究ではあるものの青年期のうつ病に対するACTの可能性を示す結果となった。

（4）薬物療法と心理療法の治療選択

　子どものうつ病に対しては，選択的セロトニン再取り込み阻害薬（Selective Serotonin Reuptake Inhibitor: SSRI）を中心とした抗うつ薬の有効性を示すエビデンスが得られている。ヘトリックら（Hetrick et al., 2012）のメタ分析では6〜18歳のうつ病（大うつ病）に対するSSRIの効果が検討されており，SSRIにはうつ病の改善効果が認められるとする結論が得られている。[7]このことから，子どものうつ病の臨床においては薬物療法と心理療法が治療の選択肢に含まれることになる。

薬物療法と心理療法の治療選択について示唆を与える大規模な効果研究が，2000年代以降に行われるようになった。代表的なものとして，①TADS，②TORDIA，③ADAPTの3つがあげられる。

　"TADS"はアメリカで実施された大規模な多施設ランダム化比較試験である（TADS Team, 2004）。対象者は12～17歳の中等度から重度のうつ病（大うつ病）に該当する青年439名であり，①フルオキセチンによる薬物療法，②認知行動療法，③薬物療法＋認知行動療法の併用療法，④プラセボ剤の投与，という4つの条件にランダムに割りつけられた。TADSで用いられた認知行動療法のモジュールは，すでに有効性が検証されたクラークら（Clarke et al., 1990）のCWD-Aとブレントとポーリン（Brent & Poling, 1997）のプログラムをもとにして新たに作成されたものであった。12週にわたる治療の結果，対象者の治療反応率は併用療法において71％と最も高く，次いで薬物療法単独が61％，認知行動療法単独が43％，プラセボが35％であった。すなわち，薬物療法と認知行動療法を併用すると，薬物療法を単独で用いた場合よりも上積み効果が期待できるものの，認知行動療法単独では薬物療法単独の治療効果に及ばないと考えられる。したがって，中等度以上の青年期のうつ病患者に対する治療の第一選択肢は薬物療法と心理療法の併用であり，次いで薬物療法を単独で用いることが望ましいといえる。

　なお，TADSにおけるもう1つの重要な知見が自殺関連事象（自殺企図，自殺の準備，自殺念慮など）に及ぼす治療効果である。治療後のフォローアップ時点における自殺関連事象の発生率を比較すると，薬物療法単独では14.7％で自殺関連事象が認められ，併用療法（8.4％）や認知行動療法単独（6.3％）に比べて高い割合を示していた（TADS Team, 2007）。治療選択において治療の安全性は極めて重要な要素である。薬物療法単独の治療はうつ病の症状そのものを改善する効果はあるが，自殺関連事象を防ぐためには認知行動療法を導入することが必要となる可能性が指摘できる。

　"TORDIA"もアメリカで実施された多施設ランダム化比較試験であるが，この研究で対象とされたのはSSRIによる薬物療法が奏功しなかった，「SSRI

抵抗性うつ病」の青年であった（Brent et al., 2008）。初回のSSRI治療が無効であった12〜18歳の青年334名を対象とし，①別のSSRIへの切り替え，②SSRIとは作用機序の異なる抗うつ薬であるSNRIへの切り替え，③別のSSRIへの切り替え＋認知行動療法，④SNRIへの切り替え＋認知行動療法，の4条件にランダムに対象者を振り分けた。この研究でポイントとなったのは，SSRI抵抗性のうつ病患者に認知行動療法を追加することの有効性であった。認知行動療法はTADSで使用されたプログラムと同様のものが用いられた。12週間の治療の結果，認知行動療法を追加した2つの条件（上記の③と④）を合わせると治療反応率が54.8％であったのに対して，認知行動療法が追加されなかった2つの条件（上記の①と②）を合わせると治療反応率は40.5％にとどまった。このことから，初回のSSRIによる薬物療法が奏功しない青年期のうつ病患者に対しては，薬物の変更とともに認知行動療法を追加することが治療効果を高めることがわかる。

　"ADAPT"はイギリスで行われた多施設ランダム化比較試験である（Goodyer et al., 2007）。ADAPTでは11〜17歳の中等度から重度のうつ病（大うつ病）の青年208名が対象とされたが，この研究の対象者は上述のTADSと比べてより困難な患者が含まれていた。ADAPTにはすでに何らかの治療を受けて反応がなかった患者が参加しており，臨床的な機能水準の評価はTADSに比べると悪く，うつ病以外の併発症の割合は89％と非常に高く（TADSでは52％），自殺のリスクを示す者の割合も47％と高かった（TADSでは27％）。ADAPTではこの対象者を，①フルオキセチンを中心としたSSRIによる薬物療法，②薬物療法＋認知行動療法の併用療法，いずれかにランダムに割りつけた。12週間の治療の結果，薬物療法単独による治療と併用療法との間に差は認められなかった。すなわち，青年期のうつ病でも臨床的により困難なケースの場合には，薬物療法に認知行動療法を追加することの利点が得られにくい，という可能性が指摘できる。

　以上の効果研究から得られた青年期のうつ病における治療選択への示唆を整理する。治療方針を決定する上でまず重要になるのが，うつ病の重症度評価で

ある。重症度が相対的に低い場合には，薬物療法と認知行動療法の併用が推奨される。より重症度が高い場合には，認知行動療法の恩恵が得られにくい可能性があることから薬物療法単独による治療が推奨される。ただし，薬物療法単独で治療を行う際には自殺関連事象を注意深くモニターすることが不可欠であり，状態に応じて自殺予防を目的とした認知行動療法を導入する必要がある。また，治療の初期に薬物療法単独で治療を受けたが改善が得られなかった患者についても，使用する薬物の変更に加えて認知行動療法を付加することで改善効果が高まることが期待できる。

5　今後の展望

　子どものうつ病に対する心理療法としては，認知行動療法と対人関係療法の効果がすでに確立されている。加えて，アタッチメント家族療法やACTといった新しい治療法も開発されており，将来的には他の心理療法的アプローチも加わって子どものうつ病への心理療法の選択肢が一層充実することが期待される。
　一方で，DSM-5によって新たに定義された重篤気分調節症や月経前不快気分障害に対する心理療法についてはエビデンスが限られている。今後はこれらの新しい疾患に向けた心理療法により関心が集まることで，児童期・青年期におけるエビデンスの蓄積が進むことになる。我が国においても，これらの新しい疾患の実態を明らかにし，有効な治療法を確立するための研究・実践の積み重ねが望まれる。

注
(1) DSM-5の抑うつ障害群のカテゴリーには，本文中の4つの疾患に加えて，物質・医薬品誘発性抑うつ障害，他の医学的疾患による抑うつ障害，他の特定される抑うつ障害，特定不能の抑うつ障害が含まれている。
(2) 傳田（2008）の調査では双極性障害を含む有病率を報告している。

(3) CDI日本語版の使用については，Multi-Health Systems Inc.（www.mhs.com/）に問い合わせのこと。
(4) DSRS日本語版は，Children and War Foundationのウェブサイトから無償でダウンロード可能である（www.childrenandwar.org/measures/）。
(5) CES-D日本語版の使用については，千葉テストセンター（www.chibatc.co.jp/）に問い合わせのこと。
(6) この効果研究では，うつ病の寛解率ではなく回復率（ハミルトンうつ病評価尺度において6点以下となった対象者の割合）が報告されている。
(7) ただし，SSRIの有効性はフルオキセチンに負うところが大きい。フルオキセチンは日本において未承認であることに留意する必要がある。

文　献

American Psychiatric Association (2000). *Diagnostic and statistical manual of mental disorders* (4th ed., text revision). Washington, DC: American Psychiatric Association.

American Psychiatric Association (2013). *Diagnostic and statistical manual of mental disorders* (5th ed.). Arlington: American Psychiatric Publishing.（アメリカ精神医学会（編）高橋三郎・大野裕（監訳）(2014). DSM-5 精神疾患の診断・統計マニュアル　医学書院）

Axelson, D., Findling, R. L., Fristad, M. A., Kowatch, R. A., Youngstrom, E. A., Horwitz, S. M., Arnold, E., Frazier, T. W., Ryan, N., Demeter, C., Gill, M. K., Hauser-Harrington, J. C., Depew, J., Kennedy, S. M., Gron, B. A., Rowles, B. M., & Birmaher, B. (2012). Examining the proposed disruptive mood dysregulation disorder diagnosis in children in the longitudinal assessment of manic symptoms study. *Journal of Clinical Psychiatry, 73*, 1342-1350.

Birleson, P. (1981). The validity of depressive disorder in childhood and the development of a self-rating scale: a research report. *Journal of Child Psychology and Psychiatry, 22*, 73-88.

Brent, D., Emslie, G., Clarke, G., Wagner, K. D., Asarnow, J. R., Keller, M., Vitiello, B., Ritz, L., Iyengar, S., Abebe, K., Birmaher, B., Ryan, N., Kennard, B., Hughes, C., Debar, L., McCraeken, J., Strober, M., Suddath, R., Spirito, A., Leonard, H., Melhem, N., Porta, G., Onorato, M., & Zelazny, J. (2008). Switching to another SSRI or to venlafaxine with or without cognitive behavioral therapy for adolescents with SSRI-resistant depression. *JAMA,*

299, 901-913.
Brent, D. A., Holder, D., Kolko, D. J., Birmaher, B., Baugher, M., Roth, C., Iyengar, S., Johnson, B. A. (1997). A clinical psychotherapy trial for adolescent depression comparing cognitive, family, and supportive therapy. *Archives of General Psychiatry*, 54, 877-885.
Brent, D. A., & Poling, K. (1997). *Cognitive therapy treatment manual for depressed and suicidal youth.* Pittsburgh: University of Pittsburgh. (www.starcenter.pitt.edu/Download-Manuals/18/Default.aspx)
Brotman, J., Schmajuk, M., Rich, B. A., Dickstein, D. P., Guyer, A. E., Costello, E. J., Egger, H. L., Angold, A., Pine, D. S., & Leibenluft, E. (2006). Prevalence, clinical correlates, and longitudinal course of severe mood dysregulation in children. *Biological Psychiatry*, 60, 991-997.
Chambers, W. J., Puig-Antich, J., Hirsch, M., Paez, P., Ambrosini, P., Tabrizi, M. A., Davies, M. (1985). The assessment of affective disorders in children and adolescents by semistructured interview: Test-retest reliability of the Schedule for Affective Disorders and Schizophrenia for School-Age Children, Present Episode Version. *Archives of General Psychiatry*, 42, 696-702.
Clarke, G., Lewinsohn, P., & Hops, H. (1990). *Leader's manual for adolescent groups: Adolescent coping with depression course.* (www.kpchr.org/public/acwd)
Clarke, G. N., Rohde, P., Lewinsohn, P. M., Hops, H., & Seely, J. R. (1999). Cognitive-behavioral treatment of adolescent depression: Efficacy of acute group treatment and booster sessions. *Journal of the American Academy of Child and Adolescent Psychiatry*, 38, 272-279.
Copeland, W. E., Angold, A., Costello, E. J., & Egger, H. (2013). Prevalence, comorbidity and correlates of DSM-5 proposed disruptive mood dysregulation disorder. *American Journal of Psychiatry*, 170, 173-179.
Costello, E. J., Foley, D. L., & Angold, A. (2006). 10-year research update review: The epidemiology of child and adolescent psychiatric disorders: II. Developmental epidemiology. *Journal of the American Academy of Child and Adolescent Psychiatry*, 45, 8-25.
Curry, J. F. (2014). Future directions in research on psychotherapy for adolescent depression. *Journal of Clinical Child and Adolescent Psychology*, 43, 510-526.

David-Ferdon, C. & Kaslow, N. J. (2008). Evidence-based psychosocial treatments for child and adolescent depression. *Journal of Clinical Child and Adolescent Psychology,* **37**, 62-104.

傳田健三（2008）．児童・青年期の気分障害の臨床的特徴と最新の動向　児童青年精神医学とその近接領域，**49**，89-100．

傳田健三・藤井泰・仲唐安哉・賀古勇輝・田中輝明・Crawford Bruce（2012）．Children's Depression Rating Scale-Revised（CDRS-R）日本語版の信頼性および妥当性の検討　最新精神医学，**17**，51-588．

傳田健三・賀古勇輝・佐々木幸哉・伊藤耕一・北川信樹・小山司（2004）．小・中学生の抑うつ状態に関する調査──Birleson 自己記入式抑うつ評価尺度（DSRS-C）を用いて　児童青年精神医学とその近接領域，**45**，424-436．

Diamond, G. S., Reis, B. F., Diamond, G. M., Siqueland, L., & Isaacs, L. (2002). Attachment-based family therapy for depressed adolescents: A treatment development study. *Journal of the American Academy of Child and Adolescent Psychiatry,* **41**, 1190-1196.

Diamond, G. S., Wintersteen, M. B., Brown, G. K., Diamond, G. M., Gallop, R., Karni, S., & Levy, S. (2010). Attachment-based family therapy for adolescents with suicidal ideation: A randomized controlled trial. *Journal of the American Academy of Child and Adolescent Psychiatry,* **49**, 122-131.

Dinya, E., Csorba, J., & Grósz, Z. (2012). Are there temperament differences between major depression and dysthymic disorder in adolescent clinical outpatients? *Comprehensive Psychiatry,* **53**, 350-354.

Fonagy, P., Cottrell, D., Phillips, J., Bevington, D., Glaser, D., & Allison, E. (2015). *What works for whom?: A critical review of treatments for children and adolescents* (2nd ed.). New York: Guilford Press.

Freedman, R., Lewis, D. A., Michels, R., Pine, D. S., Shultz, S. K., Tamminga, C. A., Gabbard, G. O., Gau, S. S., Javitt, D. C., Oquendo, M. A., Shrout, P. E., Vieta, E., & Yager, J. (2012). The initial field trials of DSM-5: New blooms and old thorns. *American Journal of Psychiatry,* **170**, 1-5.

Goodyer, I., Dubicka, B., Wilkinson, P., Kelvin, R., Roberts, C., Byford, S., Breen, S., Ford, C., Barrett, B., Leech, A., Rothwell, J., White, L., & Harrington, R. (2007). Selective serotonin reuptake inhibitors (SSRIs) and routine specialist care with and without cognitive behavior therapy in adolescents with major depression: Randomized controlled trial. *British Medical Journal,* **335**, 142-

149.

Hayes, L., Boyd, C. P., Sewell, J. (2011). Acceptance and commitment therapy for the treatment of adolescent depression: A pilot study in a psychiatric outpatient setting. *Mindfulness*, 2, 86-94.

Hetrick, S. E., McKenzie, J. E., Cox, G. R., Simmons, M. B., & Merry, S. N. (2012). Newer generation antidepressants for depressive disorders in children and adolescents. *Cochrane Database of Systematic Reviews*, 11, CD004851.

Issa, B. A., Yussuf, A. D., Olatinwo, A. W. O., & Ighodalo, M. (2010). Premenstrual dysphoric disorder among medical students of a Nigerian university. *Annals of African Medicine*, 9, 118-122.

Karlsson, L., Pelkonen, M., Heilä, H., Holi, M., Kiviruusu, O., Tuisku, V., Ruuttu, T., & Marttunen, M. (2007). Differences in the clinical characteristic of adolescent depressive disorders. *Depression and Anxiety*, 24, 421-432.

Klerman, G. L., Weissman, M. M., Rounsaville, B. J., & Chevron, E. (1984). *Interpersonal psychotherapy for depression*. New York: Basic Books.

Kovacs, M. (1985). The Children's Depression Inventory (CDI). *Psychopharmacological Bulletin*, 21, 995-998.

Kovacs, M., Akiskal, H. S., Gatsonis, C., & Parrone, P. L. (1994). Childhood onset dysthymic disorder: clinical features and prospective naturalistic outcome. *Archives of General Psychiatry*, 51, 365-374.

熊野宏昭（2012）．新世代の認知行動療法　日本評論社

Leibenluft, E. (2011). Severe mood dysregulation, irritability, and the diagnostic boundaries of bipolar disorder in youths. *American Journal of Psychiatry*, 168, 129-142.

Lewinsohn, P. M., Clarke, G. N., Hops, H. & Andrews, J. (1990). Cognitive-behavioral treatment for depressed adolescents. *Behavior Therapy*, 21, 385-401.

真志田直希・尾形明子・大園秀一・小関俊祐・佐藤寛・石川信一・戸ヶ崎泰子・佐藤容子・佐藤正二・佐々木和義・嶋田洋徳・山脇成人・鈴木伸一（2009）．小児抑うつ尺度（Children's Depression Inventory）日本語版作成の試み　行動療法研究, 35, 219-232.

Mufson, L., Dorta, K. P., Wickramaratne, P., Nomura, Y., Olfson, M., & Weissman, M. M. (2004). A randomized effectiveness trial of interpersonal psychotherapy for depressed adolescents. *Archives of General Psychiatry*, 61, 577-584.

Mufson, L., Weissman, M. M., Moreau, D., & Garfinkel, R. (1999). Efficacy of interpersonal psychotherapy for depressed adolescents. *Archives of General Psychiatry,* 56, 573-579.

村田豊久(1993).小児期のうつ病 臨床精神医学, 22, 557-563.

村田豊久・清水亜紀・森陽二郎・大島祥子(1996).学校における子どものうつ病——Birlesonの小児期うつ病スケールからの検討 最新精神医学, 1, 131-138.

日本精神神経学会精神科病名検討連絡会(2014).DSM-5病名・用語翻訳ガイドライン(初版) 精神神経学雑誌, 116, 429-457.

Poznanski, E., & Mokros, H. (1996). *Children's Depression Rating Scale-Revised (CDRS-R).* Los Angeles: WPS.

Radloff, L. S. (1977). The CES-D scale: A self-report depression scale for research in the general population. *Applied Psychological Measurement,* 1, 385-401.

Rapkin, A. J., & Mikacich, J. A. (2013). Premenstrual dysphoric disorder and severe premenstrual syndrome in adolescents. *Pediatric Drugs,* 15, 191-202.

Rehm, L. P. (1977). A self-control model of depression. *Behavior Therapy,* 8, 787-804.

Robinson, R. L., & Swindle, R. W. (2000). Premenstrual symptom severity: Impact on social functioning and treatment-seeking behaviors. *Journal of Women's Health & Gender-Based Medicine,* 9, 757-768.

Rojnic Kuzman, M. & Hotujac, L. (2007). Premenstrual dysphoric disorder: A neglected diagnosis? Preliminary study on a sample of Croatian students. *Collegium Antropologicum,* 31, 131-137.

Rossello, J., & Bernal, G. (1999). The efficacy of cognitive-behavioral and interpersonal treatment for depression in Puerto Rican adolescents. *Journal of Consulting and Clinical Psychology,* 67, 734-745.

Rossello, J., Bernal, G., & Rivera-Medina, C. (2008). Individual and group CBT and IPT for Puerto Rican adolescents with depressive symptoms. *Cultural Diversity and Ethnic Minority Psychology,* 14, 234-245.

佐藤寛・石川信一・下津咲絵・佐藤容子(2009).子どもの抑うつを測定する自己評価尺度の比較——CDI, DSRS, CES-Dのカットオフ値に基づく判別精度 児童青年精神医学とその近接領域, 50, 307-317.

佐藤寛・永作稔・上村佳代・石川満佐育・本田真大・松田侑子・石川信一・坂野雄二・新井邦二郎(2006).一般児童における抑うつ症状の実態調査 児童青年精

神医学とその近接領域, **47**, 57-68.

佐藤寛・下津咲絵・石川信一 (2008). 一般中学生におけるうつ病の有病率:半構造化面接法を用いた実態調査 精神医学, **50**, 439-448.

Sheehan, D. V., Lecrubier, Y., Sheehan, K. H., Amorim, P., Janavs, J., Weiller, E., Hergueta, T., Baker, R., & Dunbar, G. C. (1998). The Mini-International Neuropsychiatric Interview (M. I. N. I.): The development and validation of a structured diagnostic psychiatric interview for DSM-IV and ICD-10. *Journal of Clinical Psychiatry*, **59** (Suppl 20), 22-33.

Sheehan, D. V. & Lecrubier, Y. 大坪天平・宮岡等・上島国利 (訳) (2003). M. I. N. I. 精神疾患簡易構造化面接法 星和書店

島悟・鹿野達男・北村俊則・浅井昌弘 (1985). 新しい抑うつ性自己評価尺度について 精神医学, **27**, 717-723.

Silverman, W. K., & Albano, A. M. (1996). *Anxiety Disorders Interview Schedule for DSM-IV-Child version*. Texas: Psychological Corporation.

Stark, K. D., Hargrave, J., Hersh, B., Greenberg, M., Herren, J., & Fisher, M. (2008). Treatment of childhood depression: The ACTION treatment program. In J. R. Z. Abela & B. L. Hankin (Eds.), *Handbook of depression in children and adolescents*. New York: Guilford Press, pp. 224-249.

Stark, K. D., Reynolds, W. M., & Kaslow, N. J. (1987). A comparison of the relative efficacy of self-control therapy and a behavioral problem-solving therapy for depression in children. *Journal of Abnormal Child Psychology*, **15**, 91-113.

Stark, K. D., Streusand, W., Krumholz, L. S., & Patel, P. (2010). Cognitive-behavioral therapy for depression: The ACTION treatment program for girls. In J. R. Weisz & A. E. Kazdin (Eds.), *Evidence based psychotherapies for children and adolescents (2nd ed.)*. New York: Guilford Press, pp. 93-109.

Steiner, M., Peer, M., Palova, E., Freeman, E. W., Macdougall, M., & Soares, C. N. (2011). The premenstrual symptoms screening tool revised for adolescents (PSST-A): Prevalence of severe PMS and premenstrual dysphoric disorder in adolescents. *Archives of Women's Mental Health*, **14**, 77-81.

TADS Team (2004). Fluoxetine, cognitive-behavioral therapy, and their combination for adolescents with depression: Treatment for Adolescents with Depression Study (TADS) randomized controlled trial. *JAMA*, **292**, 807-820.

TADS Team (2007). The Treatment for Adolescents with Depression Study

(TADS): Long-term effectiveness and safety outcomes. *Archives of General Psychiatry,* **64**, 1132-1144.

Wittchen, H. U., Becker, E., Lieb, R., & Krause, P. (2002). Prevalence, incidence and stability of premenstrual dysphoric disorder in the community. *Psychological Medicine,* **32**, 119-132.

第10章

子どもの身体疾患

1 身体疾患を抱えた子どもの臨床的特徴

(1) 子どもの身体疾患

　身体疾患には，急性疾患と慢性疾患がある。急性疾患は，感染症といったように急激に症状が現れるが，短期的，集中的な治療により，一般的に治癒が見込めることが多い。それに対して，慢性疾患は，回復に時間がかかり，治癒しにくく，長期的な治療を必要とする。そのため，慢性疾患の患者は，「病気を抱えながら生活する」必要があり，長期にわたる治療やそれに伴う生活面での制限が，患者の生活の質（QOL）に悪影響を及ぼすこともある。小児医療において，治療法の著しい発展により急性疾患は減少し，以前は生命予後が悪かった小児がんなどの疾患でも長期生存が見込めるようになり，慢性疾患が増加している。本章では，身体疾患が子どもの心理に与える影響を概観するため，感染症といった一時的な健康問題ではなく，長期的な治療，あるいは侵襲的な治療を必要とし，その症状や治療が身体面，生活面，心理面に長期的に影響を及ぼすと考えられる慢性的な身体疾患に焦点をあてることとする。

　身体疾患を抱えている子どもはどれくらい存在するのだろうか。我が国において，慢性疾患の中でも特に長期的な療養と高額な医療費が必要となる小児慢性特定疾患の患者数は2012年度で104,370人とされている（小児慢性特定疾患登録管理事務局，2013）（なお，小児慢性特定疾患は2012年当時11疾患群514疾患であったが，2015年1月より，14疾患群704疾病が指定されている）。また，2004年の報告によると，幼稚園児および小・中学生の約200人に1人が小児慢性特定疾患とし

表10-1 小児慢性特定疾患の種類

疾患群	代表的な疾患名	登録者数* (平成24年度)
悪性新生物	白血病，神経芽腫，悪性リンパ腫	13,984
慢性腎疾患	ネフローゼ症候群，慢性糸球体腎炎	8,858
慢性呼吸器疾患	慢性肺疾患，気管支喘息，気管狭窄	3,211
慢性心疾患	ファロー四徴症，心室中隔欠損症	18,411
内分泌疾患	成長ホルモン分泌不全性低身長症	32,075
膠原病	若年性関節リウマチ	3,693
糖尿病	1型糖尿病，2型糖尿病	6,642
先天性代謝異常	軟骨無形成症，アミノ酸代謝異常	4,754
血友病等血液・免疫疾患	血友病，慢性肉芽腫症	4,272
神経・筋疾患	ウエスト症候群，結節性硬化症	5,435
慢性消化器疾患	胆道閉鎖症，先天性胆道拡張症	3,035

注：登録者数は，小児慢性特定疾患登録管理事務局，2013から引用。

て登録されている（加藤，2004）。小児慢性特定疾患は，表10-1にあるような疾患を指すが，これらの特定疾患であっても，その重症度や治療の強度が一定の基準を満たさない患者は上記の数に含まれておらず，また，小児慢性特定疾患と指定されているもの以外にも多くの慢性疾患があることから，実際には，より多くの子どもたちが身体疾患を抱えて生活していると推察される。あらゆる程度の慢性疾患を含めた欧米の研究のレビューによると，約15％の子どもが慢性的な健康問題を抱えている（van der Lee et al., 2007）。

（2）身体疾患が子どもに与える心理的影響

医療の進歩に伴い，以前は致命的であった重篤な疾患をもつ子どもたちが，社会の中で生活し，成長することができるようになり，「病気を治すこと」だけでなく，患者のQOLや心理的適応が重要視されている。長期的な治療を必要とする子どもの身体疾患は，成人とは異なり，本人の生活習慣に起因していないものが多く，「病気になる」ことは，子どもにとって突然生じる，自分では回避できない現象である。また，治療を行ったとしても完治が困難であった

り，完治までの期間を予測することも困難であることが多く，見通しのもちづらい状況となる。さらに，治療に伴う生活制限，脱毛や嘔気といった治療の副作用などもあり，身体疾患を抱えることは，子どもにとって大きなストレスになる。一方，心理的ストレスを抱えること自体がその疾患の症状を悪化させることもある。たとえば，1型糖尿病においては，心理的ストレス状態における神経・内分泌系の反応が血糖値などの代謝機能の変化を生じさせるという生理学的メカニズムにより，ストレスによって症状が直接的に悪化してしまう。また，ストレス状況下では，治療に必要なセルフケア行動や生活習慣が乱れ，その結果，症状が悪化することもある。ここでは，身体疾患を抱える子どもの抱える心理学的問題として，①心理的適応における問題，②医学的処置に伴う苦痛，③治療のアドヒアランスの問題に注目して概説する。

心理的適応における問題

　小児期に身体疾患を抱えることが，心理的不適応のリスクファクターとなることが指摘されており（Barlow & Ellard, 2006），複数のメタ分析により，慢性疾患を抱えた子どもは，健康な子どもよりも，高い抑うつや不安を呈し，自尊心が低く，行動上の問題，友人関係やいじめといった社会的問題，学業上の問題を抱えていることが示されている（Pinquart, 2013a; 2013b; Pinquart & Shen, 2011a; 2011b; 2011c; Pinquart & Teubert, 2012）。また，小児期に慢性疾患を患った18～30歳の人は，健康な小児期を送った人に比べ，進学率や就職率が低く，結婚や出産を経験する割合や収入も少ないことが示されており（Pinquart, 2014），成長発達過程で病気に罹患することは，成人を迎えた後の心理社会的適応にも影響するといえる。

　身体疾患を抱えた子どもの心理的適応に影響する要因には，①疾患に関連する要因，②子ども本人の要因，③家族や社会の要因がある（Lavigne & Faier-Routman, 1993）（表10-2）。特に，脳に影響を与える疾患であること，罹患期間が長いこと，疾患によって外見に変化が生じること，自己認知が否定的であること，回避的なコーピングを用いること，家族機能不全であること，母親の苦

表10-2 身体疾患を抱える子どもの心理適応に関連する要因

① 疾患に関連した要因
・疾患の種類　・症状のつらさ　・罹患期間 ・予後　　　　・身体的機能　など
② 子ども本人の要因
・発症年齢　・気質　・コーピングスタイル ・認知様式（たとえば自己概念，ボディイメージ，原因帰属，自己効力感）など
③ 家族や社会の要因
・家族機能（凝集性や葛藤）　・親の心理適応 ・ソーシャルサポート　　　　・友人関係　など

悩が強いこと，といった要因が子どもの心理的適応に悪影響を及ぼす。身体疾患の子どもの心理適応について図10-1のようなモデルで説明される（Wallander & Vanni, 1992）。このモデルでは，疾患関連要因，機能的自立性の状況，心理社会的ストレスは，適応のリスク要因と考えられ，個人要因や社会的生態学的要因およびストレス過程は，不適応の抑制要因とされている。このように，身体疾患を抱えた子どもの心理的適応には，多元的な要因が影響している。また，子どもは身体疾患があっても成長発達していく存在であり，心理適応に影響する要因も成長に伴い変化していくと考えられるが，実証的に検討した知見は少なく，今後，縦断的な評価による研究が求められる。

医学的処置に伴う苦痛

医学的処置には，採血や予防接種，骨髄穿刺や腰椎穿刺，外科的手術など痛みを伴うものが多くある。処置に伴う痛みや不安は，どの子どもにも生じるものであるが，そのときだけでなく，長期的に生理的影響，身体的影響を引き起こす。たとえば，幼い頃の痛みの経験により，痛み知覚を処理する神経回路が変化する（Ruda et al., 2000）。また，痛みの伴う処置を経験すると，その後の処置の際に痛みが増大し，より処置時の対応が難しくなること（Frank et al., 1995），成人になってからも医療的ケアを回避すること（Pate et al., 1996）が報告されている。

第10章 子どもの身体疾患

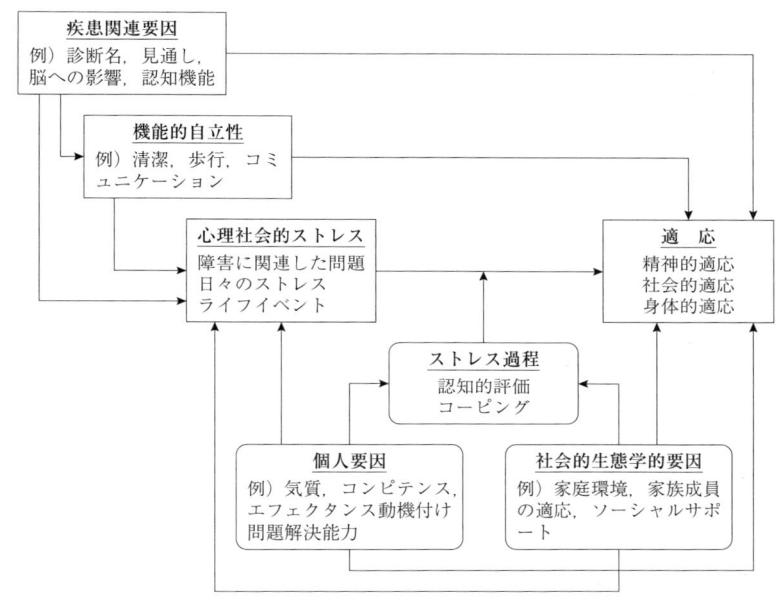

```
┌─────────────────┐
│ 疾患関連要因      │─────────────────────────┐
│ 例）診断名，見通し，│                         │
│ 脳への影響，認知機能│                         │
└─────┬───────────┘                         │
      │                                     │
      ▼                                     │
  ┌─────────────┐                           │
  │ 機能的自立性  │                           │
  │ 例）清潔，歩行，コミ│                     │
  │ ュニケーション│                           │
  └──┬──────────┘                           │
     │                                      │
     ▼                                      ▼
 ┌─────────────┐                      ┌──────────┐
 │ 心理社会的ストレス│                  │ 適  応   │
 │ 障害に関連した問題│                  │ 精神的適応│
 │ 日々のストレス  │                   │ 社会的適応│
 │ ライフイベント  │                   │ 身体的適応│
 └─────────────┘                      └──────────┘
          ▲              ┌──────────┐      ▲
          │              │ ストレス過程│      │
          │              │ 認知的評価 │      │
          │              │ コーピング │      │
          │              └──────────┘      │
          │                                 │
  ┌───────────────┐    ┌─────────────────┐
  │ 個人要因       │    │ 社会的生態学的要因│
  │ 例）気質，コンピテンス，│ 例）家庭環境，家族成員│
  │ エフェクタンス動機付け│ の適応，ソーシャルサポ│
  │ 問題解決能力   │    │ ート            │
  └───────────────┘    └─────────────────┘
```

図10-1 disability-stress-coping モデル

出所：Wallander & Varni, 1992 より著者が日本語訳。

処置に伴う痛みについては，過去の痛みに関する経験や気質，コーピングといった要因が関連している。特に，苦痛状況にとどまりながらも，注意を意図的に怖いものから楽しいものに切り替えるという「気そらし」コーピングが有効である（Rudolph, Dennig, & Weisz, 1995）。

治療のアドヒアランスの問題

アドヒアランスとは，患者が自分の病気や治療について十分に理解し，治療方針の決定に積極的に参加し，納得した上で，その決定に沿って治療を受けることを指す。子どもが医療行為を受ける場合，その発達段階によって病気への理解度や治療に関する意思決定への参加の程度が異なってくる。1998年の「ヘルスケアに対する子どもの権利に関する世界オタワ宣言」では，子どもも人としての権利と尊厳をもち，「医療を受ける権利」と「自分の病気について年齢

や理解度に応じた方法で説明を受け，選択する権利」があるとされており，子どもなりに納得したかたちで治療に取り組めるようにするべきであり，子どものアドヒアランスにも注目する必要がある。

　アドヒアランスの問題は，思春期に生じやすい（Brownbridge & Fielding, 1994; Kovacs et al., 1992; La Greca, 1990）。身体疾患を抱えた思春期の子どもたちは，食事制限や運動といった日常生活における制限や治療の副作用による外見の変化によって，友人関係や学校といった社会的場面に支障が生じることを嫌がる。そのため，服薬などセルフケア行動を拒んだり，困難になってしまうことがある。この年代は，親や大人に対する反抗がみられたり，実際に親からのサポートが減少する時期であり，家族による支援もアドヒアランスに影響する。

　アドヒアランスの問題は，完璧なアドヒアランスであっても，症状が改善したり，病気が完治するとは限らないという点で難しい。治療が長くなるにつれアドヒアランスは不良となる傾向があり（Brownbridge & Fielding, 1994），すぐに治療効果が得られなかったり，苦痛な副作用が生じる場合にアドヒアランスの問題が繰り返される。アドヒアランスの不良な子どもは，心理社会的適応にも問題があることが指摘されており，服薬や治療に関する問題だけではなく，その子どもが抱えているストレスや心理的苦痛，学校生活といった社会的状況など包括的に理解する必要がある。

（3）発達段階による心理的問題の特徴
　身体疾患を抱える子どもの心理的問題を考えるとき，その子どもの身体的，認知的，社会的な発達段階について考慮することは非常に重要なことである。たとえば，子どもが自分の病気をどのように理解し，体験しているかは，子どもの治療への取り組みや心理適応に大きく影響する。また，時間概念の認知発達によって，治療に対する見通しの持ち方も異なる。友人関係や自立のテーマがクローズアップされる思春期・青年期には，身体疾患とその治療による社会的活動の制限が問題となったり，健康な他者との比較による自尊心の低下や進路や恋愛の問題もみられる。このように，発達段階に応じた問題を理解するこ

第10章 子どもの身体疾患

表10-3 発達段階による病気の理解および心理社会的発達の問題

	病気の理解	心理社会的発達の問題
乳児期	理解不可能	・早期の母子分離による愛着形成の問題 ・隔離や運動制限による感覚・運動発達の遅れ
幼児期	①現象的理解：病気という現象は理解している ②感染の理解：病気が近くの人からうつることを理解している ＊「病気＝悪いことをした罰」といった誤った因果関係の理解もみられる	・食事や排泄，着衣など基本的生活習慣の獲得の遅れ ・社会性（仲間関係）の学習の機会の不足 ・保護的環境による自発的行動の乏しさ ・医学的検査や処置への不安
児童期	③悪影響の理解：病気には原因があり，その影響で病気になることを理解している ④体内論的理解：外的な病気の原因によって，体内にさまざまな症状が生じることを理解している	・学習面の遅れ ・社会性や集団生活経験の乏しさ ・学業成績や友人関係といった学校生活に関する心配 ・不登校や学校不適応
思春期・青年期	⑤生理学的理解：抽象的な思考が可能となり，病気の原因となるものによって体内の構造や機能の変化が生じることを理解している ⑥心理生理学的理解：病気を生理的なプロセスとして説明できるだけでなく，心理面との関連も理解している	・外見の変化によるボディイメージの問題 ・他者との比較による劣等感，病気である自分についての否定的な認知 ・社会的生活を妨害するセルフケア行動への拒否 ・親からの自立の困難さ ・病状の不確実さや活動制限による将来設計の困難さ ・進学，就職，恋愛，結婚の問題

とが，治療への積極的な取り組みや心理社会的適応を促進するためにも不可欠である。表10-3に乳児期，幼児期，児童期，思春期・青年期といった発達段階別の心理的特徴を示している。

　子どもが病気をどのように理解するかについては，これまで，表10-3のように，ピアジェ（Piajet, J.）の認知発達理論を基盤に，①現象的理解，②感染の理解，③悪影響の理解，④体内論的理解，⑤生理学的理解，⑥心理生理学的理解という段階的な発達過程を経ると説明されてきた（Bibace & Walsh, 1981; 小畑，1999）。その中で，論理的な因果関係の理解が難しい幼児期には，子どもが病気の原因を「悪いことをしたことによる罰」であると推論することが指摘されている。しかし近年，幼児でも病気が細菌やウィルスといった身体的要因

によるものであり,「悪いことをした罰」によるものではないことを理解していると言われている (Springer & Ruckel, 1992)。このことから,幼児であっても,わかりやすい言葉で説明することで,不必要な不安を感じさせることなく,病気や治療の必要性についての理解を促し,治療への協力を得ることができるといえる。

　また,死についての概念発達については,不動性(生命を維持するためのすべての機能が停止すること),不可逆性(一旦死ぬと元の生きている状態には戻らないこと),普遍性(死は避けられないこと),原因性(死をもたらす要因のこと),必然性(自分を含めたすべての生物に死がおとずれるということ)という5つの概念について検討されている。4～7歳くらいまでに,不動性,不可逆性,普遍性を理解し,10歳くらいまでにすべての概念を成人と同様に獲得するとされている (Kenyon, 2001)。

　しかしながら病気や死についての概念発達については,健康な子どもを対象に実施されている研究が多く,身体疾患を抱えた子どもについては十分検討されておらず,身体疾患の影響についても一貫した結果が得られていない。身体疾患を抱えるという経験が,病気や死への捉え方にどのような影響を及ぼすか,今後実証的に検討していく必要があるが,それぞれの子どもで発達の様相は異なることから,その子どもの発達を把握しながら,病気や治療について説明していくことが重要である。

(4) 病期による心理的問題の特徴

　病気を抱えながらの生活においては,病状が悪化しているときもあれば,病状が安定しているときもあり,同じ1人の子どもであっても,病状によって心理状態も大きく変わる。発症から治療終了まで,寛解期・サバイバー,エンド・オブ・ライフと死別といった,病状や治療の段階によって,子どもが経験する苦痛や不安は異なり,病状や治療経過に応じた心理的支援が必要である。

第10章 子どもの身体疾患

発症から治療終了まで
　診断や治療開始から間もない子どもに，抑うつや不安がみられ，それは健康な子どもとの比較において有意な差があることがわかっている（Kupst et al., 1995）。ただし，この差は診断後1～2年経つとみられなくなり（Sawyer et al., 2000），治療中の情緒的問題は，入院や治療による身体的苦痛やストレスフルな生活が大きく影響していると考えられる。つまり，診断後，病気になったというショックと，入院による生活の変化や治療の副作用により，子どもたちは否定的な情緒反応をみせるが，たいていは時間経過に伴い，治療生活に慣れていくことで，抑うつや不安といった心理的苦痛も軽減する。ただし，この心理適応の過程は，重篤な身体症状や再発の有無，ステロイド使用といった治療内容，ソーシャルサポート，子どものコーピングや認知様式によっても異なる。また，治療中の心理適応には，病気に罹患する前の心理適応が大きく影響する。抑うつや不安といった情緒的問題や発達障害などにより環境適応の困難さを抱えている子どもが，身体疾患によるストレス状況を経験することで，もともと抱えていた問題の憎悪や再燃もありうる。入院前に子どもが抱えていた心理社会的問題について早い段階で把握しておくことで，問題の予防や早期対応が可能となるだろう。
　さらに，入院生活での体験は，退院後，治癒後の心理適応にも影響する。特に，心的外傷後ストレス症状（Post-Traumatic Stress Symptoms: PTSS）は，治療の強度だけでなく，自分が感じた治療に対する恐怖の程度や治療経験に対する患者自身の主観的な捉え方が影響する（Kazak et al., 1998）。つまり，患者が治療中に，過剰に恐怖を抱いたり，死を繰り返し意識するような経験をすることは，後のPTSSの発生リスクを高めるため，患者が安心し，納得して治療を受けられるよう治療中から支援していく必要がある。

寛解期・サバイバー
　慢性疾患の場合，急性疾患とは異なり，症状が消失・軽減している場合であっても，完治したとは限らないことから，症状が維持されている（悪化してい

ない）という意味で,「寛解」という言葉が用いられる。退院後も治療管理が継続的に必要になる疾患も多く,入院中とは異なり,退院後は,周囲との比較から,自分が病気であることの事実や,自己注射や服薬などの医療的管理や行動制限による自分と他者との違いを強く意識する。

そして,病気が治癒したとしても,小児がんなど成長発達期に強力な治療が行われた場合,治癒した後の身体的・心理的な問題（晩期合併症）を抱える。特に小児がんは,5年の寛解期を経て「治癒」とみなされた患者をサバイバー（小児がん経験者）と呼んでいる。小児がんサバイバーのQOLは,健康な人と大きく異ならないとされており（McDougall & Tsonis, 2009）,また,サバイバーの精神障害の発症率も一般集団と違いがない（Zebrack et al., 2002）。一方で,小児がんサバイバーの25～30％がさまざまな心理的苦痛を感じており（Glover et al., 2003; Recklitis et al., 2003）,約14％の小児がん経験者が自殺を考えたことがある（Recklitis et al., 2003）。サバイバーが健康な集団と同等の心理適応状態であるという結果は,精神疾患の発症率や精神症状の得点といった定量的なアウトカムによって報告されており,それらの指標では捉えられないサバイバー特有の心理的問題があるといえる。特に,小児がんサバイバーではPTSSが多く報告されている。PTSSには,①再体験：がんへの罹患や治療にかかわるトラウマ的体験のフラッシュバック,②回避：がんに関連した状況（場所や話題など）を避けること,③覚醒亢進：がんに関連した刺激により不眠や不安症状等の強い反応が生じること,の症状がある。外傷後ストレス障害（Post-Traumatic Stress Disorders: PTSD）の診断基準を満たさないとしても,10～20％の小児がん経験者がPTSSを経験している（Ozono et al., 2007）。

一方で,病気を経験したことで,Post Traumatic Growth（以下,PTG）といった心理的成長が生じることが報告されている（Barakat, Alderfer, & Kazak, 2006; Kamibeppu et al., 2010）。PTGとは,人生の大きな危機やトラウマ的な出来事にもがき苦悩した結果として経験されるポジティブな心理的変化である。病気の経験を前向きに自分で捉え直すこと,あるいは,病気により失ったものばかりではなく,病気を経験しても失わなかったものやできることがあること

を意識することも,サバイバーをはじめ,身体疾患を抱えた子どもの良好な心理適応のプロセスとして重要である。

エンド・オブ・ライフと死別

生命を脅かす子どもの身体疾患には,①治癒の可能性がある病気だが,治療がうまくいかなくなったもの(小児がんの再発,先天性心疾患など),②集中治療によって生存期間を延ばしうるが,成人までに死亡すると思われるもの(デュシャンヌ型筋ジストロフィーなど),③進行性の病気で治癒につながる治療法がなく,概ね症状の緩和に限られるもの(代謝疾患,進行型の悪性腫瘍など),④病状は進行しないが健康状態は悪く,全身衰弱や呼吸器感染症などの合併症で早期に死亡してしまうもの(重症脳性麻痺,Cystic fibrosis など)がある (Association for Children with Life-threatening or Terminal Condition and Their Families/ Royal College of Pediatrics and Child Health, 2003)。このような疾患の子どもとその家族がエンド・オブ・ライフをどのように過ごすかは非常に大切な問題であり,支援の必要性も高い。

残された命の時間が1ヶ月となったとき,親によると,約9割の患者が痛みや倦怠感,呼吸困難といった症状に苦しんでいるが,医療者はこれらの症状を過小評価している (Wolfe et al., 2000)。この時期には,重要な意思決定も必要となってくることから,医療者と患者家族との積極的で丁寧なコミュニケーションが重要である。我が国の遺族調査においても,エンド・オブ・ライフに医療者に期待する支援として,毎日声をかける,親の話を聞くといった十分なかかわりや,意思決定に際する積極的な助言,そして患者はもちろんのこと,きょうだい児へのケアといった内容があげられている(吉田ら,2010)。患者のみならず,親やきょうだいといった家族全体を捉え,十分なコミュニケーションと患者家族が抱える心配の把握に基づいた支援が求められる。

また,死別後の家族の心理適応も重要な問題である。子どもを亡くすという体験は,他の死別に比べて峻烈であり,死別後の健康状態の悪化や精神疾患の有病率の高さも報告されている (Li, Johansen, & Olsen, 2003)。子どもとの死別

は自責の念や絶望感，無力感，怒りなどのさまざまな情緒的反応を生じさせ，また，子どもの喪失のみならず，社会とのつながりや親としての自分，そして思い描いていた未来を喪失することとなる。また，同じ子どもとの死別でも夫婦によって，喪失の意味や対処方法が異なることが示されており (Schwab, 1990)，死別後の夫婦間の葛藤やコミュニケーションも重要な問題となりうる。

　子どもの死は，きょうだいにも大きな影響を与え，同胞の25％が死別後に情緒的・行動的問題を呈するとされている (Worden, 1999)。死別の悲しみだけでなく，自分にも死が訪れるのではないかという不安，亡くなったきょうだいへの嫉妬や罪責感，悲しんでいる親からサポートが得られない寂しさなど複雑な感情が生じる。

(5) 家族の心理的適応

　病気の子どもをもつ親や家族もまた，さまざまな心理社会的問題を抱え，育児ストレス，不安や抑うつ，経済的困窮，家族内の葛藤といった問題が多く報告されている (Cousino & Hazen, 2013; Law et al., 2014)。特に，親は，身体疾患を抱えた子どもの身体的，心理的ケア，生活面のサポートといった多くの重要な役割を担っており，子どもの治療方針に関連する重要な意思決定が委ねられる。また，親は，子どもが病気になったことに対する罪責感を抱えている (Matteo & Pierluigi, 2008)。さらに，身体疾患を抱えた子どもへの対応だけでなく，親自身の心理面のマネジメントや就業の問題，同胞の世話などさまざまな負担が生じる。病気による親の心理適応への影響には，親の認知やコーピング，そして家族機能といった心理学的要因が関連するとされている (Thompson et al., 1992)。

　身体疾患を抱えることで親子関係が変化することもある。特に，罹患によって子どもとのコミュニケーションが難しくなる場合や，生活環境や服薬に注意を要する疾患では，親のストレスが増大し，親子関係が変化する (Pinquart, 2013c)。親が強いストレスを抱えることで，子どもに十分なケアをすることができなくなったり (Lim, Wood, & Miller, 2008)，子どもの発達段階に比して過

剰にサポーティブで保護的な養育となる（Thomasgard, Metz, Edelbrock, & Shonkoff, 1995）。親の心理的適応は子どもの心理的適応と関連しており（Thompson & Gustafson, 1996），家族という単位で理解する必要がある。

　身体疾患を抱えた子どものきょうだいの存在も忘れてはならない。きょうだいは，親の注目が身体疾患を抱える子どもに向けられることで寂しさや不安を感じたり，家庭内で疎外感をもつ。また，家の手伝いといった役割が増える，世話をしてくれる人が親から祖父母に代わるなどの日常生活の変化もある。きょうだいを対象としたメタ分析では，きょうだいは，健康なきょうだいをもつ子どもに比べて，抑うつや不安といった内在化問題，友人関係の問題，学業成績の問題を抱えていることが示されている（Sharpe & Possiter, 2002）。

2　アセスメント

（1）自己評価および他者評価によるアセスメント

　自己評価によるアセスメントは，多くの場合，一般的に用いられる質問紙と同様のものを用いる。抑うつについては，Child Depression Inventory（CDI）（Kovacs et al., 1992；真志田ら，2009），不安の評価については，State Trait Anxiety Inventory for Children（STAIC）（Spielberger, 1973；曽我，1983）やThe Revised Children's Manifest Anxiety Scale（RCMAS）（Reynolds & Richmond, 1985；坂本，1965）が用いられることが多い。成人の身体疾患患者の抑うつや不安を測定するHospital Anxiety and Depression Scale（HADS）（Zigmond & Snaith, 1983＝1993）は欧米では12歳以上の子どもに対しても用いられている（White et al., 1999）。HADSは，14項目で抑うつと不安を測定することができ，他の評価尺度に比べて，回答への負担が少ないことが利点である。ただし，日本語版HADSの子どもへの適用は確認されていない。

　身体疾患を抱えた子どものQOLを測定するものとして，PedsQL（Varni, Seid, & Kurtin, 2001；Kobayashi & Kamibeppu, 2010）がある。PedsQLはモジューラー式の評価尺度となっており，コアモジュールでは，身体面，心理面，社

会面,学校生活それぞれのQOLを評価することができる。その他に疾患特異的モジュールがあり,小児がんや脳腫瘍といった疾患別に評価することができる。

他者評価の質問紙としては,親が評価するChild Behavior Checklist (CBCL) (Achenbach, 1991; 井澗・上林・中田, 2001) がよく用いられる。CBCLは,内在化問題や外在化問題,社会的関係,学業上の問題など幅広く測定できる。また,CBCLの教師評定であるTeacher Report Form (TRF) (Achenbach, 1991; 河内ら, 2013) は学校適応の他者評価に用いられている。

質問紙以外によく用いられる方法として,ビジュアルアナログスケール[1]やフェイススケール[2]がある。たとえば,主観的体験である痛みは,自己評価が主要な評価方法となる。しかし,子どもの発達段階によっては,痛みと不安や恐怖といった感情を区別することが困難であり,状況に左右されやすく,痛みについて適切に報告するための十分な言語的能力を有していない場合もある。そのため,絵や図,数字など活用して評価するとよい。

(2) アセスメントにおける留意点

アセスメントをする際に,留意すべき点がいくつかある。まず,身体疾患を抱える子どもの心理的問題をアセスメントする際には,表10-2にあるような要因について多角的な情報収集が必要であり,包括的にアセスメントする必要がある。次に,一般的な自己評価式尺度を用いる場合,これらは病気による影響を明確にできない点で,身体疾患を抱える子どもの心理適応を十分反映しているとは言い難いことに留意する。たとえば,CDIといった抑うつを測定する尺度には,身体的疲労感や学業上の問題が含まれている。これらの項目は,抑うつの症状を表すものではあるが,心理的不適応と関係なく,身体疾患による身体的なしんどさや療養による学業上の遅れは生じる問題であり,抑うつの症状と身体疾患の特徴がオーバーラップしてしまう可能性がある。これは,他者評価であるCBCLでも同様である。したがって,これらの測定尺度の変化と病状や治療が子どもに与える影響を縦断的に照らし合わせ,標準化された測

定尺度のみではなく,面接法や行動観察を組み合わせて,子どもの苦痛を理解する必要がある。

また,評価者による評価の違いも報告されている。子ども,親,医療者との間での評価の食い違いは,身体的な状態といった客観的な側面よりも,感情や痛みといった主観的な側面で生じやすく,親や医療者は,子どもの痛みを過少評価し,子どもの情緒的問題や対人関係の問題を過大視する傾向にある(Eiser & Morse, 2001; Janse et al., 2008)。さまざまな情報源からのアセスメントが必要であり,子どもが表現しやすい方法を工夫するとよい。

3 実証に基づく心理学的介入

身体疾患を抱える子どもの心理的問題に対する介入として,短期的で問題解決的である認知行動療法や行動的技法が多く用いられ,その有効性が示されている(Kibby, Tyc, & Mulhern, 1998)。心理学的介入の効果については,質の高い実証的な研究は十分なされているとは言い難く,研究が蓄積されている段階である。ここでは,多くの研究によって介入効果が示されている①身体疾患を抱える子どもの心理的不適応,②医学的処置に伴う苦痛,③アドヒアランスの問題,④家族の心理的問題に対する心理学的介入について概観する。

(1) 子どもの心理的不適応に対する心理学的介入

身体疾患を抱える子どもの抑うつや不安をはじめとした心理社会的問題に対しては,認知行動療法の有効性が実証されている(Barlow & Ellard, 2004; Bennett et al., 2015)。身体疾患の子どもの抑うつに対しては,身体疾患のない子どもの抑うつに対する認知行動療法と同様に,気分のモニタリング,問題解決療法,行動活性化が主として用いられている。不安に対する介入についても,認知再構成法やエクスポージャーといった身体的に健康な子どもの不安に対する認知行動療法と同様の介入がなされており,効果が示されている。これらに加えて,身体疾患の子どもに特化した介入要素として,身体疾患と気分の関係と

いった心理教育や，身体疾患に関連したストレッサーを扱った介入がなされる。また親を対象としたセッションが追加されることもある。

　身体疾患を抱える子どもに対する友人関係や学校適応については，社会的スキル訓練（SST）の効果が示されている。小児がん患者を対象とした社会的スキル訓練では，友人関係の形成と維持に必要なノンバーバル・バーバルコミュニケーションスキル，対人葛藤場面の解決に必要な問題解決スキル，主張性スキル，からかわれたときの対処といった内容が含まれており，社会的スキルの向上や心理適応の改善が示されている（Varni et al., 1993; Barakat et al., 2003）。

　以上のように，身体疾患をもつ子どもの心理的適応の問題ついては，標準的な認知行動療法を実施することがよいようである。ただし，身体疾患の子どもが，認知行動療法をはじめとした心理学的介入を受けるためには次のような工夫が必要である。まず，標準的な心理学的介入とは異なり，介入を行う場所や，介入のタイミング，時間について，体調や治療状況に合わせて柔軟に設定することが重要である。ベッドサイドで心理学的介入を行う際には，プライバシーに配慮しなくてはならない。また，身体的疾患で入院あるいは通院している子どもや家族にとって，心理学的介入を提案されることは，たいてい「問題があると思われているのではないか」と面食らう。身体的治療が行われる場であることを忘れず，入院・療養生活で困っていることの解決を目指し，柔軟な枠組みの中で心理学的介入を継続することが大切である。また，身体疾患の診療場所（主に小児科）に，心理学的介入を実施できる専門家がいるとは限らない。一方で，地域で心理学的介入を提供している専門家は，疾患や治療が及ぼす影響について精通していないことも多い。身体疾患の治療を行う医療者と，心理的支援を行う専門家，そして家族や学校がチームを組むことが望ましい。

（2）医学的処置に伴う苦痛に対する心理学的介入

　医学的処置に伴う苦痛に対しては，処置前のプレパレーションや処置時の認知行動療法によるアプローチの有効性が実証されている。プレパレーションとは，まだ子どもが経験したことのない医学的処置に対して，不安や恐怖を軽減

するために行う心理的な介入であり，子どもがどのような感覚を体験するかという感覚的な情報や処置の内容や手順に関する手続き的な情報が含まれていること（Suls & Wan, 1989）や，入院や採血，手術などストレッサーに対して介入すること（Vernon & Thompson, 1993）が重要である。また，処置時の痛みや不安に対する認知行動療法では，リラクセーションやディストラクション（気そらし），脱感作，行動リハーサル，モデリング，行動の正の強化（賞賛やごほうびを与える）といった技法が用いられる（Powers, 1999）。認知行動療法は麻酔と同様，あるいはそれ以上の苦痛緩和効果があり，費用対効果に優れている（Cohen et al., 1999）。医学的処置に伴う苦痛は，親の同席により軽減することが多いが，親の不安が高いと子どもの苦痛は強まる（Jacobsen et al., 1990）。保護者が子どもにディストラクションといった対処スキルの効果的な使用を促すかかわりができる場合に，親の同席が効果的である。

（3）アドヒアランスの問題に対する心理学的介入

アドヒアランスの問題に対する心理学的介入については，疾患についての知識や治療の必要性を伝える教育的介入単独での効果は小さく，セルフモニタリング，目標設定，服薬に対する強化子の提示，問題解決療法といった行動療法的介入や，教育的介入と行動的介入を合わせた介入が効果的である（Kahana, Drotar & Frazier, 2008; Dean, Walters, & Hall, 2010）。また，思春期の糖尿病患者とその家族に対しては，問題解決療法，コミュニケーション訓練，認知再構成法といった要素からなる行動療法的家族療法が，標準的なケアや教育的介入に比べ，家族のコミュニケーションや疾患のコントロールを改善し，アドヒアランスを向上させる（Wysocki et al., 2007）。

（4）家族の心理的問題に対する心理学的介入

身体疾患をもつ子どもの親や家族に対する心理学的介入については，親を含めた認知行動療法が有用であり，特に親の心理的問題の改善には問題解決療法が有効である（Eccleston et al., 2012; Law et al., 2014）。問題解決療法とは，①問

題解決に対して前向きで積極的な捉え方をする，②問題が何か明確にし，具体的な目標を設定する，③多様な解決方法を考え出す，④解決方法の結果を予想し，最もコストが小さくベネフィットの大きい実現可能な解決方法を選ぶ，⑤解決方法を実行し効果を評価する，という5つのステップを効果的に使えるよう訓練することで，問題解決能力の向上と，抑うつや不安の低減を目指す認知行動療法の技法である（D'Zurilla & Nezu, 2010）。小児がん，小児肥満，外傷性脳損傷など，身体疾患を抱えた子どもの親に対する問題解決療法による，親の問題解決能力の向上や抑うつ，育児ストレスといった問題の緩和が示されている（Epstein, Paluch, Gordy, Saelens, & Ernst, 2000; Sahler et al., 2005; Wade et al., 2005）。

家族単位のアプローチとして，PTSSの軽減を目的とする小児がんサバイバーとその家族を対象としたプログラムの効果が実証されている（Kazak et al., 2004）。このプログラムは，認知行動療法と家族療法を統合した1日の集団プログラムであり，心理的苦痛やネガティブな感情を生じさせている病気や治療に関する認知を同定し，グループディスカッションにより，病気が現在そして将来において家族に及ぼす影響を検討する。また，このプログラムをもとに，小児がんの診断を受けたばかりの親を対象にした3日間のプログラムが作成され，PTSSの改善が示されている（Kazak et al., 2005）。

また，親子関係や養育行動の改善を目的としたペアレントトレーニングなどの介入も有用とされているが（Bagner et al., 2004; Johnson, Kent, & Leather, 2005），まだ十分なエビデンスが蓄積されていない。

きょうだいに対しては，病気についての知識の習得や同胞自身のストレスや問題解決に関する心理教育を中心とした介入が有効とされている（Lobato & Kao, 2002; Williams et al., 2003）。

4　実践例と今後の展開

筆者は，身体疾患を抱える子どもとその家族に対する心理学的介入を実践し

ており，ここでは事例や実施している介入プログラムについて紹介する。

(1) 身体疾患を抱えた子どもに対する認知行動療法

認知行動療法は，身体疾患の子どものさまざまな問題に対して効果が実証されている。認知行動療法の技法は，患者や家族，そして医療者にもわかりやすく，病院や家庭，学校といった子どもの生活場面で取り入れやすいといった利点がある。

尾形（2015）では，手の震えといったてんかんの発作と，学校生活や友人関係の問題を抱える小児てんかん患者に対して，問題解決療法や社会的スキル訓練といった認知行動療法を適用し，発作やストレス反応の改善がみられている。この事例では，患者が示すてんかん発作には，対人場面でのストレスや自己概念の問題が関連していると考えられ，認知行動療法を通して，患者は，てんかん発作とストレスの関係について理解を深め，ストレス場面での対処方法を学習し，自己コントロール感や自信を高めたといえる。また，小児がん患者への認知行動療法の適用としては，復学の不安に対して，対処スキルの学習や登校についての行動実験を行い，効果がみられている（尾形，2008）。また，医学的処置や服薬を拒否する小児がん患者に対して，服薬や感染予防行動，処置を受けることを標的としたトークンエコノミー法も用いられている（尾形，2008）。家族や医療者による賞賛や注目といった社会的強化子が得られるよう，チームで取り組むという工夫も大切である。

(2) 家族に対する問題解決療法

家族に対する心理学的介入として，尾形ら（2012）は，入院中の小児がん患者の主介護者を対象に，心理的ストレスの緩和を目的とした問題解決療法のプログラムを実施した。この介入は，個別に週1回5セッション行われた。介入の結果，参加者のプログラムの受け入れは良好で，ドロップアウトも少なく，介入直後および1ヶ月後のフォローアップにおいて，ネガティブな気分状態の改善と精神的QOLの改善がみられた。サンプルサイズが小さいことやコント

ロール群の設定がないといった問題はあるが、問題解決療法といった主介護者のストレスを軽減するプログラムの医療現場での実施可能性や有効性が示唆されている。

(3) 今後の展開

欧米に比べ、我が国においては、身体疾患の子どもの心理的問題に関する十分な実証的研究は少なく、さまざまな支援が試みられているものの、その有効性や有用性の検討も不十分である。今後、多施設共同研究による大規模研究や個別の変化を縦断的に捉え実証的に研究する事例研究といった研究が多くなされることが期待される。

注
(1) ビジュアルアナログスケール（VAS：Visual Analogue Scale）：白紙に100 mmの線を引き、その左を全く痛みのない状態、その右をこれまでで最高の痛みがある状態としたときに、患者に、現在感じる痛みの程度を線で引いてもらう方法である。左から何mmの所に線を引いたのかによって、痛みの強さを評価する。数値で示すため、継時的に痛みの変化を観察するのに適している。
(2) フェイススケール：顔の表情を描いた絵（笑顔からしかめっ面、泣き顔までの表情が段階的に並んでいるもの）を患者に指し示し、「今の痛みに最もあてはまる顔はどれですか？」と表情を選んでもらう方法。子どもや高齢者の痛みの評価に用いやすい。

文　献

Association for Children with Life-threatening or Terminal Condition and Their Families/ Royal College of Paediatrics and Child Health (2003). *A guide to the development of children's palliative care services* (ed 1). Bristol and London, United Kingdom.

Bagner, D. M., Fernandez, M. A., & Eyberg, S. M. (2004). Parent-child interaction therapy and chronic illness: A case study. *Journal of Clinical Psychology in Medical Settings,* **11**(1), 1-6.

Barakat, L. P., Alderfer, M. A., & Kazak, A. E. (2006). Posttraumatic growth in

adolescent survivors of cancer and their mothers and fathers. *Journal of Pediatric Psychology,* **31**(4), 413-419.
Barakat, L. P., Hetzke, J. D., Foley, B., Carey, M. E., Gyato, K., & Phillips, P. C. (2003). Evaluation of a social-skills training group intervention with children treated for brain tumors: A pilot study. *Journal of Pediatric Psychology,* **28**(5), 299-307.
Barlow, J. H., & Ellard, D. R. (2004). Psycho-educational interventions for children with chronic disease, parents and siblings: An overview of the research evidence base. *Child: care, health and development,* **30**(6), 637-645.
Barlow, J. H., & Ellard, D. R. (2006). The psychosocial well-being of children with chronic disease, their parents and siblings: an overview of the research evidence base. *Child: care, health and development,* **32**(1), 19-31.
Bennett, S., Shafran, R., Coughtrey, A., Walker, S., & Heyman, I. (2015). Psychological interventions for mental health disorders in children with chronic physical illness: A systematic review. *Archives of Disease in Childhood,* **100**(4), 308-316.
Bibace, R., & Walsh, M. E. (1981). Children's conceptions of illness. *New Directions for Child and Adolescent Development,* **1981**(14), 31-48.
Brownbridge, G., & Fielding, D. M. (1994). Psychosocial adjustment and adherence to dialysis treatment regimes. *Pediatric Nephrology,* **8**(6), 744-749.
Cohen, L. L., Blount, R. L., Cohen, R. J., Schaen, E. R., & Zaff, J. F. (1999). Comparative study of distraction versus topical anesthesia for pediatric pain management during immunizations. *Health Psychology,* **18**(6), 591.
Cousino, M. K., & Hazen, R. A. (2013). Parenting stress among caregivers of children with chronic illness: A systematic review. *Journal of Pediatric Psychology,* **38**(8), 809-828.
Dean, A. J., Walters, J., & Hall, A. (2010). A systematic review of interventions to enhance medication adherence in children and adolescents with chronic illness. *Archives of Disease in Childhood,* **95**(9), 717-723.
D'Zurilla, T. J., & Nezu, A. M. (2010). Problem-solving therapy. *Handbook of Cognitive-Behavioral Therapies,* **3**, 197-225.
Eccleston, C., Palermo, T. M., Fisher, E., & Law, E. (2012). Psychological interventions for parents of children and adolescents with chronic illness. *The Cochrane database of systematic reviews,* **8**.

Eiser, C., & Morse, R. (2001). Can parents rate their child's health-related quality of life? Results of a systematic review. *Quality of Life Research*, **10**(4), 347-357.

Epstein, L. H., Paluch, R. A., Gordy, C. C., Saelens, B. E., & Ernst, M. M. (2000). Problem solving in the treatment of childhood obesity. *Journal of Consulting and Clinical Psychology*, **68**(4), 717-721.

Frank, N. C., Blount, R. L., Smith, A. J., Manimala, M. R., & Martin, J. K. (1995). Parent and staff behavior, previous child medical experience, and maternal anxiety as they relate to child procedural distress and coping. *Journal of Pediatric Psychology*, **20**(3), 277-289.

Glover, D. A., Byrne, J., Mills, J. L., Robison, L. L., Nicholson, H. S., Meadows, A., & Zeltzer, L. K. (2003). Impact of CNS treatment on mood in adult survivors of childhood leukemia: A report from the Children's Cancer Group. *Journal of Clinical Oncology: Official Journal of the American Society of Clinical Oncology*, **21**, 4395-401.

井澗知美・上林靖子・中田洋二郎（2001）．Child Behavior Checklist/4-18 日本語版の開発　小児の精神と神経, **41**(4), 243-252.

Jacobsen, P. B., Manne, S. L., Gorfinkle, K., Schorr, O., Rapkin, B., & Redd, W. H. (1990). Analysis of child and parent behavior during painful medical procedures. *Health Psychology*, **9**(5), 559.

Janse, A. J., Sinnema, G., Uiterwaal, C. S. P. M., Kimpen, J. L. L., & Gemke, R. J. B. J. (2008). Quality of life in chronic illness: children, parents and paediatricians have different, but stable perceptions. *Acta Paediatrica*, **97**(8), 1118-1124.

Johnson, G., Kent, G., & Leather, J. (2005). Strengthening the parent-child relationship: A review of family interventions and their use in medical settings. *Child: Care, Health and Development*, **31**(1), 25-32.

Kahana, S., Drotar, D., & Frazier, T. (2008). Meta-analysis of psychological interventions to promote adherence to treatment in pediatric chronic health conditions. *Journal of Pediatric Psychology*, **33**(6), 590-611.

Kamibeppu, K., Sato, I., Honda, M., Ozono, S., Sakamoto, N., Iwai, T., Okamura, J., Asami, K., Maeda, N., Inada, H., Kakee, N., Horibe, K., & Ishida, Y. (2010). Mental health among young adult survivors of childhood cancer and their siblings including posttraumatic growth. *Journal of Cancer Survivorship: research and practice*, **4**(4), 303-312.

加藤忠明 (2004). 小児の慢性疾患について 小児保健研究, **63**(5), 489-494.
河内美恵・木原望美・瀬戸屋雄太郎・槙野葉月・北道子・上林靖子 (2013). 子どもの行動チェックリスト教師用2001年版 (TRF/6-18) 日本語版の標準化の試み 小児の精神と神経, **53**(3), 211-223.
Kazak, A. E., Alderfer, M. A., Streisand, R., Simms, S., Rourke, M. T., Barakat, L. P., Gallagher, P., & Cnaan, A. (2004). Treatment of posttraumatic stress symptoms in adolescent survivors of childhood cancer and their families: A randomized clinical trial. *Journal of Family Psychology*, **18**(3), 493-504.
Kazak, A. E., Simms, S., Alderfer, M. A., Rourke, M. T., Crump, T., McClure, K., Jones, P., Rodriguez, A., Boeving, A., Hwang, W., & Reilly, A. (2005). Feasibility and preliminary outcomes from a pilot study of a brief psychological intervention for families of children newly diagnosed with cancer. *Journal of Pediatric Psychology*, **30**(8), 644-655.
Kazak, A. E., Stuber, M. L., Barakat, L. P., Meeske, K., Guthrie, D., & Meadows, A. T. (1998). Predicting posttraumatic stress symptoms in mothers and fathers of survivors of childhood cancers. *Journal of the American Academy of Child & Adolescent Psychiatry*, **37**(8), 823-831.
Kenyon, B. L. (2001). Current research in children's conceptions of death: A critical review. *OMEGA: Journal of Death and Dying*, **43**(1), 63-91.
Kibby, M. Y., Tyc, V. L., & Mulhern, R. K. (1998). Effectiveness of psychological intervention for children and adolescents with chronic medical illness: A meta-analysis. *Clinical Psychology Review*, **18**(1), 103-117.
Kobayashi, K., & Kamibeppu, K. (2010). Measuring quality of life in Japanese children: Development of the Japanese version of PedsQL. *Pediatrics International*, **52**(1), 80-88.
Kovacs, M., Goldston, D., Obrosky, D. S., & Iyengar, S. (1992). Prevalence and predictors of pervasive noncompliance with medical treatment among youths with insulin-dependent diabetes mellitus. *Journal of the American Academy of Child & Adolescent Psychiatry*, **31**(6), 1112-1119.
Kupst, M. J., Natta, M. B., Richardson, C. C., Schulman, J. L., Lavigne, J. V., & Das, L. (1995). Family coping with pediatric leukemia: Ten years after treatment. *Journal of Pediatric Psychology*, **20**(5), 601-617.
倉本英彦・上林靖子・中田洋二郎・福井知美・向井隆代・根岸敬矩 (1999). (YSR) 日本語版の標準化の試み——YSR問題因子尺度を中心に 児童青年精神医学と

その近接領域，**40**(4)，329-344.
La Greca, A. M. (1990). Issues in adherence with pediatric regimens. *Journal of Pediatric Psychology*, **15**(4), 423-436.
Lavigne, J. V., & Faier-Routman, J. (1993). Correlates of psychological adjustment to pediatric physical disorders: A meta-analytic review and comparison with existing models. *Journal of Developmental & Behavioral Pediatrics*, **14**(2), 117-123.
Law, E. F., Fisher, E., Fales, J., Noel, M., & Eccleston, C. (2014). Systematic review and meta-analysis of parent and family-based interventions for children and adolescents with chronic medical conditions. *Journal of Pediatric Psychology*, **39**(8), 866-886.
Li, J., Johansen, C., & Olsen, J. (2003). Cancer survival in parents who lost a child: A nationwide study in Denmark. *British Journal of Cancer*, **88**(11), 1698-1701.
Lim, J., Wood, B. L., & Miller, B. D. (2008). Maternal depression and parenting in relation to child internalizing symptoms and asthma disease activity. *Journal of Family Psychology*, **22**(2), 264-273.
Lobato, D. J., & Kao, B. T. (2002). Integrated sibling-parent group intervention to improve sibling knowledge and adjustment to chronic illness and disability. *Journal of Pediatric Psychology*, **27**(8), 711-716.
真志田直希・尾形明子・大園秀一・小関俊祐・佐藤寛・石川信一・戸ケ崎泰子・佐藤容子・佐藤正二・佐々木和義・嶋田洋徳・山脇成人・鈴木伸一（2009）．小児抑うつ尺度（Children's Depression Inventory）日本語版作成の試み　行動療法研究，**35**(3)，219-232.
Matteo, B., & Pierluigi, B. (2008). Descriptive survey about causes of illness given by the parents of children with cancer. *European Journal of Oncology Nursing*, **12**(2), 134-141.
McDougall, J., & Tsonis, M. (2009). Quality of life in survivors of childhood cancer: A systematic review of the literature (2001-2008). *Support Care Cancer*, **17**, (10), 1231-1246.
小畑文也（1999）．子ども・病気・身体2　小児看護，**22**(8)，1639-1646.
尾形明子（2008）．小児医療　鈴木伸一（編）医療心理学の新展開　北大路書房，pp. 70-79.
尾形明子（2015）．小児てんかん患者に対する認知行動療法の適用　健康心理学研究，

27, 201-207.

尾形明子・伊藤嘉規・奥山徹・平井啓（2012）小児がん患者の主介護者に対する問題解決療法の実施可能性の検討　第25回日本サイコオンコロジー学会総会抄録集, 154.

Ozono, S., Saeki, T., Mantani, T., Ogata, A., Okamura, H., Yamawaki, S. (2007). Factors related to posttraumatic stress in adolescent survivors of childhood cancer and their parents. *Support Care Cancer*, 15, 309-317.

Pate, J. T., Blount, R. L., Cohen, L. L., & Smith, A. J. (1996). Childhood medical experience and temperament as predictors of adult functioning in medical situations. *Children's Health Care*, 25(4), 281-298.

Pinquart, M. (2013a). Body image of children and adolescents with chronic illness: A meta-analytic comparison with healthy peers. *Body image*, 10(2), 141-148.

Pinquart, M. (2013b). Self-esteem of children and adolescents with chronic illness: A meta-analysis. *Child: care, health and development*, 39(2), 153-161.

Pinquart, M. (2013c). Do the parent-child relationship and parenting behaviors differ between families with a child with and without chronic illness? A meta-analysis. *Journal of Pediatric Psychology*, 38(7), 708-721.

Pinquart, M. (2014). Achievement of developmental milestones in emerging and young adults with and without pediatric chronic illness — A meta-analysis. *Journal of Pediatric Psychology*, 39(6), 577-587.

Pinquart, M., & Shen, Y. (2011a). Anxiety in children and adolescents with chronic physical illnesses: A meta-analysis. *Acta Paediatrica*, 100(8), 1069-1076.

Pinquart, M., & Shen, Y. (2011b). Behavior problems in children and adolescents with chronic physical illness: A meta-analysis. *Journal of Pediatric Psychology*, 36(9), 1003-1016.

Pinquart, M., & Shen, Y. (2011c). Depressive symptoms in children and adolescents with chronic physical illness: An updated meta-analysis. *Journal of Pediatric Psychology*, 36(4), 375-384.

Pinquart, M., & Teubert, D. (2012). Academic, physical, and social functioning of children and adolescents with chronic physical illness: A meta-analysis. *Journal of Pediatric Psychology*, 37(4), 376-389.

Powers, S. W. (1999). Empirically supported treatments in pediatric psychology:

procedure-related pain. *Journal of Pediatric Psychology*, 24(2), 131-145.

Recklist, C., Leary, T., & Diller, J. (2003). Utility of routine psychological screening in the childhood cancer survivor clinic. *Journal of Clincal Oncology*, 21, 787-792.

Ruda, M. A., Ling, Q. D., Hohmann, A. G., Peng, Y. B., & Tachibana, T. (2000). Altered nociceptive neuronal circuits after neonatal peripheral inflammation. *Science*, 289(5479), 628-630.

Rudolph, K. D., Dennig, M. D., & Weisz, J. R. (1995). Determinants and consequences of children's coping in the medical setting: Conceptualization, review, and critique. *Psychological Bulletin*, 118(3), 328-357.

Sahler, O. J., Fairclough, D. L., Phipps, S., Mulhern, R. K., Dolgin, M. J., Noll, R. B., Katz, E. R., Varni, J. W., Copeland, D. R., & Butler, R. W. (2005). Using problem-solving skills training to reduce negative affectivity in mothers of children with newly diagnosed cancer: Report of a multisite randomized trial. *Journal of Consulting and Clinical Psychology*, 73(2), 272-283.

坂本竜生 (1965). 児童用不安尺度の構成 高知大学学術研究報告 人文科学, 14, 161-166.

Sawyer, M., Antoniou, G., Toogood, I., Rice, M., & Baghurst, P. (2000). Childhood cancer: A 4-year prospective study of the psychological adjustment of children and parents. *Journal of Pediatric Hematology/oncology*, 22(3), 214-220.

Schwab, R. (1990). Paternal and maternal coping with the death of a child. *Death Studies*, 14(5), 407-422.

Sharpe, D., & Possiter, L. (2002). Siblings of children with a chronic illness: A meta-analysis. *Journal of Pediatric Psychology*, 27, 699-710.

小児慢性特定疾患登録管理事務局 (2013). 平成24年度の小児慢性特定疾患治療研究事業の全国登録状況［速報値］ 平成25年度厚生労働省科学研究費補助金（生育疾患克服等次世代育成基盤研究事業）「今後の小児慢性特定疾患治療研究事業のあり方に関する研究」分担報告書, 7-48.

曽我祥子 (1983). 日本版STAIC標準化の研究 心理学研究, 54(4), 215-221.

Spielberger, C. D. (1973). *Manual for the state-trait inventory for children*. Palo Alto: Consulting Psychological Press, Inc.

Springer, K., & Ruckel, J. (1992). Early beliefs about the cause of illness: Evidence against immanent justice. *Cognitive Development*, 7(4), 429-443.

Suls, J., & Wan, C. K. (1989). Effects of sensory and procedural information on coping with stressful medical procedures and pain: A meta-analysis. *Journal of Consulting and Clinical Psychology*, **57**(3), 372.

Thomasgard, M., Metz, W. P., Edelbrock, C., & Shonkoff, J. P. (1995). Parent-child relationship disorders. Part I. Parental overprotection and the development of the Parent Protection Scale. *Journal of Developmental & Behavioral Pediatrics*, **16**(4), 244-250.

Thompson Jr, R. J., & Gustafson, K. E. (1996). *Adaptation to chronic childhood illness*. American Psychological Association.

Thompson, R. J., Gustafson, K. E., Hamlett, K. W., & Spock, A. (1992). Stress, coping, and family functioning in the psychological adjustment of mothers of children and adolescents with cystic fibrosis. *Journal of Pediatric Psychology*, **17**(5), 573-585.

Tsuji, N., Kakee, N., Ishida, Y., Asami, K., Tabuchi, K., Nakadate, H., Iwai, T., Maeda, M., Okamura, J., Kazama, T., Terao, Y., Ohyama, W., Yuza, Y., Kaneko, T., Manabe, A., Kobayashi, K., Kamibeppu, K., Matsushima, E. (2011). Validation of the Japanese version of the Pediatric Quality of Life Inventory (PedsQL) cancer module. *Health Qual Life Outcomes*, **9**(1), 22.

van der Lee, J. H., Mokkink, L. B., Grootenhuis, M. A., Heymans, H. S., & Offringa, M. (2007). Definitions and measurement of chronic health conditions in childhood: a systematic review. *JAMA*, **297**(24), 2741-2751.

Varni, J. W., Katz, E. R., Colegrove, R., & Dolgin, M. (1993). The impact of social skills training on the adjustment of children with newly diagnosed cancer. *Journal of Pediatric Psychology*, **18**(6), 751-767.

Varni, J. W., Seid, M., & Kurtin, P. S. (2001). PedsQL 4.0: Reliability and validity of the Pediatric Quality of Life Inventory version 4.0 generic core scales in healthy and patient populations. *Medical Care*, **39**(8), 800-812.

Vernon, D. T., & Thompson, R. H. (1993). Research on the effect of experimental interventions on children's behavior after hospitalization: A review and synthesis. *Journal of Developmental & Behavioral Pediatrics*, **14**(1), 36-44.

Wade, S. L., Wolfe, C. R., Brown, T. M., & Pestian, J. P. (2005). Can a web-based family problem-solving intervention work for children with traumatic brain injury? *Rehabilitation Psychology*, **50**(4), 337-345.

Wallander, J. L., & Varni, J. W. (1992). Adjustment in children with chronic physical disorders: Programmatic research on a disability-stress-coping model. *Stress and Coping in Child Health*, 279-298.

White, D., Leach, C., Sims, R., Atkinson, M., & Cottrell, D. (1999). Validation of the Hospital Anxiety and Depression Scale for use with adolescents. *The British Journal of Psychiatry*, **175**(5), 452-454.

Williams, P. D., Williams, A. R., Graff, J. C., Hanson, S., Stanton, A., Hafeman, C., Liebergen, A., Leuenberg, K., Setter, R. K., Ridder, L., Curry, H., Barnard, M., & Sanders, S. (2003). A community-based intervention for siblings and parents of children with chronic illness or disability: the ISEE study. *The Journal of pediatrics*, **143**(3), 386-393.

Wolfe, J., Grier, H. E., Klar, N., Levin, S. B., Ellenbogen, J. M., Salem-Schatz, S., Emanuel, E. J. & Weeks, J. C. (2000). Symptoms and suffering at the end of life in children with cancer. *New England Journal of Medicine*, **342**(5), 326-333.

Worden, J. W. (1999). Comparing parent loss with sibling loss. *Death studies*, **23**(1), 1-15.

Wysocki, T., Harris, M. A., Buckloh, L. M., Mertlich, D., Lochrie, A. S., Mauras, N., & White, N. H. (2007). Randomized Trial of Behavioral Family Systems Therapy for Diabetes Maintenance of effects on diabetes outcomes in adolescents. *Diabetes Care*, **30**(3), 555-560.

吉田沙蘭・天野功二・森田達也・尾形明子・平井啓（2010）．難治性小児がん患児の家族が経験する困難の探索　小児がん，**47**(1)，91-97.

Zebrack, B. J., Zeltzer, L. K., Whitton, J., Mertens, A. C., Odom, L., Berkow, R., & Robison, L. L. (2002). Psychological outcomes in long-term survivors of childhood leukemia, Hodgkin's disease, and non-Hodgkin's lymphoma: a report from the Childhood Cancer Survivor Study. *Pediatrics*, **110**(1), 42-52.

Zigmond, A. S., & Snaith, R. P. (1983). The hospital anxiety and depression scale. *Acta psychiatrica scandinavica*, **67**(6), 361-370. (Zigmond, A. S., & Snaith, R. P. 北村俊則（訳）(1993). Hospital anxiety and depression scale (HAD 尺度) 精神科診断学，**4**(3)，371-372.)

終 章

臨床児童心理学のこれから

　本書は我が国で初めて出版する臨床児童心理学に関する著書である。よく似た言葉に児童臨床心理学がある。この名称は児童期に焦点を当てた臨床心理学全般にわたる総称といってよい。臨床児童心理学も，同様に，乳児，幼児，児童，青年といった，いわゆる発達期にある子どもたちに焦点をあてているが，児童臨床心理学とは一線を画する考え方をもっている。臨床児童心理学の基本的な考え方は，序章で詳細に記述されているので，そのエッセンスとなる点を押さえながら各章の内容を簡単に振り返ってみよう。

① 臨床児童心理学は科学としての心理学に基盤を置く，実践的学問である。
② 臨床児童心理学においては，この科学者・実践家モデルに基づき，研究と実践という2つの主たる活動が求められる。
③ 臨床児童心理学は，直接的または間接的に子どもへの心理学的サービスへの貢献が求められる学問である。
④ 臨床児童心理学では，定型的な発達プロセスに関する専門的知識が求められる。
⑤ 臨床児童心理学では，実証に基づく心理社会的な介入研究と効果的な実践を支える基礎的な研究を重視する。
⑥ 臨床児童心理学においては，児童青年の問題理解に関する専門的知識（たとえば，DSMに代表される国際診断基準）が求められる。
⑦ 臨床児童心理学の専門性には，児童青年における異常心理学，および発達精神病理学が含まれる。
⑧ 臨床児童心理学では，実証に基づくアセスメントの知識と技術が必要と

なる。
⑨ 臨床児童心理学の最終的な目標は，周辺学問との協同による予防的取り組みを実現することである。

　以上の臨床児童心理学の基本的な考え方に沿って，第1章では，発達を軸としてそれぞれの子どもの発達レベルにおいて生じる問題行動ないしは障害を記述し，それらに対する心理社会的対処の方法を解説した。いわば，本書の概念図がこの章で示されている。

　第2章は，実証に基づくアセスメント法とアメリカ精神医学会が発行している診断分類であるDSM-5（American Psychiatric Association, 2013）について解説した。また，さまざまな情報をまとめて支援につなげる「ケースフォーミュレーション」についても本章で触れられている。

　第3章では，実証に基づく心理社会的な介入研究と効果的な実践を支える基礎的な研究の意義と研究法の具体例について詳しい説明がなされている。まず，心理社会的介入法の効果を客観的に測定するためには，アセスメントの精度を高めることとともに，効果を客観的に比較するための研究デザインの採用が重要である。また，アセスメントの項で述べられているように，世界的に有用性が確認されているアセスメントツールの中で，まだ我が国で日本版として標準化されていないものもある。適切なアセスメントを行うためには，こうしたアセスメントツールの標準化はぜひ進めてもらいたいものである。さらに，観察研究の方法の中で述べられている因果関係の実証の手続き（たとえば，縦断的研究）は，基礎研究として重要であるばかりでなく，心理社会的介入にあたって標的となるスキルや介入要素の選択，あるいは介入要素が治療効果に与える影響に関する分析を行っていく上でも応用可能であるので，こうした基礎研究で使用されている研究手続きに習熟しておくことは大切であろう。

　第4章では，臨床児童心理学の介入法として，治療法，予防法，コンサルテーションの評価あるいは進め方について解説している。まず，治療法（心理療法）の評価は，アメリカ心理学会第53部会（臨床児童青年心理学部会）が，1998

年と2008年の2度にわたって機関誌 *Journal of Clinical Child and Adolescent Psychology*（JCCAP）において特集を組み，子どもに対する心理療法の最新のエビデンスを報告している。同部会の評価基準は，エビデンスの水準が高い順に「十分に確立されている」「おそらく効果がある」「効果のある可能性がある」「試験段階にある」「効果がない」の5段階に分類されることはよく知られている。最近は，心の問題ごとに新しいエビデンスが上記機関誌に掲載されることがあるので，注目していただきたい。

　予防法については，序章でも触れられているように，臨床児童心理学の最終的な目標として位置づけられている。しかし，予防法には，治療法のような評価基準がまだ設定されていないので，客観的評価は十分とはいえない。第4章で説明されているように，予防的介入に関する研究は，対象者と疾病のリスクに焦点を当て，Universal レベル，Selective レベル，Indicated レベルの3つに分類されている（Mrazek & Haggarty, 1994）。いずれの分類に属する予防的介入であっても，何らかの疾患を抱える前に日常の生活から改善し，病気にかかりにくい生活習慣を身につけようとする基本的考えにたっているので，心の問題を扱う臨床児童心理学にとって今後の大きなテーマの1つになっていくことは間違いないと思われる。

　第5章から第10章にわたる第Ⅱ部では，自閉スペクトラム症（ASD），注意欠如・多動症（ADHD），反抗挑発症（ODD）・素行症（CD），不安症，うつ病，身体疾患のそれぞれについて疾患の特徴，DSM-5による診断基準，有病率，アセスメント，治療・介入のエビデンスが記述されている。実証に基づく心理社会的介入という視点からみると，ASDとADHDに対しては応用行動分析ないしは行動的マネジメント介入の手続きがエビデンスの高い手続きとしてリストアップされている。また，ODD/CD，不安症，うつ病では行動的介入と認知行動的介入の両方がエビデンスの高い介入法として紹介されている。さらに，青年期のうつ病に対しては認知行動療法と対人関係療法が「十分に確立されている」介入法であると評価されている。総じて，実証に基づく心理社会的介入として最もエビデンスが高いのは，行動療法・認知行動療法の範疇に入る介入

法が多いといえる。

1　我が国での臨床児童心理学の普及に向けて

　本書の各章で述べられているように，我が国における臨床児童心理学の研究面および実践面での普及はまだ始まったばかりであり，実証に基づく心理社会的介入のエビデンスを得るための研究面および実践面の蓄積が今後の課題としてあげられる。そこで，今後我が国でこうした課題にどのように取り組んでいけばよいかを考えてみたい。

（1）我が国でのエビデンスの確立に向けて
　本書で紹介された自閉スペクトラム症（第5章）やADHD（第6章）の子どもに対する心理社会的介入は，1名から数名の子どもを用いた一事例実験デザインを採用したものが多い（本書第6章）。このことは，我が国の研究でも同様であろう。こうしたデザインを用いた場合，グループデザインを用いた研究と比較すると，条件間の差を統計的に確認する手続き，RCTの実施，そしてメタ分析による効果の検討などが十分になされないことが多い。このことが，一事例実験デザインから見出された研究結果が，実証に基づいた心理社会的介入として認知されない理由の1つになっている。

　佐藤（本書第4章）によれば，近年，条件間の差を統計的に確認する手法（たとえば，Tau-U）(Parker et al., 2011) が確立していると報告されている。また，佐藤（本書第6章）は，一事例実験デザインにも適用可能で簡単に効果サイズを算出することができる方法（たとえば，Vannest et al., 2011）が開発され，メタ分析を実施することが容易となり，一事例実験デザインにおいて積み重ねられてきた知見をエビデンスの確立に向けて活用できるようになってきたと述べている。こうした統計的手法の開発と実用化が我が国における研究に生かされれば，少ない事例による一事例実験デザインを採用せざるを得ない領域において，エビデンスの確立に向けた研究の積み上げが進展するものと思われる。ど

のような心理社会的介入であっても最初は少ない事例を用いた研究からスタートするものである。こうした少ない事例からも，その事例の蓄積によってエビデンスが確立するのであれば，我が国における研究にも大いに期待がもてるであろう。

　我が国におけるエビデンスの確立に向けてのもう1つの有望な取り組みは，笹川（本書第8章）によって紹介されている石川ら（石川・下津・佐藤，2008; Ishikawa et al., 2012）の不安症に対する短期集団療法（いっちゃが教室）であろう。彼らの報告によれば，自己評定尺度における被験者内効果サイズは治療直後で$d=1.28$，3ヶ月後のフォローアップにおける効果サイズは$d=1.56$と報告されており，欧米で開発された同様のプログラムとの比較においても高い値を示している。石川らの研究は，RCTを実施しているわけではないが，すでに「おそらく効果がある」という評価基準を満たしている欧米の同様プログラムとの比較によって，優れた効果をもつことを示した点で高い評価を得ることができると考えられる。こうした研究も我が国におけるエビデンスの確立に向けた取り組みであろう。

　現在，最も評価基準の高い「十分に確立されている」エビデンスは，短期間の準備ではなかなか到達できないハードルの高い評価基準である。この評価基準に到達している心理社会的介入は，いずれも10年以上に及ぶ研究の蓄積によって得られたものである。したがって，この基準に達するためには，もっと下位の評価基準を着実にクリアしていくための努力と時間が必要である。

（2）エビデンスを越えて

　最も評価基準の高い「十分に確立されている」エビデンスをもつ心理社会的介入技法であっても，その分野のあらゆる問題を解決できるとは限らない。その問題が児童青年の社会的適応にとって重要な問題である場合には，「十分に確立されている」エビデンスをもつ心理社会的介入技法に新たに別の技法や操作を組み合わせる必要がある。そのような例をADHDの子どもへの介入から紹介してみたい。

すでに第6章でみてきたように，ADHDの子どもに対する治療においては，薬物治療と行動随伴性マネジメントが，ADHDの中核症状の低減に効果的であることが証明されている。MTA研究は，ADHDの治療効果を検証した最も包括的な研究である。MTA研究では，14ヶ月治療の終了時点において，薬物治療と行動随伴性マネジメントを組み合わせた治療を受けた子どもが，親や教師による社会的スキル評定で高い得点を示したにもかかわらず，ソシオメトリック査定での仲間による拒否やフレンドシップには，組み合わせ治療の効果を見出すことができなかった (Hoza et al., 2005)。つまり，集中的な行動随伴性マネジメントを受けて，否定的指名が少なくなっても，ADHDの子どもは，なおクラスメートから拒否され続けていることになる (Pelham & Bender, 1982)。薬物治療も，行動随伴性マネジメント治療も，ADHDの中核症状や攻撃的行動，不従順行動を減少させることができるのに，仲間受容には効果が及ばない。この結果は，ADHDの子どもにみられる仲間による拒否には，ADHDの症状を超えた他の要因が寄与していることを示唆している。ソシオメトリーによる仲間の拒否は，将来の適応困難を予測する際に，他の社会的コンピテンスの測度よりも優れていることがわかっているため (Parker & Asher, 1987)，仲間の拒否の変容はもっと重視されなければならない。

　以上のように，ADHDの子どもに対する介入法として高いエビデンスをもつ薬物治療や行動随伴性マネジメントが，将来の適応困難を最もよく予測するといわれる仲間からの拒否を改善できない。この点について，Mikamiら (Mikami et al., 2013) は，こうした結果が示されるのは，ADHDの子どもに対する仲間の認知的バイアス（社会的格下げ，評判バイアス）があるためではないかと考えた。そこで，仲間の認知的バイアスを修正するために，すべての子どもとあたたかなやりとりをする，子ども間の社会的比較を最小限にする，行動の修正を求めるときには個別に行う（たとえば，「指示に従わなかったからポイントを失ったんですよ」と個別に伝える）。1対1の個別の話し合いを重視する，他者を排斥するとポイントを失うようなポイントシステムを導入する，一緒に作業しないとうまくいかない共同活動を取り入れたチームを編成する，仲間集団

によって価値があると思われている子どもの強みをみつけるといった点を教師に求めるようにした（この研究では，サマーデイキャンプという形で知らない者同士が10名程度で短期の学級を編成する）。このような操作を含んだ介入要素を行動的マネジメントと社会的スキル訓練に加えた群は，行動的マネジメントと社会的スキル訓練のみを実施した群と比較して，ソシオメトリック測度で，仲間から好かれる程度が高まり，嫌われる程度が減少した。また，相互選択のフレンドシップの数も増え，さらに，教室でのADHDの子どもに対する仲間からのポジティブな行動が増加することが見出された。MOSAIC (Making Socially Accepting Inclusive Classrooms) と呼ばれるMikamiら (2013) の介入プログラムは，まだ高いエビデンスを得ていないが，「十分に確立されている」エビデンスをもつ心理社会的介入技法に新たな介入要素を加えることによって，ADHDの子どもが抱える深刻な心理社会的適応の問題を改善できる見通しを示している（MOSAICは第6章の表6-2でみると，レベル2に属するとされている：Mikami, Jia, & Na, 2014）。

　このような手法は，ADHDの子どもに限らず，さまざまな障害や症状をもつ子どもたちが学校という場で直面する仲間関係のつまずきの改善にも応用できる可能性を秘めている。エビデンスの確立を目指す取り組みの中で，こうした試みが行われれば，「十分に確立されている」エビデンスをもつ心理社会的介入技法を越える新たな技法が生まれることになる。

2　教室場面での介入の必要性

　子どもに対する心理社会的介入は，セラピストのいるクリニックだけでなく，子どもが生活している場所，問題が引き起こされる場所でも行われなければならない。つまり，子どもが最も問題を発生させやすい場面での介入が必要となる。このような場面とは，対人的やりとりが頻繁に行われる集団学習の場面なのである。代表的な集団場面といえば，学校での教室場面であろう。教室場面は，子どもたちが一日の多くを過ごす場所であり，子どもたちの問題が引き起

こされやすい生活場面でもある。このような現実の場面の中で，子どもたちのさまざまな問題が解決できるような教室環境を構築していくことが大きな目標となる。

　学校における教室と同様に，子どもたちにとっての重要な生活場面である家庭では，ペアレントトレーニングの手法がエビデンスの高い介入法となっており，子どものさまざまな障害ないしは症状の改善に効果をあげていることは，本書の多くの章で知ることができる。そうであれば，子どもたちのもう1つの重要な生活場面である教室において，教師が子どもたちの障害ないしは症状の改善やメンタルヘルスの向上によい影響を与えることができるのでないか。そうした期待が徐々に高まってきている。とはいえ，教師が1人で担うというのではなくて，第4章で解説されている専門家によるコンサルテーションのもとで専門的な研修を受けた教師が教室マネジメントにあたるようにすることが重要である。

　ウェブスター‐ストラットンら（Webster-Stratton et al., 2004）は，133名の行為問題をもつと診断された子どもを対象にして，子どもトレーニング（子どもに対して社会的スキル訓練や社会的問題解決訓練を実施する），ペアレントトレーニング，教師トレーニング（教室での行動マネジメント法，社会的スキル訓練，社会的問題解決訓練などを教える）のあるなしの間で，訓練の効果を比較した。その結果，訓練後の教室で教師行動の観察を行ったところ，教師トレーニングを取り入れた条件で，一貫して優れていることがわかった。つまり，訓練を受けた教師は，統制条件の教師と比較して，子どもに対する批判や手厳しさが少なく，養育的で，一貫性があり，賞賛を多く使い，教えることに自信をもっていた。さらに，訓練を受けた教師が担任する教室に在籍する子どもたちは，攻撃的行動が少なく，教師に協力的であり，子どもの学習能力が高まったと報告されている。

　また，子どもトレーニングと組み合わせて，教師トレーニングプログラムを評価したウェブスター‐ストラットンら（Webster-Stratton et al., 2008）においても，無作為割り付けによって介入群と統制群の比較を行っている。介入群で

は，ヘッドスタート計画に基づく幼稚園の園児と小学1年生を対象にして，153名の教師と1768名の子どもにトレーニングを行ったところ，介入学級の教師は，介入時に習得したポジティブな教室マネジメント法を多く使用しており，この学級の子どもは，社会的コンピテンス，情緒的自己調整，学校レディネススキルが統制群の子どもよりも高く，行為問題が減少していた。また，介入群の教師は，親との好意的な関与が高かった。以上の結果から，ウェブスター－ストラットンの教師トレーニングプログラム（Webster-Stratton, 2013）は，効果的な学級マネジメントの知識とスキルを教師に伝達し，落ち着いた，安定感のある，そして協調的な学級を作り出すことに成功しているといえる。

教師が実施する教室場面での介入は，上記の治療的介入ばかりではなく，第4章で記述されている予防的介入として実施されることも多い。攻撃性低減プログラム，不安予防プログラム，抑うつ予防プログラム，ストレスマネジメントプログラムなどの予防プログラムでは，プログラムの実施を教師が担っているものが多くなっている。教室で教師が実践する介入プログラムは，今後，我が国においても増加していくものと思われるので，臨床児童心理学に関する専門的な知識と介入スキルを備えた教師を養成していく必要がある。

文　献

Hoza, B., Gerdes, A. C., Nrug, S., Hinshaw, S. P., Bukowski, W. M., Gold, J. A., & Wigal, T. (2005). Per-assessed outcomes in the multimodal treatment study of children with attention deficit hyperactivity disorder. *Journal of Clinical Child and Adolescent Psychology,* 34, 74-86.

Ishikawa, S., Motomura, N., Kawabata, Y., Tanaka, H., Shimotsu, S., Sato, Y., & Ollendick, T. H. (2012). Cognitive behavioural therapy for Japanese children and adolescents with anxiety disorders: A pilot study. *Behavioural and Cognitive Psychotherapy,* 40, 271-285.

石川信一・下津咲絵・佐藤容子（2008）．児童の不安障害に対する短期集団認知行動療法　精神科治療学, 23, 1481-1490.

Mikami, A. Y., Jia, M., & Na, J. J. (2014). Social skills training. *Child and Adolescent Psychiatric Clinics of North America,* 23, 775-788.

Mikami, A. Y., Griggs, M. S., Lerner, M. D., Emeh, C. C., Reuland, M. M., Jack, A., & Anthony, M. R. (2013). A randomized trial of a classroom intervention to increase peers' social inclusion of children with Attention-Deficit/Hyperactivity Disorder. *Journal of Consulting and Clinical Psychology, 81*, 100-112.

Mrazek, P. J., & Haggarty, R. J. (1994). *Reducing the risks for mental disorders: Frontiers for preventive interventions research.* Washington, D. C.: National Academy Press.

Parker, J. G., & Asher, S. R. (1987). Peer relations and later personal adjustment: Are low-accepted children at risk? *Psychological Bulletin, 102*, 357-389.

Parker, R. I., Vannest, K. J., Davis, J. L., & Sauber, S. (2011). Combining nonoverlap and trend for single case research: Tau-U. *Behavior Therapy, 42*, 284-299.

Pelham, W. E., & Bender, M. E. (1982). Peer relationships in hyperactive children: Description and treatment. *Advances in Learning and Behavioral Disabilities, 1*, 365-436.

笹川智子（2015）．本書　第8章

佐藤寛（2015）．本書　第4章

佐藤美幸（2015）．本書　第6章

Vannest, K. J., Parker, R. I., & Gonen, O. (2011). *Single Case Research: web based calculators for SCR analysis. (Version 1.0)* [Web-based application]. College Station, TX: Texas A&M University.

ウェブスター－ストラットン（著）佐藤正二・佐藤容子（監訳）（2013）．認知行動療法を活用した子どもの教室マネジメント――社会性と自尊感情を高めるためのガイドブック　金剛出版

Webster-Stratton, C., Reid, M. J., & Hammond, M. (2004). Treating children with early-onset conduct problems: Intervention outcomes for parent, child, and teacher training. *Journal of Clinical Child and Adolescent Psychology, 33*, 105-124.

Webster-Stratton, C., Reid, M. J., & Stoolmiller, M. (2008). Prevention conduct problems and Improving school readiness: evaluation of the Incredible Years Teacher and Child Training Program in high-risk schools. *Journal of Child Psychology and Psychiatry. 49*, 471-488.

あ と が き

　この仕事に就いてから，さまざまな国を旅することが増えた。行く先々ではよい思い出もあれば，とんでもないトラブル，ちょっとした失敗に関する苦い思い出もたくさんある。ちょうどこの本の編集はロンドン出張と重なっていた。同じ場所であってもそれぞれの旅人によって，その土地に対する印象，その旅の感想，そしてその経験から学んだことは異なることだろう。

　皆様にとって，臨床児童心理学を巡る我が国で初めての旅はいかがだっただろうか。そこから得られた経験は，人によって異なるものだと思う。それがどのようなものであるかは，一人ひとりにゆだねられるとしても，編者として本書というツアーで何を伝えたかったかについては，この場を借りて少し触れさせていただきたい。

　本書を読んで特に目新しいことがないと感じた場合，あるいは自分の臨床実践や研究活動と共通点が多々あるという感想をもった場合，どうぞこれからは臨床児童心理学を専門にしていると臆せず名乗っていただきたい。先に述べたように，臨床児童心理学は，これまでとは異なる誰も思いつかないような支援方法や研究方法を提案することを目的とはしていない。長い年月の中から生み出された手法について，科学的に収集された研究結果をもってその有効性を示そうと試みているに過ぎない。エビデンスの階層で述べたように，すべての実証に基づく心理社会的技法の基盤にあるものは，現場での臨床経験や事例報告である。すなわち，日々の臨床実践における数多くの経験の積み重ねから「効果がある」として導き出された支援形態は，臨床児童心理学の科学的根拠と矛盾することは論理的にあり得ないのである。臨床児童心理学の成果を，どうか日々の臨床活動の根拠を示すために活用していただきたい。一人でも多くの専門家が臨床児童心理学を有効活用することによって，我が国においてもこの学問分野の浸透がなされるものと考えている。

本書の内容は自分が学んできた心理臨床的支援とまったく異なる，あるいは自分のアプローチと相容れないと感じた場合，臨床児童心理学をすぐに拒否するのではなく，どうかもう一度チャンスをいただきたい。そうは言っても，臨床児童心理学のアプローチの中で，気になるものや少し興味を引かれるものはなかっただろうか。たとえば，親子関係に興味のある読者であれば，ペアレントトレーニングには関心をもたれるかもしれない。ならば，今度はペアレントトレーニングに関する書籍を手にとっていただきたい。今日では，幸運にもペアレントトレーニングに関する日本語の文献は容易に手に入る時代になった。その中には，よりあなたの日々の臨床に通じる記述が含まれているかもしれない。同じ土地であっても再度訪れてみると，そのよさがわかるように，再度本書を読んでいただければ，そこには何か新たな発見があるかもしれない。それぞれの心理社会的介入には，確かに表面上異なる要素もあるが，それらに共通する要素もあるということもまた真である。もしあなたが，自分が実践しているアプローチと，本書で取り上げたアプローチの共通点を見いだすことができたなら，それは臨床児童心理学における新しい研究課題となり得るだろう。

　もし，あなたが今ちょうど心理学を学んでいる，あるいはこれから専門的に学ぼうとしている学生さんであり，本書に興味をもってくださったのなら，これからも臨床児童心理学について継続的に学んでいただきたい。冒頭で述べたように，我が国では臨床児童心理学を冠した専門書や講義などは，ほとんどみられない。つまり，臨床児童心理学という学問自体がいわば皆さんと同じ"将来有望な存在"であると考えている。本書は，もう一人の編者である佐藤正二先生の意向で，新進気鋭の若手研究者・臨床家のみに絞って寄稿をお願いしている。そのため，本書自体もこれまでの集大成を編纂したものではなく，これからのあり方を指し示そうとする，いわば野心的な書であると考えている。本書を読み進めていけば，臨床児童心理学には今後解決が期待されるさまざまな課題が山積していることに気づかれるだろう。たとえば，①子どもの心理的・発達的問題についての啓発や実態調査，②適切なアセスメント法の開発と標準化，③我が国における心理社会的介入のエビデンスの蓄積と確立，④実証に基

あとがき

づく心理社会的介入の教育と普及，⑤未着手の問題に対する研究・実践の拡張，そして，⑥比較文化的観点からの我が国での適用に関する研究，といったものが挙げられる。そのいずれもが，継続的な研究テーマとして設定することができる意義深い課題である。これらが達成されることによって，我が国独自の臨床児童心理学というものが確立されていくのではないかと考えている。

　上記の課題を達成するためには，かなりの年月がかかるであろう。そのため，一人でも多くの同志が必要となる。そのため，本書を通じて一人でも多くの臨床児童心理学を志す学生の皆さん，臨床家，教育者，研究者などが増えてくれれば幸いである。発達途上のいわば"児童青年期"にある本書の無限の伸びしろ部分を，後続のより"成熟した"研究が埋めていってくれれば，臨床児童心理学は"適応的な"発達を遂げることになるだろう。しかし，それは，少数の達人によってなされることを期待しているのではない。実際に数多くの子どもたちを支援しているのは，その人物ではない。日々現場で奮闘する方々と家族である。その人たちの活動を支える学問として我が国の臨床児童心理学を確立することができたならば，本書はその使命を達成したといえるだろう。

　最後に，本書の完成にあたっては，ミネルヴァ書房編集部丸山碧氏による功績が非常に大きい。本書の企画段階より多くのアイディアをいただき，本書の完成まで多大な貢献をいただいた。この点について感謝申し上げたい。さらに，本書の著者たちの観察研究と介入研究に参加・協力してくれた，児童生徒の皆さん，保護者の皆様，関連諸機関の方々にも感謝申し上げたい。彼らの自発的な協力がなければ，我々は何も成し遂げることができなかった。本書を通じて彼らの貢献に恩返しすることができれば，編著者一同の望外の喜びである。

2015年8月

編著者を代表して　石川信一

索　引
(＊印は人名)

あ　行

＊アービン, R.A.　182
愛着　22
アクセプタンス＆コミットメント・セラピー　257
アセスメント　43-45, 52, 53
アタッチメント家族療法　256
アドヒアランス　272
＊アビコフ, H.B.　181
アメリカ心理学会第53部会　97, 101, 253
医学的処置に伴う苦痛　271
怒り感情　193
怒りコントロール訓練　207, 208
いじめ　24, 26, 34
異常心理学　10
一事例実験デザイン　77, 102, 103, 177, 182
一卵性双生児　83
いっちゃが教室　233
異文化間妥当性　89
因果関係　80
ヴァインランドⅡ適応行動尺度　144
ウエイティングリスト法　73, 74
ウェクスラー式知能検査　202
後ろ向きコホート研究　85
うつ病　243, 244, 246
疫学調査　82
エクスポージャー　31, 229
エピジェネティクス　139
エンド・オブ・ライフ　276
横断的研究　79, 81
応用行動分析
　──学　152
　──モデル　204
おそらく効果がある(probably efficacious)治療法　98, 99, 208
親訓練オレゴンモデル　205, 208
親子相互交流療法(PCIT)　205, 208

か　行

外在化問題　29, 48, 49
介入(実践)研究　11, 67, 68, 77
　→実践研究
海馬　79, 83, 84, 91
科学者・実践家モデル　3
家族療法　22, 23, 32, 33
課題整理トレーニング　176, 181
カテゴリー診断　53
＊カナー, L.　136
観察(基礎)研究　11, 12, 67
観察法　45, 51
気質　21
基準関連妥当性　88
帰属　26
機能的
　──アセスメント　117, 154, 177, 181, 205
　──役割分担　114
機能分析　25, 60, 205
教室マネジメント法　305
教師トレーニング　304
共分散構造分析　86
キレーション　151
＊クラーク, G.　254
クラスにおける行動的マネジメント　176, 178
グループデザイン　182
ケースフォーミュレーション　28, 51, 52, 58, 61, 62, 64
月経前不快気分障害　244, 249, 250
原因帰属　25
限局性恐怖症　219, 221
検査法　45, 46
行為障害　22, 109
　→素行症
行為の問題　189
効果がない(not effective)治療法　99
効果のある可能性がある(possibly efficacious)

治療法　99
攻撃行動　193, 196
攻撃性　109
構成概念妥当性　88
構造化面接法　50, 222, 223
行動観察法　201, 226
行動コンサルテーション　112
行動的仲間介入　176, 180
行動変容　117
行動モデル　25, 29, 59
行動抑制　21
項目反応理論　90
国際生活機能分類(ICF)　158
心の理論　142
誤信念課題　142
子ども用不安感受性尺度(CASI)　227
コホート研究　80, 85
コルチゾール　84
コンサルタント　112
コンサルティ　112
コンサルテーション　6, 28, 112

さ　行

再検査信頼性　88
作業検査法　46
里親ケアによる多元的療法　208
サマートリートメントプログラム(STP)　180
サリー・アン課題　142
参加観察法　51
三項随伴性　116, 152
時間見本法(タイムサンプリング法)　51
刺激の過剰選択性　141
試験段階にある(experimental)治療法　99
事象見本法(場面見本法)　51
持続性抑うつ障害　244, 247
事態(状況)間多層ベースライン　71
実験的観察法　51
実践研究　12
　→介入(実践)研究
質問紙法　46, 199, 223
児童相談所　6
児童福祉　122, 124, 126

児童用自己陳述尺度(CSSS)　227
児童用認知の誤り尺度(CCES)　227
社会的強化　180
社会的コミュニケーション障害　136
社会的情報処理モデル　206
社会的スキル　24, 33
　――訓練(SST)　24, 31-33, 175, 176, 180, 230, 284
社交不安　24
　――症　24, 26, 27, 31, 219, 221
縦断的研究　79
重篤気分調節症　244, 248
十分に確立された(well-established)治療法　98, 99, 208
守秘　119, 120
準実験デザイン　75, 77
障害受容　156
賞賛　180
症例対照研究　79, 82
処置時の痛みや不安に対する認知行動療法　285
事例研究　69
神経心理学検査　46
神経性過食症　32
神経性やせ症　32
身体疾患の子どもの心理適応　271
診断横断的アプローチ　57
心的外傷後ストレス
　――障害(PTSD)　32, 78
　――症状(PTSS)　277
信念　26
信頼性　46, 88
心理教育　228
随伴性マネジメント　29, 30, 178
スキーマ　26
スクールカウンセラー　6, 9
＊スターク, K. D.　253
スティグマ　28
ストレス
　――反応　109
　――マネジメント　24, 31, 111
スポーツスキルの指導　180

索　引

性格検査　46
生活の質(QOL)　269
精神病理学　22
生態学的モデル　202
正の強化　180
摂食障害　22
セルフモニタリング　285
先行子操作　178
選択制緘黙　218, 219, 221
選択的セロトニン再取り込み阻害薬　257
セントラル・コヒーレンスの弱さ　142
全般不安症　219, 221
層化抽出法　82
早期集中行動介入　147
想起バイアス　83
相対リスク　85
素行症(CD)　31, 189, 192
　　→行為障害

た　行

対照群　73
対人関係療法　33, 255
タイムアウト　180
多層ベースライン法　71
妥当性　46, 88
段階説　156
知能検査　46
注意欠如・多動症／注意欠如・多動性障害
　　（ADHD）　30, 32, 167
ディメンジョン　9, 28
　　──診断　52, 55
デイリーレポートカード(DRC)　179
テストバッテリー　46
統一プロトコル　57
投影法　46
トークンエコノミー　179, 180, 287
トップダウン・アプローチ　159

な　行

内在化問題　29, 48, 49
内的一貫性　88
内容的妥当性　88

二重盲検法　74
乳幼児期自閉症チェックリスト修正版
　　（M-CHAT）　144
認知行動療法　12, 33, 253, 283
認知再構成法　31, 32, 229
認知的構え　62
認知モデル　25, 61

は　行

破壊的行動　109
発達検査　46
発達心理学　8
発達精神病理学　10, 13
パニック症　219, 221
半構造化面接法　50, 222
反抗挑発症(ODD)　31, 56, 189, 191
犯罪行為　196
反社会性パーソナリティ障害　196
反転法　70
被験者間多層ベースライン　71, 72
非行　193
非構造化面接法　50
ビジュアルアナログスケール　282
標準化　46
標的行動　115
広場恐怖症　219, 221
＊ファビアーノ, G.A.　178, 179
不安　109
　　──症／不安障害　21, 23, 31, 32, 217-222
　　──症状　23
＊フィフナー, L.J.　179
フェイススケール　282
不従順児への支援　205, 208
物質関連障害　33
不登校　24, 26, 27
プレパレーション　284
分離不安　8
　　──症　218, 219, 221
ペアレントトレーニング(親訓練)　23, 29, 30, 56, 157, 175-177, 205, 208, 229, 231
ペアレントメンター　158
＊ベック, A.T.　254

313

＊ベッテルハイム，B. 139
＊ペルハム，W.E. 180
保護要因 12, 21, 29, 106
ボトムアップ・アプローチ 159

ま行

マッチング 75
マルチシステミックセラピー 204, 208
慢性疾患 269
慢性的悲嘆説 156
メタ分析 102, 104
メチルフェニデート 175, 176
面接法 45, 50, 198, 222
問題解決 180
　——訓練 32
　——スキル訓練 207, 208, 210
　——療法 285

や行

有効性（efficacy） 12
有病率 195
有用性（effectiveness） 12
ユニバーサル予防 13
予期 26
抑うつ 8, 22, 31, 109
　——障害 31-33
　——障害群 243, 244
　——症状 8
予防 13, 29, 31, 32, 34, 104

ら行

螺旋形モデル 157
＊ラター，M. 139
ランダム化比較試験（RCT） 75, 77, 102, 103, 175
リスク要因 12, 21, 29, 106
＊リムランド，B. 139
リラクセーション 31, 229
　——訓練 230
臨床病理マップ 63
＊ルウィンソン，P.M. 254
レスポンスコスト 179, 180

欧文

ABABデザイン 70, 71
ABC分析 153
ABデザイン 70
ADAPT 258, 259
ADHD評価スケール（ADHD Rating Scale-IV） 173
ADI-R 144
ADIS
　——-C 252
　——-C/P 50
ADOS 144
AQ 144
ASEBA 199
Attentional Control 74
BASC-2 201
Behavior Approach Test（BAT） 226
CAPS-CA 50
CBCL 49, 173, 174, 200, 226, 282
CBTケースフォーミュレーション 59
CDI 47, 252, 281
CES-D 252
CMAS 224
COACHES 178
Conners
　——3 173
　——Rating Scale 173
Coping Cat 232
COSMIN 88, 90
CPSS 48
DB-DOS 201
Denverモデル 147
DISC-IV 199
DSM 9, 27
　——-5 52, 244
DSRS 252
Evidence Base Updates 99, 101
FRIENDSプログラム 232
FSSCR 225
HADS 281
Indicatedレベル 105, 110

314

索　引

ITT 解析　76
K-SADS　252
KSADS-PL　198
LEAP モデル　147
LOCF 法　77
MASC　225
Mini-International Neuropsychiatric
　　Interview　252
MOSAIC　303
MTA　175
ODBI　200
PARS　144
PBS　147
PedsQL　281
PTG　278
ROC 曲線　89
SCAS　47, 224
SDQ　200

Selective レベル　105, 110
STAIC　224, 281
STROBE　87, 90
TADS　258
Tau-U　103
TEACCH プログラム　147
TORDIA　258
TRF　200
Triple P　208, 210
Universal
　——タイプ　110
　——プログラム　111
　——レベル　105, 109, 110
WAIS　202
WISC　202
　—— -IV　174
WPPSI　202
YSR　200

執筆者紹介 （執筆順，＊は編著者）

- ＊石川　信一（いしかわ　しんいち）（同志社大学心理学部心理学科准教授，はしがき，序章，第1章，あとがき）
- 大澤　香織（おおさわ　かおり）（甲南大学文学部人間科学科准教授，第2章第1節）
- 髙橋　史（たかはし　ふみと）（信州大学学術研究院教育学系准教授，第2章第2節，第7章）
- 岡島　義（おかじま　いさぎ）（早稲田大学人間科学学術院助教，第2章第3節）
- 笹川　智子（ささがわ　さとこ）（目白大学人間学部心理カウンセリング学科講師，第3章第1節，第8章）
- 金井　嘉宏（かない　よしひろ）（東北学院大学教養学部人間科学科准教授，第3章第2節）
- 佐藤　寛（さとう　ひろし）（関西大学社会学部心理学専攻准教授，第4章第1節，第9章）
- 髙橋　高人（たかはし　たかひと）（宮崎大学教育文化学部准教授，第4章第2節）
- 小関　俊祐（こせき　しゅんすけ）（桜美林大学心理・教育学系専任講師，第4章第3節(1)(2)）
- 佐々木　美保（ささき　みほ）（比治山大学現代文化学部社会臨床心理学科講師，第4章第3節(3)）
- 真志田　直希（ましだ　なおき）（堺市子ども相談所職員，第4章第3節(4)）
- 大久保　賢一（おおくぼ　けんいち）（畿央大学教育学部現代教育学科准教授，第5章）
- 佐藤　美幸（さとう　みゆき）（京都教育大学教育学部発達障害学科講師，第6章）
- 尾形　明子（おがた　あきこ）（広島大学大学院教育学研究科心理学講座准教授，第10章）
- ＊佐藤　正二（さとう　しょうじ）（宮崎大学教育文化学部教授，終章）

《編著者紹介》

石川信一（いしかわ・しんいち）
1979年生まれ
北海道医療大学大学院心理科学研究科博士後期課程中退　博士（臨床心理学）
現　在　同志社大学心理学部心理学科准教授
主　著　『子どもの不安と抑うつに対する認知行動療法——理論と実践』
　　　　　金子書房，2013年
　　　　『児童の不安障害に対する認知行動療法』風間書房，2010年

佐藤正二（さとう・しょうじ）
1951年生まれ
広島大学大学院教育学研究科博士課程前期修了
現　在　宮崎大学教育文化学部教授
主　著　『学校でできる認知行動療法——子どもの抑うつ予防プログラム
　　　　　［小学校編］』（共著）日本評論社，2013年
　　　　『学校におけるSST実践ガイド——子どもの対人スキル指導』
　　　　　（共編）金剛出版，2006年

臨床児童心理学
——実証に基づく子ども支援のあり方——

2015年10月15日　初版第1刷発行　　　　〈検印省略〉

定価はカバーに
表示しています

編 著 者	石　川　信　一
	佐　藤　正　二
発 行 者	杉　田　啓　三
印 刷 者	江　戸　宏　介

発行所　株式会社　ミネルヴァ書房
607-8494 京都市山科区日ノ岡堤谷町1
電話代表 075-581-5191
振替口座 01020-0-8076

© 石川・佐藤，2015　　　共同印刷工業・兼文堂

ISBN978-4-623-07246-0
Printed in Japan

学校を「より楽しく」するための応用行動分析
「見本合わせ」から考える特別支援教育
―――――――― 武藤 崇 監修　坂本真紀 著　Ｂ５判　216頁　本体3000円
●学校現場で応用行動分析を「体感」するための入門書。子どもの「できる」ことを増やしていくための考え方や方法を，１つ１つていねいに解説する。

このまま使える！　子どもの対人関係を育てるSSTマニュアル
不登校・ひきこもりへの実践にもとづくトレーニング
―――― 大阪府立子どもライフサポートセンターほか 編　Ｂ５判　220頁　本体2400円
●注意書きが随所に加えられ，対象の子どもにあわせてマニュアルを工夫して作りかえられる，明日から現場で使える一冊。

臨床ナラティヴアプローチ
―――――――――――― 森岡正芳 編著　Ａ５判　300頁　本体3000円
●さまざまな領域にまたがって発展している「ナラティヴアプローチ」を，詳しい解説と多様な事例エピソードで学べる入門書。

ユング派心理療法
―――――――― 河合俊雄 編著　Ａ５判　308頁　本体2800円
●「発達障害」「解離」「摂食障害」……ユング心理学は現代をどう受け止めるか。気鋭のユング派分析家による最新の入門書。詳しい解説と事例で学ぶ。

心理療法プリマーズ
来談者中心療法
―――――――――― 東山紘久 編著　Ａ５判　224頁　本体2400円
●歴史や理論，技法などを学ぶ解説編と事例から療法の実際を学ぶ事例編からなる，クライエントを中心としたカウンセリングのあり方を学ぶ好個の入門書。

心理療法プリマーズ
行動分析
―――――― 大河内浩人・武藤 崇 編著　Ａ５判　272頁　本体3000円
●クライエントと環境との相互作用を明らかにし，それに働きかけることによって，不適応行動の解消や望ましい行動の生起をうながす「行動分析」の理論と実践。

――――― ミネルヴァ書房 ―――――

http://www.minervashobo.co.jp/